全国高等教育自学考试指定教材

企业经营战略与市场营销

（2024 年版）

（含：企业经营战略与市场营销自学考试大纲）

全国高等教育自学考试指导委员会　组编

主编　陈凯　汪晓凡

机 械 工 业 出 版 社

本书是根据全国高等教育自学考试指导委员会最新制定的《企业经营战略与市场营销自学考试大纲》，为参加高等教育自学考试的考生编写的教材，选材简洁且针对要点，力求适应考生多线程任务的特点，符合自学考试的特点与要求。

本书系统介绍了企业经营战略与市场营销的基本概念、理论和管理实践方法，共分十二章：第一章企业经营战略与市场营销概述，第二章企业经营环境分析，第三章产业环境分析，第四章企业总体战略，第五章竞争战略与竞争优势，第六章基于产业生命周期的经营战略决策，第七章基于市场地位和企业规模的战略决策，第八章目标市场营销，第九章产品策略，第十章定价策略，第十一章分销渠道策略，第十二章促销策略。章后有复习思考题。

本书不仅可以作为自学考试的教材，也可以作为各类相关专业企业经营管理、市场营销课程的教材，同时，对实践人员也有参考价值。

图书在版编目（CIP）数据

企业经营战略与市场营销：2024年版/全国高等教育自学考试指导委员会组编；陈凯，汪晓凡主编. —北京：机械工业出版社，2024. 4

全国高等教育自学考试指定教材

ISBN 978-7-111-75523-4

Ⅰ. ①企… Ⅱ. ①全… ②陈… ③汪… Ⅲ. ①企业管理－战略管理－高等学校－教材 Ⅳ. ①F272

中国国家版本馆 CIP 数据核字（2024）第068020号

机械工业出版社（北京市百万庄大街22号 邮政编码100037）

策划编辑：裴 泱　　责任编辑：裴 泱 单元花

责任校对：甘慧彤 李小宝　　封面设计：严娅萍

责任印制：单爱军

北京虎彩文化传播有限公司印刷

2024年6月第1版第1次印刷

184mm×260mm · 14.75印张 · 342千字

标准书号：ISBN 978-7-111-75523-4

定价：49.80元

电话服务

客服电话：010-88361066

010-88379833

010-68326294

网络服务

机 工 官 网：www.cmpbook.com

机 工 官 博：weibo.com/cmp1952

金 书 网：www.golden-book.com

机工教育服务网：www.cmpedu.com

组 编 前 言

21 世纪是一个变幻难测的世纪，是一个催人奋进的时代。科学技术飞速发展，知识更替日新月异。希望、困惑、机遇、挑战，随时随地都有可能出现在每一个社会成员的生活之中。抓住机遇，寻求发展，迎接挑战，适应变化的制胜法宝就是学习——依靠自己学习、终生学习。

作为我国高等教育组成部分的自学考试，其职责就是在高等教育这个水平上倡导自学、鼓励自学、帮助自学、推动自学，为每一个自学者铺就成才之路。组织编写供读者学习的教材就是履行这个职责的重要环节。毫无疑问，这种教材应当适合自学，应当有利于学习者掌握和了解新知识、新信息，有利于学习者增强创新意识，培养实践能力，形成自学能力，也有利于学习者学以致用，解决实际工作中所遇到的问题。具有如此特点的书，我们虽然沿用了“教材”这个概念，但它与那种仅供教师讲、学生听，教师不讲、学生不懂，以“教”为中心的教科书相比，已经在内容安排、编写体例、行文风格等方面都大不相同了。希望读者对此有所了解，以便从一开始就树立起依靠自己学习的坚定信念，不断探索适合自己的学习方法，充分利用自己已有的知识基础和实际工作经验，最大限度地发挥自己的潜能，达到学习的目标。

欢迎读者提出意见和建议。

祝每一位读者自学成功。

全国高等教育自学考试指导委员会

2022 年 12 月

目　　录

企业经营战略与市场营销自学考试大纲

企业经营战略与市场营销

全国高等教育自学考试

企业经营战略与市场营销
自学考试大纲

全国高等教育自学考试指导委员会　制定

大纲前言

为了适应社会主义现代化建设事业的需要，鼓励自学成才，我国在20世纪80年代初建立了高等教育自学考试制度。高等教育自学考试是个人自学，社会助学和国家考试相结合的一种高等教育形式。应考者通过规定的专业考试课程并经思想品德鉴定达到毕业要求的，可获得毕业证书；国家承认学历并按照规定享有与普通高等学校毕业生同等的有关待遇。经过40多年的发展，高等教育自学考试为国家培养造就了大批专门人才。

课程自学考试大纲是规范自学者学习范围、要求和考试标准的文件。它是按照专业考试计划的要求，具体指导个人自学、社会助学、国家考试及编写教材的依据。

随着经济社会的快速发展，新的法律法规不断出台，科技成果不断涌现，原大纲中有些内容过时、知识陈旧。为更新教育观念，深化教学内容方式、考试制度、质量评价制度改革，使自学考试更好地提高人才培养的质量，各专业委员会按照专业考试计划的要求，对原课程自学考试大纲组织了修订或重编。

修订后的大纲，在层次上，本科参照一般普通高校本科水平，专科参照一般普通高校专科或高职院校的水平；在内容上，及时反映学科的发展变化，增补了自然科学和社会科学近年来研究的成果，对明显陈旧的内容进行了删减，以更好地指导应考者学习使用。

全国高等教育自学考试指导委员会

2023年12月

Ⅰ 课程性质与课程目标

一、课程性质和特点

企业经营战略与市场营销是高等教育自学考试工业工程（专升本）、产品设计（专升本）等专业的一门专业基础课程。市场是企业经营活动的出发点和归宿，企业经营战略是指导企业经营活动的纲领。学习本课程的目的是培养考生的战略思想意识和了解市场、分析市场、开拓市场的能力。

二、课程目标

通过本课程的学习，可以使学习者比较全面地了解企业经营战略与市场营销的理论知识与实践工具，了解如何根据外部环境和企业自身条件选择、制定切合实际的企业经营战略与市场营销组合策略。具体来说，企业经营战略与市场营销课程设置的目标是使学生能够做到以下几点：

1）掌握企业经营战略与市场营销的主要概念；熟悉分析和评价企业经营环境和产业环境的基本方法；理解市场结构的类型及其对企业盈利性的影响。

2）掌握企业总体战略的基本类型、产品—市场战略、一体化战略、多样化战略、稳定型战略和紧缩型战略等；理解企业获取竞争优势的三种基本战略。

3）掌握企业所处不同产业阶段的基本特征和面临的风险；理解位次竞争战略的意义。

4）了解目标市场营销决策的程序和内容；理解市场细分步骤和有效市场细分的条件；掌握市场定位概念、市场定位的依据、市场定位的方法。

5）掌握产品策略、定价策略、分销渠道策略，以及促销策略的核心知识点，包括产品整体概念、定价方法、分销渠道层次与宽度，以及促销组合等。

三、与相关课程的联系与区别

企业经营战略与市场营销课程作为工业工程、产品设计等专业的一门专业基础课程，在专业人才培养的课程体系中发挥着重要作用，它的特点是内容涵盖了企业经营、竞争的主要方面，解决专业技术与企业经营之间的关系问题。这是其与其他专业课程的主要联系与区别。学习本课程要求学习者应具有管理学、经济学的基础知识。

四、课程的重点与难点

本课程重点内容为：对企业经营战略的基本认识，企业经营总体战略的基本理论，企业竞争的基本战略，基于产业生命周期、市场地位和企业规模的战略决策，目标市场战略，市场细分与市场定位，产品整体概念，新产品开发策略，成本导向定价法，心理定价策略，中间商的作用，分销渠道的层次，促销组合，促销方式的分类与特点。

本课程难点内容为：企业经营战略理论的演变，SWOT 分析方法，五种竞争力量分析，多样化战略，顾客矩阵与生产者矩阵的组合，非典型形态产业生命周期与企业战略决策，产品组合的优化和调整，有效市场细分的条件，新产品开发的过程，定价目标，差别定价策略，分销渠道选择策略，促销预算的决定。另外，由于课程涉及企业经营战略与市场营销的诸多方面，多方面简单内容的组合就构成了具有一定强度和难度的课程。

Ⅱ 考核目标

本大纲在考核目标中，按照识记、领会、简单应用和综合应用四个层次规定其应达到的能力层次要求。四个能力层次是递进关系，各能力层次的含义如下。

识记（Ⅰ）：要求考生能够识别和记忆本课程中有关企业经营战略与市场营销的概念、原理、方法的主要内容，并能够根据考核的不同要求，做正确的表述、选择和判断。

领会（Ⅱ）：要求考生能够领悟和理解本课程中有关企业经营战略与市场营销的概念、原理及方法的内涵及外延，理解相关知识的区别和联系，并能够根据考核的不同要求对企业经营战略与市场营销问题进行逻辑推理和论证，做出正确的判断、解释和说明。

简单应用（Ⅲ）：要求考生能够根据已知的企业经营战略与市场营销事实，对企业经营问题进行战略选择或市场营销某一领域的分析和论证，得出正确的结论或做出正确的判断。

综合应用（Ⅳ）：要求考生能够根据已知的企业经营事实，对企业经营战略与市场营销问题进行多个企业管理职能领域的综合管理分析和论证，得出解决问题的综合方案。

Ⅲ 课程内容与考核要求

第一章　企业经营战略与市场营销概述

一、学习目的与要求

通过本章的学习，要求学生了解企业经营战略与市场营销的主要概念，了解企业经营战略理论与市场营销理论的演变过程，明确企业经营战略与市场营销的总体理论构架，理解企业经营战略与市场营销之间的关系。

二、课程内容

（一）企业经营战略

（二）市场营销

（三）企业经营战略与市场营销的关系

三、考核知识点与考核要求

（一）企业经营战略

识记：①企业的概念与功能；②企业经营战略的概念及特点；③公司或企业级战略；④战略经营单位（事业部）级的战略；⑤职能策略；⑥企业经营战略的层次；⑦核心竞争力学说。

领会：①企业对经营要素的控制；②定位学派的主要观点；③制定企业经营战略的步骤与内容。

简单应用：①优势企业的表现及良性循环；②简述企业的供应链管理。

（二）市场营销

识记：①需求；②顾客价值；③顾客成本；④满足；⑤交换；⑥市场。

领会：①市场营销；②生产观念；③产品观念；④推销观念；⑤市场营销观念；⑥社会市场营销观念。

简单应用：①市场营销管理过程；②不同企业经营观念的关系。

（三）企业经营战略与市场营销的关系

简单应用：分析企业经营战略与市场营销的关系。

四、本章重点、难点

本章重点是企业的概念与功能，企业经营战略及其特点，企业经营战略的层次，企业经营战略理论的演变及其主要学派的观点，市场营销的核心概念，市场营销管理过程，企业经营战略与市场营销的关系。

难点是制定经营战略的步骤与内容，企业的供应链管理，不同企业经营观念的关系。

第二章　企业经营环境分析

一、学习目的与要求

通过本章的学习，要求学生了解对企业发展具有重要影响的宏观环境战略因素和内部环境战略因素，深刻理解企业组织结构、文化背景和资源条件与企业发展战略的匹配关系，熟练掌握企业环境分析技法。

二、课程内容

（一）企业经营环境构成

（二）宏观环境分析

（三）内部环境分析

（四）外部和内部环境结合分析——SWOT分析法

三、考核知识点与考核要求

（一）企业经营环境构成

识记：①宏观环境；②产业环境；③内部环境。

（二）宏观环境分析

识记：①经济环境；②政治法律环境；③技术环境；④社会文化环境；⑤人口环境；⑥自然环境。

领会：经济、政治法律、技术、社会文化、人口、自然环境等宏观环境中各因素对企业经营战略制定的影响和作用。

简单应用：进行宏观环境分析。

（三）内部环境分析

识记：①组织结构的类型；②企业文化；③企业资源条件包含的关键战略要素。

领会：组织结构、企业文化和资源条件对企业经营战略制定的影响和作用。

简单应用：进行内部环境分析。

（四）外部和内部环境结合分析——SWOT分析法

综合应用：SWOT分析法的运用。

四、本章重点、难点

本章重点是企业经营环境构成，企业宏观环境因素，企业组织结构，企业文化，企业资源条件，SWOT 分析法。

难点是进行全面准确的宏观环境分析和内部环境分析，组织结构与企业发展的关系，SWOT 分析法的运用。

第三章　产业环境分析

一、学习目的与要求

通过本章的学习，要求学生掌握产业需求、产业供给，完全竞争市场、垄断竞争市场、寡头垄断市场，以及完全垄断市场的特征和企业行为，五力分析模型的构成及各部分的含义；理解产业需求和供给因素及其变动趋势，市场结构的类型及其对企业盈利性的影响，产业战略群组的划分；深刻理解需求曲线和供给曲线，市场结构的影响因素。

二、课程内容

（一）产业需求与供给分析

（二）产业市场结构

（三）产业竞争环境

（四）产业战略群组

三、考核知识点与考核要求

（一）产业需求与供给分析

识记：①产业需求；②产业供给。

领会：①产业需求的影响因素及其变动趋势；②需求曲线；③产业供给的影响因素及其变动趋势；④供给曲线。

简单应用：供需变化对行业的影响。

（二）产业市场结构

识记：①完全竞争市场的特征和企业行为；②垄断竞争市场的特征和企业行为；③寡头垄断市场的特征和企业行为；④完全垄断市场的特征和企业行为。

领会：①市场结构的影响因素；②市场结构的类型及其对企业盈利性的影响。

简单应用：判断市场结构类型。

（三）产业竞争环境

识记：①五力分析模型的构成；②潜在进入者；③现存竞争对手；④替代品；⑤买方的讨价还价能力；⑥供方的讨价还价能力。

领会：①规模经济；②转换成本；③退出障碍。

简单应用：利用五力分析模型判断产业竞争环境。

（四）产业战略群组

识记：①战略群组；②移动障碍；③战略差距。

领会：①产业战略群组的划分；②战略群组之间的移动障碍；③战略群组与讨价还价能力；④战略群组的替代威胁；⑤战略群组和企业间的竞争；⑥战略群组和企业利润率。

简单应用：战略群组对企业盈利性的整体影响。

四、本章重点、难点

本章重点是产业需求，产业供给，完全竞争市场、垄断竞争市场、寡头垄断市场，以及完全垄断市场的特征和企业行为，五力分析模型的构成及各部分的含义，战略群组。

难点是产业五种竞争力量对产业盈利性的影响分析、战略群组之间的移动障碍分析。

第四章　企业总体战略

一、学习目的与要求

通过本章的学习，要求学生对企业战略的基本原理和相关理论有一个基本的认识和了解，重点掌握企业总体战略的基本类型、产品—市场战略、一体化战略、多样化战略、企业联合战略、稳定型战略和紧缩型战略等，并能够根据具体情况分析，采取合适的企业战略。

二、课程内容

（一）企业总体战略的基本类型

（二）产品—市场战略

（三）一体化战略和多样化战略

（四）企业联合战略

（五）稳定型战略和紧缩型战略

三、考核知识点与考核要求

（一）企业总体战略的基本类型

识记：①发展型战略；②稳定型战略；③紧缩型战略。

领会：①发展型战略的特点及构成；②稳定型战略的重点；③紧缩型战略的构成。

简单应用：①指出稳定型战略与发展型战略的区别；②指出紧缩型战略与发展型战略的区别。

（二）产品—市场战略

识记：①市场渗透战略；②市场开发战略；③产品开发战略。

领会：①市场渗透战略的构成及特点；②市场开发战略的构成及特点；③产品开发战略的构成及特点。

简单应用：①简述实施市场渗透战略的成功因素；②简述实施市场开发战略的方法；③指出实施产品开发战略的关键策略点。

综合应用：①结合市场渗透战略的优缺点，说明在当今市场环境中应当如何实施市场渗透战略；②试述产品开发战略在企业的发展策略中扮演着不可或缺的角色的理由。

（三）一体化战略和多样化战略

识记：①纵向一体化；②横向一体化；③多样化战略；④多样化战略的模式。

领会：①后向一体化与前向一体化的区别；②多样化战略的特点。

简单应用：①分析促进企业采取多样化战略的原因；②简述多样化战略的模式；③简述企业采取多样化战略应当注意的问题。

（四）企业联合战略

识记：①企业集团；②企业兼并与企业合并；③合资经营。

领会：①企业联合的历史演进；②企业集团的特征；③企业兼并的特点；④企业合并的特点；⑤合资经营的特征。

简单应用：①企业集团和公司的联系与区别；②简述企业兼并中的资产让渡方式。

综合应用：结合具体案例论述企业兼并与企业合并战略的成功因素。

（五）稳定型战略和紧缩型战略

识记：①稳定型战略；②转变战略；③撤退战略；④清理战略。

领会：①稳定型战略的特征；②转变战略的特征；③撤退战略的特征；④清理战略的特征。

综合应用：结合具体案例论述稳定型战略和紧缩型战略的适用条件。

四、本章重点、难点

本章重点是发展型战略，稳定型战略，紧缩型战略，市场渗透战略，市场开发战略，产品开发战略，一体化战略的类型，多样化战略的类型，企业集团，稳定型战略的类型。

难点是企业总体战略各个类型的实施条件，企业采取多样化战略的原因与需要注意的问题，企业兼并与企业合并的动机、原则以及成功因素，稳定型战略和紧缩型战略的区别与实施条件。

第五章　竞争战略与竞争优势

一、学习目的与要求

通过本章的学习，要求学生掌握企业获取竞争优势的三种基本竞争战略、价值链的内涵、顾客矩阵和生产者矩阵及其组合的内容，重点讨论企业如何建立起在产业中的竞争优势。

二、课程内容

（一）企业获取竞争优势的基本战略

（二）价值链、战略环节与竞争优势

（三）顾客矩阵和生产者矩阵

三、考核知识点与考核要求

（一）企业获取竞争优势的基本战略

识记：①竞争优势；②成本领先战略；③差异化战略；④专一化战略。

领会：①成本领先战略的优缺点；②差异化战略的优缺点；③专一化战略的优缺点。

简单应用：①适用成本领先战略的条件；②差异化战略的方法；③适用专一化战略的条件。

综合应用：结合具体案例，分析成本领先战略和差异化战略的联系与区别，论述出现这两种竞争战略循环变换现象的原因。

（二）价值链、战略环节与竞争优势

识记：价值链的概念。

领会：①价值链的构成；②价值链的战略环节。

简单应用：简述如何保持某一产品价值链上战略环节的垄断优势。

（三）顾客矩阵和生产者矩阵

识记：①顾客矩阵；②生产者矩阵。

领会：①顾客矩阵中竞争基本运动情况及竞争战略选择；②生产者矩阵的性质；③核心能力。

简单应用：简述顾客矩阵与生产者矩阵的五种可能性最大的组合。

综合应用：①分析在确定形成公司可持续竞争优势的关键战略资源和能力后，如何结合核心能力的四个特点对它们进行全面评价；②顾客矩阵和生产者矩阵每种组合采取的相应的解决方案和战略对策。

四、本章重点、难点

本章重点是企业的竞争优势，成本领先战略、差异化战略、专一化战略的内涵、优缺点及适用条件，价值链的概念和战略环节，顾客矩阵和生产者矩阵的内涵及相应的战略选择。

难点是企业三种基本竞争战略的联系与区别；企业价值链上战略环节的垄断优势；顾客矩阵和生产者矩阵组合的基本类型及相应的战略对策。

第六章　基于产业生命周期的经营战略决策

一、学习目的与要求

通过本章的学习，要求学生了解产业生命周期理论相关知识；掌握企业所处不同产业阶段的基本特征和面临的风险；能够分析企业当前所处具体阶段，并进一步制定相应的战略，从而更好地帮助企业应对外部环境变化。

二、课程内容

（一）新兴产业中的企业经营战略

（二）成熟产业中的企业竞争战略

（三）衰退产业中的企业战略决策

（四）非典型形态产业生命周期与企业战略决策

三、考核知识点与考核要求

（一）新兴产业中的企业经营战略

识记：①产业生命周期的概念和构成；②新兴产业的概念。

领会：①新兴产业的基本特征；②新兴产业中企业面临的风险。

简单应用：新兴产业中的企业战略决策及需要注意的问题。

（二）成熟产业中的企业竞争战略

识记：成熟产业的特征。

领会：成熟产业中的企业战略决策。

简单应用：成熟产业中企业战略决策需要注意的问题。

（三）衰退产业中的企业战略决策

识记：衰退产业的概念。

领会：①衰退产业的基本特征；②衰退产业中企业面临的风险。

简单应用：简述衰退产业中的企业战略决策及需要注意的问题。

（四）非典型形态产业生命周期与企业战略决策

识记：非典型形态产业生命周期的概念。

领会：①非典型形态产业生命周期的基本类型；②倒“S”形生命周期的特点；③双重周期生命周期的特点。

简单应用：非典型形态产业生命周期下的企业战略决策及需要注意的问题。

综合应用：在非典型形态产业生命周期下，企业需兼备灵活性和创新策略的理由及解决方案。

四、本章重点、难点

本章重点是产业生命周期，新兴产业的概念、基本特征及其中企业面临的风险；成熟产业的基本特征及其中企业面临的风险；衰退产业的概念、基本特征及其中企业面临的风险；非典型形态产业生命周期的概念、基本类型及特点。

难点是新兴产业、成熟产业、衰退产业、非典型形态产业生命周期下各自的企业经营战略决策及相应的需要注意的问题。

第七章　基于市场地位和企业规模的战略决策

一、学习目的与要求

通过本章的学习，要求学生掌握位次竞争战略，后发企业的战略决策，六种防御战略，波士顿矩阵四象限法和通用电气矩阵九象限法的原理和步骤，中小企业战略选择的各种类型；理解位次竞争战略的意义，防御战术，经营单位之间的相互联系；熟悉中小企业的经营特点。

二、课程内容

（一）位次竞争战略

（二）后发企业的战略决策

（三）领先企业的防御战略

（四）大型企业的战略决策

（五）中小企业的战略选择

三、考核知识点与考核要求

（一）位次竞争战略

识记：位次竞争战略。

领会：位次竞争战略的意义。

简单应用：不同位次企业的战略决策。

（二）后发企业的战略决策

识记：①后发企业；②后发企业的战略决策。

领会：①进攻领先者的途径；②阻止领先者报复；③领先者脆弱性的信号。

综合应用：根据市场实际情况进行后发企业的战略决策。

（三）领先企业的防御战略

识记：①阵地防御；②侧翼防御；③以攻为守；④反击防御；⑤运动防御；⑥收缩防御。

领会：①挑战者的进攻过程；②防御战术。

简单应用：灵活使用六种防御战略。

（四）大型企业的战略决策

识记：①大型企业；②波士顿矩阵四象限法的原理和步骤；③通用电气矩阵九象限法的原理和步骤。

领会：①经营单位之间有形的相互联系；②经营单位之间无形的相互联系。

综合应用：①应用波士顿矩阵四象限法进行大型企业产品组合管理；②应用通用电气矩阵九象限法进行大型企业产品组合管理。

（五）中小企业的战略选择

识记：①集中战略；②市场补缺战略；③差异化战略；④联合竞争战略；⑤承包经营战略。

领会：中小企业的经营特点。

简单应用：中小企业不同战略选择的实施步骤。

四、本章重点、难点

本章重点是位次竞争战略，后发企业的战略决策，六种防御战略，波士顿矩阵四象限法和通用电气矩阵九象限法的原理和步骤，中小企业战略选择的各种类型。

难点是进攻领先企业的途径、防御战略、大型企业的产品结构管理。

第八章　目标市场营销

一、学习目的与要求

通过本章的学习，要求学生了解目标市场营销决策的程序和内容，理解市场细分步骤和有效市场细分的条件，掌握市场细分概念、市场细分因素、三种目标市场战略、市场定位概念、市场定位的依据、市场定位的方法。

二、课程内容

（一）市场细分

（二）目标市场选择

（三）市场定位

三、考核知识点与考核要求

（一）市场细分

识记：①市场细分的概念；②消费品市场的主要细分因素。

领会：①市场细分的利益；②地理细分与人口细分；③心理细分与行为细分；④有效市场细分的条件。

简单应用：市场细分的步骤。

（二）目标市场选择

识记：①目标市场；②无差异营销；③差异营销；④集中营销。

领会：①差异营销的优缺点；②集中营销的适用企业；③选择目标市场战略需考虑的因素。

简单应用：细分市场评估。

（三）市场定位

识记：①市场定位的概念；②市场定位的主要依据；③市场定位的方法。

领会：①市场定位的意义；②市场定位的步骤；③企业应当从哪些方面展开与竞争者的比较分析。

综合应用：①目标市场战略选择；②无差异营销的运用。

四、本章重点、难点

本章重点是市场细分、目标市场选择与市场定位。市场细分要依据一定的细分因素来进行，包括消费品市场的细分因素和生产资料市场的细分因素、企业在选择目标市场涵盖战略时需考虑五方面的主要因素、企业市场定位的全过程可以通过三大步骤来完成。

难点在于，有效市场细分的条件；如何进行细分市场评估以及在市场定位步骤中，如何确认本企业的竞争优势。

第九章　产品策略

一、学习目的与要求

通过本章的学习，要求学生能够掌握产品整体概念的三个层次，产品组合的优化和调整，新产品开发策略；正确理解产品生命周期特点及营销策略，新产品的开发过程，意见领袖的作用；了解商标与包装的作用，新产品开发中的经济评价方法，以及包装策略和新产品采用者类型。

二、课程内容

（一）产品组合策略

（二）产品生命周期

（三）产品商标与包装

（四）新产品开发

（五）新产品的采用及扩散

三、考核知识点与考核要求

（一）产品组合策略

识记：①产品的定义；②产品整体概念；③产品组合；④产品组合的宽度、长度、深度和关联性。

领会：①扩大产品组合；②缩减产品组合；③产品延伸；④产品大类现代化。

简单应用：产品组合的宽度、长度、深度和关联性在营销战略上的意义。

综合应用：产品延伸的优点与风险。

（二）产品生命周期

识记：①产品生命周期的概念；②产品生命周期各阶段的特点。

领会：①产品生命周期的非典型状态；②产品生命周期各阶段可以采取的营销策略。

（三）产品商标与包装

识记：①商标；②产品包装的构成；③产品包装的作用。

领会：①产品命名的基本要求；②商标的作用；③商标管理的主要误区。

简单应用：产品包装策略。

（四）新产品开发

识记：①新产品分类；②领先型新产品开发策略；③跟随型新产品开发策略。

领会：①领先型新产品开发策略的优缺点；②跟随型新产品开发策略的优缺点；③企业为什么要大力开发新产品。

简单应用：盈亏平衡销售量法。

综合应用：①新产品开发过程；②盈亏平衡销售量法。

（五）新产品的采用及扩散

识记：①早期大众特征；②意见领袖的作用；③意见领袖的特征。

领会：①新产品采用过程的五个阶段；②新产品采用者的类型。

简单应用：如何让消费者充分认识新产品的特性。

四、本章重点、难点

本章重点内容是产品组合策略，产品生命周期以及新产品开发等，具体包括产品整体概念及其运用、产品组合的优化与调整、产品生命周期各阶段的特点与营销策略、新产品分类与新产品开发策略、新产品开发过程、商标管理的主要误区、包装的构成与作用等。

难点在于，新产品开发过程的综合运用以及净现值法，对新产品采用过程的理解。

第十章　定价策略

一、学习目的与要求

通过本章的学习，要求学生理解影响产品定价的内部、外部因素，了解不同定价目标及其使用条件，掌握常用的定价方法，熟悉常用的定价技巧。

二、课程内容

（一）影响定价的因素分析

（二）定价方法

（三）定价技巧

（四）价格变动与企业对策

三、考核知识点与考核要求

（一）影响定价的因素分析

识记：①需求的收入弹性；②需求的价格弹性；③定价目标。

领会：①短期成本与长期成本；②需求的交叉弹性。

简单应用：企业制定价格的最低水平。

（二）定价方法

识记：①成本加成定价法；②反向定价法；③渗透定价法。

领会：①成本加成定价法受欢迎的原因；②渗透定价法的适用条件；③目标利润率定价法的缺点。

简单应用：加成率与需求价格弹性之间的关系。

（三）定价技巧

识记：①声望定价；②尾数定价；③招徕定价；④采取差别定价需要具备的条件。

领会：①差别定价的主要形式；②折扣和折让的主要类型。

综合应用：产品形式差别定价。

（四）价格变动与企业对策

识记：①降价的原因；②提价的原因。

领会：①顾客对降价的反应；②顾客对提价的反应。

四、本章重点、难点

本章重点内容是影响定价的因素分析，定价方法和定价技巧，具体包括主要定价目标、短期成本中总平均成本与平均变动成本、不同市场结构下的企业定价问题、成本导向定价法、需求导向定价法、竞争导向定价法、心理定价策略、差别定价策略。

难点在于，感受价值定价法的确定，对于中间商折扣的理解，以及采取差别定价所需具备条件的理解。

第十一章　分销渠道策略

一、学习目的与要求

通过本章的学习，要求学生掌握分销渠道的概念、中间商的分类与作用；理解分销渠道的评价和管理方法；了解影响分销渠道选择的因素，并能根据相关的影响因素为企业的产品选择合适的分销渠道。

二、课程内容

（一）分销渠道的概念

（二）分销渠道的选择

（三）分销渠道的管理

三、考核知识点与考核要求

（一）分销渠道的概念

识记：①分销渠道的概念；②经销商；③代理商；④中间商的作用；⑤零售商的作用；⑥分销渠道的宽度。

领会：①分销渠道的长度；②中间商的分类；③批发商的分类；④零售商的分类。

简单应用：分销渠道层次设计。

（二）分销渠道的选择

识记：①密集分销策略；②选择性分销策略；③独家分销策略。

领会：①影响分销渠道选择的因素，各种因素对渠道选择的作用；②渠道成员交易条件和职责的确定；③分销渠道评价标准。

综合应用：分销渠道选择的具体决策。

（三）分销渠道的管理

识记：①分销规划；②分销渠道的改进。

领会：①遴选中间商的条件；②对中间商的激励措施；③企业对中间商进行评价的目的；④分销渠道改进的方式。

简单应用：对中间商的评价内容。

综合应用：分销渠道改进中应注意哪些问题。

四、本章重点、难点

本章重点内容是分销渠道的概念、分销渠道的选择和分销渠道的管理，具体包括分销渠道与营销渠道的区别、中间商的类别以及中间商的作用、分销渠道的层次与宽度、影响分销渠道选择的因素、分销渠道的评价标准及其应用、分销渠道的改进方式及应注意的问题。

难点包括，分销渠道层次与宽度的设计，市场因素对分销渠道选择的影响，渠道成员的激励与评价。

第十二章　促销策略

一、学习目的与要求

通过本章的学习，要求学生掌握促销组合的概念，理解不同促销方式的作用，理解不同促销方式的主要决策内容，深刻理解促销组合决策的方法，理解推销人员的管理过程。

二、课程内容

（一）促销方式与促销组合

（二）广告

（三）人员推销

（四）销售促进

（五）公共关系促销

三、考核知识点与考核要求

（一）促销方式与促销组合

识记：①促销组合的概念；②促销组合的特点；③“推”策略；④“拉”策略；⑤促销方式的分类。

领会：①不同促销方式的优缺点；②影响促销组合决策的因素；③促销组合决策方法。

综合应用：促销预算的决定。

（二）广告

识记：①广告的概念；②广告目标的分类。

领会：①影响广告预算的因素；②广告策略的制定；③网络广告的优势和局限。

综合应用：广告效果评价方法的运用。

（三）人员推销

识记：①推销人员的主要职责；②人员推销过程。

领会：①推销队伍规模的设计方法；②销售人员的挑选、招聘与培训；③销售人员的激励和评估。

简单应用：销售区域设计。

（四）销售促进

识记：①销售促进的对象及目标；②销售量变化比较评价法。

领会：①选择销售促进方法时需要考虑的主要因素；②销售促进方案所包含的内容；③销售促进方案的实施及实施中应注意的问题。

简单应用：销售促进方案的试验与完善。

（五）公共关系促销

识记：①公共关系的概念；②开展公共关系工作的两个基本原则。

领会：①公共关系的职能；②公共关系活动。

简单应用：公共关系活动设计。

四、本章重点、难点

本章重点内容是促销方式与促销组合，广告，人员推销，销售促进和公共关系促销，具体包括促销组合的概念与特点、促销方式的分类、影响促销组合决策的因素与促销组合预算的决定、广告策略的制定与广告效果评价、推销人员的主要职责、销售人员的激励和评估、销售促进的对象及目标、公共关系的概念。

难点包括促销组合策略的制定、促销预算的决定、以及广告效果评价的具体应用。

Ⅳ 关于大纲的说明与考核实施要求

一、课程自学考试大纲的目的和作用

课程自学考试大纲是根据工业工程（专升本）、产品设计（专升本）等专业自学考试计划的要求，结合自学考试的特点而确定，其目的是对个人自学、社会助学和课程考试命题进行指导和规定。

本课程自学考试大纲明确了课程学习的内容以及深度和广度，规定了课程自学考试的范围和标准。因此，它是编写本课程自学考试教材和辅导书的依据，是社会助学组织进行自学辅导的依据，是自学者学习教材、掌握课程内容知识范围和程度的依据，也是进行自学考试命题的依据。

二、课程自学考试大纲与教材的关系

课程自学考试大纲是进行学习和考核的依据，教材的内容是大纲所规定的课程知识和内容的扩展与发挥。课程内容在教材中可以体现一定的深度或难度，但在大纲中对考核的要求一定要适当。

大纲与教材所体现的课程内容应基本一致；大纲里面的课程内容和考核知识点，教材里要全部覆盖。反过来教材里有的内容，大纲里就不一定体现。

三、关于自学教材

《企业经营战略与市场营销》，全国高等教育自学考试指导委员会组编，陈凯、汪晓凡主编，机械工业出版社出版，2024 年版。

四、关于自学要求和自学方法的指导

本大纲的课程基本要求是依据专业考试计划和专业培养目标而确定的。课程基本要求还明确了课程的基本内容，以及对基本内容掌握的程度。基本要求中的知识点构成了课程内容的主体部分。因此，课程基本内容掌握程度、课程考核知识点是高等教育自学考试考核的主要内容。

为有效地指导个人自学和社会助学，本大纲已指明了课程的重点和难点，在章节的基本要求中一般也指明了章节内容的重点和难点。

根据学习对象为成人、在职、业余、自学等情况，建议学习本课程的自学应考者充分发挥自身理解能力，结合自己的社会阅历和职业经验很好地理解吃透《企业经营战略与市场营销》全书十二章的内容，切忌在没有全面系统学习教材的情况下孤立地去抓重点。

五、对考核内容的说明

1. 本课程要求考生学习和掌握的知识点内容都作为考核的内容。企业经营战略与市场营销课程中各章的内容均由若干知识点组成，在自学考试中成为考核知识点。因此，课程自学考试大纲所规定的考试内容是以分解考核知识点的方式给出的。由于各知识点在课程中的地位、作用，以及知识自身的特点不同，自学考试将对知识点分别按照识记、领会、简单应用和综合应用四个认知（或能力）层次确定其考核要求。

2. 在考试之日起 6 个月前，由全国人民代表大会和国务院颁布或修订的法律、法规都列入企业经营战略与市场营销课程的考试范围。凡大纲、教材内容与现行法律、法规不符的，应以现行法律、法规为准。在命题时，也会对我国经济建设和科技文化发展中的重大方针政策的变化予以体现。

六、关于考试方式和试卷结构的说明

1. 本课程的考试方式为闭卷，笔试，满分 100 分，60 分及格。考试时间为 150 分钟。考生可携带钢笔、签字笔、铅笔、橡皮、无记忆存储及通信功能的计算器参加考试。

2. 本课程在试卷中对不同能力层次要求的分数比例大致为：识记占 20%，领会占 30%，简单应用占 30%，综合应用占 20%。

3. 要合理安排试题的难易程度，试题的难度可分为：易、较易、较难和难四个等级。必须注意试题的难易程度与能力层次有一定的联系，但二者不是等同的概念。在各个能力层次中对于不同的考生都存在着不同的难度。在大纲中要特别强调这个问题，应告诫考生切勿混淆。

4. 课程考试命题的主要题型一般有名词解释、单项选择题、多项选择题、简答题、论述题等题型。

在命题工作中必须按照本课程大纲中所规定的题型命制，考试试卷使用的题型可以略少，但不能超出本课程对题型的规定。

附录　题型举例

一、名词解释

1. 企业
2. 顾客成本
3. 市场

二、单项选择题：在每小题列出的备选项中只有一项是最符合题目要求的，请将其选出。

1. 下列哪个因素不属于宏观环境（　　）。

A. 经济环境　B. 市场环境　C. 人口环境　D. 自然环境

2. 存在于企业资源条件方面的关键战略要素不包括（　　）。

A. 战略要素　B. 生产运营要素　C. 研究开发要素　D. 营销要素

三、多项选择题：在每小题列出的备选项中至少有两项是符合题目要求的，请将其选出。错选、多选、少选或未选均无分。

1. 在联合战略中，战略联盟的形式一般包括（　　）。

A. 技术开发联盟　B. 合作生产联盟　C. 市场开拓联盟　D. 多层次合作联盟
E. 产品—市场战略

2. 以下属于市场主导者可选择的防御战略的是（　　）。

A. 阵地防御　B. 侧翼防御　C. 以攻为守　D. 反击防御
E. 运动防御

四、简答题

1. 什么是产品整体概念？
2. 意见领袖有哪些作用？

五、论述题

分销渠道改进方式可分为哪几种？在分销渠道改进中应注意哪些问题？

大 纲 后 记

《企业经营战略与市场营销自学考试大纲》是根据《高等教育自学考试专业基本规范（2021年）》的要求，由全国高等教育自学考试指导委员会机械及轻纺化工类专业委员会组织制定的。

全国考委机械及轻纺化工类专业委员会对本大纲组织审稿，根据审稿会意见由编者做了修改，最后由机械及轻纺化工类专业委员会定稿。

本大纲由北京林业大学陈凯教授、北京中医药大学汪晓凡副教授编写；参加审稿并提出修改意见的有中国社会科学研究院财经战略研究院刘彦平研究员、北京师范大学张平淡教授。

对参与本大纲编写和审稿的各位专家表示感谢。

全国高等教育自学考试指导委员会
机械及轻纺化工类专业委员会
2023年12月

全国高等教育自学考试指定教材

企业经营战略与市场营销

全国高等教育自学考试指导委员会　组编

编 者 的 话

本书是根据全国高等教育自学考试指导委员会最新制定的《企业经营战略与市场营销自学考试大纲》编写的自学考试指定教材。

本书适应新时代需求，通过提供数字化教学资源，方便自学应考者的自学和辅学，力求适应应考者多线程任务的特点，实现“随时学”“随地学”以及学习与应用相结合。按照自学考试培养应用型、职业型人才为主的精神，编者在编写时重视理论联系实际，强调将一般规律应用于行业领域，具有较强的实用性。为了使自学应考者系统地掌握企业经营战略与市场营销的基本知识、基本理论和管理方法，达到普通高等教育系列一般本科院校的水平，在本书编写过程中，针对课程的特点，突出基本原理和基本方法的运用，强化识别问题、分析问题与解决问题的能力，阐述管理学和营销学领域通用的决策分析方法与实施步骤。

本书系统介绍了企业经营战略与市场营销的基本概念、理论和管理实践方法。共分十二章：第一章企业经营战略与市场营销概述，第二章企业经营环境分析，第三章产业环境分析，第四章企业总体战略，第五章竞争战略与竞争优势，第六章基于产业生命周期的经营战略决策，第七章基于市场地位和企业规模的战略决策，第八章目标市场营销，第九章产品策略，第十章定价策略，第十一章分销渠道策略，第十二章促销策略。章后有复习思考题。

本书由北京林业大学陈凯教授、北京中医药大学汪晓凡副教授主编。在编写过程中，北京林业大学经济管理学院朱伟丽、李思楠、常皓媛、黄心敏和薛莞婷参与了资料搜集和整理工作。在编写过程中，参考了多位学者的著述，或从他们那里得到了诸多帮助。在此，对所有为本书编写做出贡献的同行表示衷心感谢。

本书由中国社会科学研究院财经战略研究院刘彦平研究员担任主审，北京师范大学张平淡教授参审，他们提出了许多宝贵的建议，在此表示诚挚的谢意。

限于编者的水平，书中难免有不妥之处，恳请广大读者批评指正。

编 者

2023 年 12 月

第一章　企业经营战略与市场营销概述

第一节　企业经营战略

企业经营战略对企业发展的重要性不言而喻，科学合理的经营战略能够恰当地指明企业资源的投入方向、经营产品的种类，明确企业的目标客户、竞争优势以及经营规模。企业经营战略通过对企业资源的合理安排与使用，提供具有竞争优势的产品，从而顺利实现从商品到货币的“惊险一跃”。

一、战略视角下的企业概念

企业是从事生产、流通、服务等活动的经营单位，它拥有一定数量的固定资产和流动资金，依法登记并获准进行生产经营活动。按企业的法律形态，企业可分为三类，即个人独资企业、合伙制企业和公司制企业。小型企业一般采用个人独资或合伙制形式，大中型企业一般采用公司制形式，如股份有限公司、有限责任公司。

企业作为人类社会生产活动的组织形式，随着历史的进程，其内涵和形态都在不断地进行演化。在人类社会早期，人们自给自足，自己生产、自己消费，生产的多余产品被拿到市场上进行交换。这个阶段尽管庄园或农庄等集中了大量劳动力进行生产，但现代意义的企业组织并没有出现。后来随着工商业相对发达，以家庭为单位的手工工场和作坊开始进行专业化生产，逐渐形成了家庭小企业，生产的产品主要被拿到市场上进行交换。由于交通、通信不发达，产品流动的市场范围有限，这类家庭企业通常规模较小，对资金和人员需求不多，多为个人独资企业。为了克服资金的不足，这类家庭企业还会采用合伙制形式。合伙制企业通常由 2 ~ 3 名亲友构成，大家共同出资，共同承担无限责任。

到近代，由于铁路、公路、通信等得到发展，市场空间和容量得到迅速扩展，地区与地区、国与国之间统一的市场逐渐形成，突破了产品流动的地理空间以及时间限制，进行大量生产和大量销售的现代企业出现了。这种现代企业需要集中大量的资金，通过众多的投资者投资入股，采用以股份集资为基础的公司制，成为现代企业的主要法律组织形式。

理解企业概念需要充分认识企业的两个方面，其一是企业的生产功能，即把投入的人、财、物转化为市场需要的产品或服务的技术经济特点。在企业进行战略决策时，要充分考虑这一特点，以便达到用最少的投入实现最大产出的目的。例如，具有规模经济特点的汽车生产企业，就需要建立庞大的生产与销售系统，需要大量投资。因为汽车业小规模生产成本很高，缺乏竞争力；相反，一家餐饮店由于受到消费时间和地点的限制，一般规模较小。其二是企业的组织形式，也就是为了实现企业的生产功能，采取何种方式集中人、财、物等生产要素，以及如何控制这些生产要素的合理使用。例如，一个企业在从小到大的扩张过程中，其组织形式就从个人独资经营、合伙经营逐渐演变为有限责任公司、股份有限公司等；企业的决策体系逐渐从所有权与经营权合一的集权控制，演变为通过股东大会、董事会、监事会、总经理、管理层等相互制约的决策控制体系。企业在扩张过程中，常常要进行兼并、合并、分离出售企业部分经营单位或资产等涉及企业所有权与控制决策权变化的重大战略行为，以使企业的生产经营功能更有效地进行。

传统理论认为，成功企业的评价标准是利润最大化。从战略角度看，一个企业经营成功与否很大程度上取决于它所控制的人、财、物、技术、数据等生产要素的多少与产出的效率。一个优势企业表现为能够集中较多的资本、人力进行生产经营活动，即实现规模的扩张，同时要给予资本和人力提供者较高的回报。在现代买方市场条件下，优势企业主要依靠为用户提供比竞争对手更优质或相对较低价格的产品或服务来实现发展。一个企业的产品或服务在同样的价格下优于竞争对手，或在同样的品质下价格更低，就能够争取更多的用户，具有较强的竞争力，其销售规模或市场占有率就会不断扩大，企业各要素提供者就可以获得较高或稳定的回报，进而吸引更多的要素提供者为企业提供资本和人力等资源。一个优势企业就是在这样一个良性循环中不断成长壮大的。因此，企业发展壮大的动力源在于市场竞争力。

企业对经营要素的控制不一定全部都要通过资本投入才能实现，通过契约也能取得程度不同的控制支配。也就是说，企业对资源的控制既可以通过投入资金建立工厂，或通过兼并、合并等方式达到，也可以通过短期或长期合约的方式对企业相关利益者有某种程度的控制。因此，按照战略理论，企业可以通过资金投入、兼并收购或联合、短期或长期契约等多种方式，用较少的投资控制较多的资源。

供应链是企业在战略上扩展资源配置范围的重要形式。企业的供应链是动态的，由直接或间接满足顾客需求的各方组成，主要包括制造商、供应商、批发商、零售商等，各环节通过物流、信息流和资金流彼此相连。企业进行供应链管理的主要目的是满足顾客的需求，并在此过程中为企业自身创造利润，实现供应链整体价值的最大化。成功的供应链管理需要进行许多与物流、信息流和资金流有关的决策。企业的供应链设计、计划和运作对于其成败具有重要作用，要想保持竞争优势，企业的供应链必须随着不断变化的技术和顾客期望做出相应调整。在战略层面，企业要想成功，其所有职能战略都需要相互协调并支持竞争战略。其中，实现供应链战略与竞争战略之间的战略匹配非常重要。实现供应链战略与竞争战略之间的战略匹配意味着两者要有共同目标，即竞争战略所要满足的顾客至上理念和供应链战略旨在建立的供应链能力之间的一致性。实现战略匹配，需要企业了解顾客的需求，理解供应链的不确定性，并且理解供应链效率和响应能力。当前，不断丰富的产品种类和不断缩短的产品生命周期等挑战，导致企业的供应链更加难以实现战略匹配，战胜这些挑战会使企业获得巨大的机会。

二、企业经营战略的概念、内容与层次

（一）企业经营战略的概念

《孙子兵法》是目前世界普遍认同的战略思想起源，尽管没有直接使用“战略”这个词汇，但它包含了大量有关战争的战略和战术的原则和思考。这些原则在战略思想中具有普遍性，可以应用于战争、商业、政治、体育等领域。因此，《孙子兵法》的思想被广泛

引用和研究，为后来的战略理论和实践奠定了基础，对战略思考和规划产生了深远影响。“战略”一词来源于希腊文“strategos”，其含义是将军指挥军队的艺术和科学。“战略”一词与企业经营联系在一起并得到广泛应用的时间并不长，最初出现在切斯特·巴纳德的西方经营学名著《经理的职能》一书中，但其得到广泛应用是在1965年美国经济学家伊戈尔·安索夫的《公司战略》之后。今天，在企业经营中运用这个词，主要是指对企业长远发展进行全局性谋划。企业经营战略涉及企业未来的发展方向、发展道路和发展行动等重大而带有全局性的问题。一个科学合理的经营战略必须正确回答对企业发展产生重大影响的三个问题：一是企业应该做什么？包括企业生产经营何种产品，服务对象是谁，以及经营规模应为多大。二是在企业确定的业务领域如何建立竞争优势？三是企业如何通过内部组织和资源集中来实现特定的战略目标？通过对这三个问题的回答，确定企业的战略目标和实现目标的途径和手段。企业经营战略主要有以下四个特点。

1. 企业经营战略是对企业发展的全局性谋划

企业的经营活动涉及各种各样的决策，既有关系企业全局性、未来性、根本性的重大决策，也有涉及生产、人事、销售等局部性的日常业务决策。企业战略性决策一般是带有全局性的重大决策，对企业的发展会产生重大影响。业务决策失误一般给企业带来的损失较小，然而一个错误的战略决策，会对企业造成全局性的重大损失，甚至导致企业破产。

2. 企业经营战略是对企业发展的长远性谋划

从广义上讲，战略、规划、计划都是对未来的谋划，也可统称为计划。但企业经营战略是对企业未来较长时期（五年以上）的生存和发展做出通盘筹划。企业的中长期规划或短期计划必须以企业战略为基础。一个科学合理的经营战略必须对企业经营环境的变化做出预测，并适应这种变化，从而制定企业的应变策略和行动方案。因此，经营战略是带有超前性、预测性和长远性的。

3. 企业经营战略的制定具有抗争性

企业经营战略是关于企业在激烈的竞争中如何与竞争对手抗衡的行动方案，同时也是针对来自各方面的许多冲击、压力、威胁和困难及迎接这些挑战的行动方案。它着重对企业的外部环境、宏观经济趋势、各种竞争力量进行分析，最终制定抗争各种竞争力量和适应环境的策略与办法。在早期的企业管理中是没有战略管理的，因为早期是卖方市场，产品供不应求，企业的精力主要放在如何提高生产效率，加强生产现场管理上，当时只要产品生产出来，就能卖得出去。但随着经济的发展，市场逐渐出现饱和，供给能力过剩，市场转变为买方市场，同时技术进步不断加快，市场需求不断升级发展，需求越显动态化。这时，仅仅提高企业内部生产效率显然不足以应对企业面临的压力和挑战，必须加强对环境的研究，加强对竞争的各种力量和因素的分析，以不断适应顾客新的需求和市场新的变化。

4. 企业经营战略具有纲领性

企业经营战略确定的是企业总体、长远的目标，是企业的发展方向，以及相应的基本行动方针、重大措施和基本步骤，这些都是原则性的、概括性的规划，具有行动纲领的意义。企业经营战略必须经过发展、分解和落实等过程，方能变成具体的行动计划。

（二）制定企业经营战略的步骤与内容

企业经营战略的制定与实施是一项非常复杂的工作，图 1-1 显示了企业制定经营战略的步骤与主要内容。

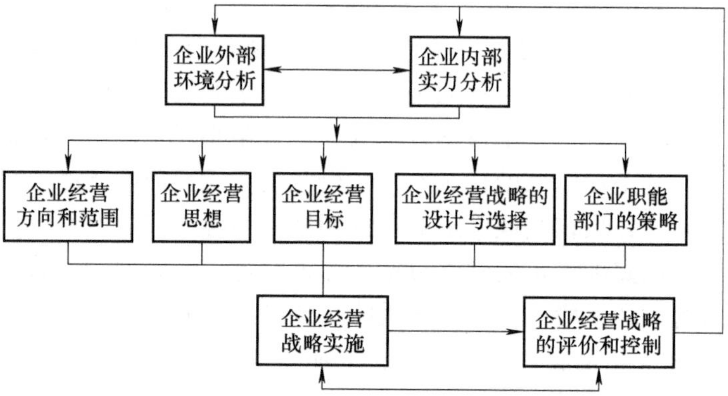

图 1-1　企业经营战略制定及实施步骤

由图中可以看出，企业外部环境分析是企业制定经营战略的第一步。环境因素对企业来说基本上是不可控的。把握外部环境的现状及未来发展趋势，掌握足够的信息，可以为正确确定企业的经营方向和经营目标，制定经营战略打下良好基础。

企业内部实力分析是指分析本企业在经营中具备和可取得资源的数量和质量。这里不仅包括人、财、物等物质资源，而且包括企业组织结构、信息、时间、企业文化及企业形象和信誉等无形资源。明确企业的优势和劣势，为企业在长远发展中如何扬长避短指出了战略方向。

企业经营方向和范围是指企业将在哪些产品、市场和技术领域内经营。实际上确定企业经营方向和范围是进行企业外部环境分析与企业内部实力分析，从而找到适合企业从事的业务类型与范畴。

企业经营思想是企业在正确认识了外部环境和内部实力以后，为实现企业经营目标，在生产经营活动中的指导思想。它是企业经营的哲学，是企业确定经营活动方式所依据的经营信念、价值观和行为准则，是制定企业经营战略的灵魂。

企业经营目标是指企业在一定时期内按照企业经营思想，考虑内外条件的可能，沿其经营方向预期达到的成果，是企业经营战略的基本内容之一。

企业经营战略的设计与选择是企业内外环境分析的结果，可按其经营方向提出几个可行、符合要求的长期目标和经营战略方案。对这些方案要逐个进行比较和评价，求得一个能实现企业目标的最佳方案。在比较和评价中，要确定一个衡量标准，任何一个战略方案都会有优缺点，衡量标准不同，战略的设计及选择结果也会不同。这种衡量标准除了考虑其对企业的整体、长远作用外，还取决于决策者对待风险、稳定性、发展速度、盈利率及经营分散程度等因素的态度，其中也包含相当大的主观成分。

企业职能部门的策略是在事业部级战略指导下，按专业职能进行落实和具体化。它是将企业总体战略转化为职能部门具体行动计划的过程。根据这些行动计划，职能部门管理人员可以更清楚地认识到本职能部门在实施总体战略中的责任和要求，从而丰富和完善企业总体战略，甚至发展企业总体战略。

企业经营战略实施是指企业通过一系列行政的和经济的手段，组织员工为达到战略目标所采取的一切行动。应当说战略制定的关键在于其正确性，而战略实施的关键在于其有效性。战略实施的成败取决于能否把实施战略所必需的工作任务、组织结构、人员、技术等资源及各项管理功能有效地调动起来加以合理配置。

企业经营战略的评价与控制是要确定战略在实施过程中，在其预期目标上取得了多大的成效。战略和策略的制定过程属于主观认识范畴，其真正的价值只有经过实践才能得到验证，战略只有实现了预期目标才是成功的。在战略实施过程中进行评价将进一步辨认企业对外界环境的分析是否正确，所确定的经营领域、企业经营思想和经营目标是否恰当，所提出的战略途径和手段是否有效等，从中发现战略差距，分析产生偏差的原因，提出纠正偏差的措施，使企业的战略行动更好地与企业所处的环境及企业要达到的目标相协调，使企业经营目标得以实现。

(三) 企业经营战略的层次

企业的经营战略是一个体系，从内容上包括企业的战略目标和使命、企业的经营方向和范围、企业的经营思想、重大战略措施等。同时，战略管理是分层次的，根据企业的情况和外部环境，每一个层次的战略可分为不同类型。

战略管理的层次是同企业规模和现代经营管理采用的分权方式直接相关的。在规模较大的企业中，企业高层领导者不宜集权过多，采用“集中领导、分权管理”的经营管理体制，一般采用三级管理的战略管理体制：第一层次是公司或企业级的战略；第二层次是战略经营单位（事业部）级的战略；第三层次是职能策略。大型企业的经营战略系统如图 1-2所示。

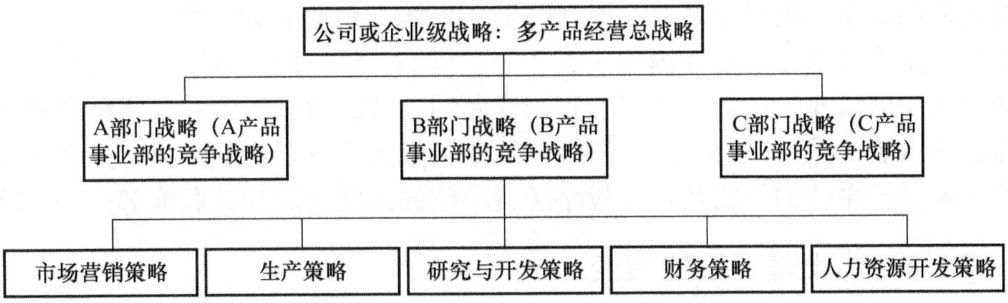

图 1-2　大型企业的经营战略系统

1. 公司或企业级战略

公司或企业级战略是企业经营总体战略，旨在拟订企业的长远战略目标，以及达到战略目标的各种战略方案（途径）。它包括如下一些要素：企业的经营方向和目标；企业的资金流向和其他资源的流向，包括企业（总部）与其下属战略经营单位之间的资金与资源流向。公司或企业级战略从财务和资本回报率角度考虑企业的各种产品或企业各经营单位的资源分配与调整。这个层次的战略主要用于从事资本经营与运作，常涉及收购、兼并、联合重组、出售等重大战略行为。例如，有些产品或经营单位要考虑投入资源与资本或通过收购、扩建来实现扩张；有些产品或经营单位则要通过出售或减少投入实施收缩战略。对于规模较大、经营的产品较多、分布的区域较广的大公司、大集团，从财务角度评价考察各产品经营单位的业绩，并进行战略调整显得特别重要。

2. 战略经营单位（事业部）级的战略

战略经营单位（Strategic Business Unit，SBU），是企业中的一个部门或一种业务，该部门或业务有独立的宗旨和目标，能不依赖其他业务进行计划。因此，一个 SBU 可以是公司的一个部门，也可以是一个部门内部的一条产品线，有时甚至可以是单一的产品或品牌。企业所经营的某产品或服务的战略，就是企业所属下一级独立核算的战略经营单位的战略。这一层次的战略，主要从产品或市场角度，考虑企业应开发哪些产品，如何使产品在市场上具有竞争力。这个层次相当于产品的生产经营，关心的是如何通过质量、成本、价格、广告、营销网络建设等方面，巩固产品在市场上的竞争地位。企业为了加强这一方面的工作，往往把很多同类或相似的产品组织在一个独立的生产经营单位中，由它来独立经营这类产品，从而使公司一级的战略管理可在更恰当的层次上展开。有了这些战略经营单位，企业的领导者可以摆脱日常生产经营中的琐事，集中精力考虑企业的长远发展，重点抓好全公司的长远战略规划。因此，企业高层领导者必须把下属的经营单位当作一个独立的生产经营体系来看待，给予经营者所必需的经营自主权，让他们在公司所规定的经营战略目标和策略范围内自主地拟订自己的战略和进行相应的战略管理。

3. 职能策略

各职能部门要根据公司和战略经营单位战略提出的要求和制约条件，将各种活动和资源协调统一起来，实现公司或经营单位的战略目标。例如，营销部门的典型策略是通过价格或广告策略提高销售额；研究与开发部门的典型策略是做好新产品研究开发工作，及时为生产技术部门提供新产品样品；生产制造部门的典型策略是通过实现产品与工艺的创新，在提高产品质量的前提下使产品成本降低，以增进企业的竞争力；等等。

以上三个层次的战略在企业内构成了一个有机的、统一的、分层次的战略体系。三个层次的战略或策略既相互联系，又相互作用和制约，彼此协调一致和紧密结合成一体，是企业在竞争中取胜的重要条件。上一层次的战略将成为下一层次的环境，如企业的战略是企业内部战略经营单位的战略环境，战略经营单位的战略又成为其职能部门的战略环境。

三、企业经营战略理论的演变

著名的管理学家切斯特·巴纳德在其 1938 年所著的《经理的职能》一书中，从分析影响企业目的的各种因素中提出了战略要素的概念。1962 年，艾尔弗雷德·钱德勒在《战略与结构》一书中首次对企业经营战略下了定义。此后，经营战略的研究就一直长盛不衰，产生了各种流派。著名的管理学家亨利·明茨伯格在其 1998 年所著的《战略历程》一书中，介绍并剖析了战略管理的十大学派。这十大学派分别从不同的角度或层次分析反映了战略形成的客观规律，对战略管理理论做出了卓越的贡献。这里就十大学派的基本观点、代表人物和代表作品加以介绍。

（一）设计学派

设计学派出现于 20 世纪 60 年代，是计划学派和定位学派基本理论框架的基础。设计学派认为战略形成是一个孕育过程，就是设计出一个战略制定的模型以寻求内部能力与外部环境的匹配，即其核心观点是战略就是在外部机遇和自身能力之间保持基本平衡。设计学派指出，战略一经确定，接下来就要执行，其核心内容是将战略制定和战略执行进行分离。

设计学派的起源可以追溯到1957年加州大学伯克利分校的菲利普·塞尔兹尼克出版的《管理中的领导力》和1962年麻省理工学院的艾尔弗雷德·钱德勒出版的《战略与结构》。菲利普·塞尔兹尼克提出应当将战略深入组织的社会结构中，也就是后来的“战略执行”。钱德勒在之后创建了设计学派有关经营战略以及经营战略与结构相互关系的思想体系，他提出：“战略决定结构，结构紧随战略。”1965年出版发行的由勒恩德等人编著的《经营策略：内容和案例》，成为设计学派思想的重要传播工具。其中，肯尼思·安德鲁斯在该书的不同版本中所著内容被认为最全面、最清晰地表达了设计学派的思想。尽管设计学派模式的应用具有局限性，而且通常会被过分简化，但设计学派“告知想法”的观点所做出的贡献具有重要意义。

（二）计划学派

计划学派与设计学派产生于同一时期，认为战略形成是一个程序化过程，侧重于阐述战略制定的方法。计划学派认为战略应该由受过良好教育的计划人员来制定，或者由那些和首席执行官直接接触的一些专业战略规划部门来制定，并且战略计划必须明确具体地规定目标、预算、实施项目和各种作业计划。计划学派坚持追求战略决策过程的规范化和条理化。

计划学派最具影响力的代表作品是伊戈尔·安索夫所著的《公司战略》，该书出版于1965年。安索夫提出了战略的四个构成要素，即产品与市场氛围、增长向量、协同效果和竞争优势。在20世纪70年代，尽管计划学派对战略管理实践活动的影响不断增强，但是该学派在理论创新上没有重大突破，这严重削弱了其影响力。

（三）定位学派

定位学派出现于20世纪80年代，认为战略形成是一个分析过程，主要经历了三个鼎盛时期。在计划学派和设计学派的大部分假设和基本模式基础上，定位学派在两个方面产生了新的发展。首先，定位学派不仅强调战略制定过程的重要性，也强调战略实际内容的重要性。其次，定位学派通过聚焦于战略的内容，将战略管理领域中的研究从传统的说明性分析扩展到实际调查。同时，定位学派有一个具有革命性的观点，认为在一个既定行业中，只有少数的关键战略是符合要求的，这些战略能够帮助企业防御现存和未来的竞争对手。定位学派依然将首席执行官看作主要的战略家，不同之处在于其将计划人员视为分析家和计算者，负责研究大量信息以获得最佳战略。

1980年，迈克尔·波特出版了《竞争战略》一书，详细描述了竞争分析和产业分析的步骤，对定位学派的产生起到了推动作用。波特在《竞争战略》及1985年出版的《竞争优势》中，围绕战略建立了许多基本概念。其中，最著名的是波特的竞争分析模型。这一模型明确指出了组织环境中影响竞争的五种力量，分别为新进入者的威胁、企业供应商的议价能力、企业顾客的议价能力、替代品的威胁和各竞争企业之间的竞争激烈程度。

除此之外，波特的基本竞争战略、波特的价值链理论等都具有重要意义。

（四）企业家学派

企业家学派成立于20世纪50年代初期，认为战略形成是一个构筑愿景的过程。该学派不仅将战略形成过程完全集中在一个领导者身上，认为战略是领导者个人构思的产物，而且强调某些与生俱来的心理状态和过程，例如直觉、判断、智慧、经验和洞察力。企业家学派的核心概念是愿景，这是对战略的心理描述，是一种灵感和指导思想。领导者在制定战略时能够充分运用其经验，因此企业家战略在总体思路和方向上是深思熟虑的，在具体细节上则是随机应变的。

企业家学派的主要代表人物及作品包括：1967年，奈特撰写的《企业家精神：处理不确定性》，提出企业家精神与企业家承担的巨大风险和处理不确定性基本等同；柯林斯和摩尔于1970年撰写的《组织的缔造者》进一步调查了企业家的个性。

（五）认知学派

认知学派出现于20世纪80年代，在20世纪90年代得到发展，认为战略形成是一个心智过程。认知学派存在两个不同的分支。第一个分支将知识的处理和构建视为一种试图勾画客观世界的结果，认为战略家的眼睛就像一部照相机，在观察这个世界的同时，按照战略家的意愿放大或缩小这个世界，但是会有一定程度的失真；第二个分支认为任何认知活动都是主观的，战略是对世界的某种解释，认为战略家关注思维是如何对于外界事件、标志和顾客行为等事物做出反应的。概括而言，第一个分支认为认知就像对世界的再创造，第二个分支则认为认知创造了世界。

认知学派的主要代表人物及作品包括：赫伯特·西蒙于1987年发表的论文《管理决策：直觉和情绪的作用》对管理决策制定过程中的认知影响很大；认知学派中最活跃的学者安·休夫，区分了帮助管理者识别重要因素的认知地图和说明这些不同因素之间关系的认知地图。

（六）学习学派

学习学派的起源可以追溯到20世纪50年代末期，形成于20世纪80年代初。该学派认为战略形成是一个涌现过程，战略是个人或群体在开始研究某种情境以及研究组织应对情境的能力时自然产生的，最终战略会成为组织中所有成员的行为模式。学习学派为解决战略决策的复杂性和不确定性提供了有效的方案，在专业性组织中尤其需要学习。

从某种意义上讲，1959年查尔斯·林德布洛姆发表的文章《“蒙混过关”的科学》开创了学习学派。林德布洛姆在文章中指出，政策的制定是一个混乱而非单纯、有序、可控的过程，而在这个过程中，政策制定者们试图应付一个对他们而言过于复杂的世界，其观点可能从本质上违背了关于“理性”管理的假设。学习学派的主要代表人物和作品还有爱德华·莱普于1976年撰写的《优秀的管理者不制定决策》，以及詹姆斯·奎因于1980年撰写的《战略转变：逻辑渐进主义》，该代表作品是学习学派兴起的标志。

（七）权力学派

权力学派出现于20世纪70年代末，这里的“权力”是指在纯经济范围以外运用所有影响力的行为。认为战略形成是一个协商过程。该学派从权力与政治等因素入手，将战略形成视为受权力显著影响的过程，强调将权力和政治手段应用于战略谈判以获得特殊利益。由于权力关系既发生在组织外部，又发生在组织内部，因此可以将权力学派分为两个分支。微观权力学派注重组织内部成员间的冲突，通常出于自身利益；宏观权力学派则关注组织对权力的应用。

从权力学派产生至今，关于权力学派的战略管理的作品数量较少。权力与政治和战略形成密切相关，与此相关的代表人物和代表作品包括：1977 年，萨拉辛撰写的《一个法国大公司的分权计划》和佩蒂格鲁撰写的《作为政治过程的战略制定》；1978 年，麦克米伦出版的《战略制定：政治概念》；1979 年，鲍尔撰写的《战略制定：一种社会和政治过程》。

（八）文化学派

自 20 世纪 80 年代起，文化开始受到管理学界的关注，文化学派应运而生。文化学派认为战略形成是一个集体思维过程，认为战略形成是根植于文化、受社会文化驱动力影响的过程，是社会交互的过程，关注文化对保持战略稳定性的影响。如果说定位学派的缺点是人为的精确性，那么文化学派的缺点就应该是概念的模糊性。文化学派强调传统和舆论，阻碍了组织进行必要的改变。

20 世纪 80 年代，英国安德鲁·佩蒂格鲁等揭示了文化因素在战略中的重要性；美国学者费德曼开始考虑文化对战略变革的影响；美国学者巴内研究了文化能否作为维持竞争优势的源泉之一。文化学派的主要代表人物和代表作品还包括：1984 年，斯诺德格拉斯创作的《文化对战略控制系统要求的影响》；1986 年，费尔德曼撰写的《全局中管理：文化与认识组织变革的关系》；1986 年，络尔施撰写的《文化管理：战略变革的无形障碍》等。

（九）环境学派

环境学派成立于 20 世纪 70 年代后期，“环境”是指来自组织外部的力量，其他学派仅仅把环境当作影响因素，而环境学派则认为当环境发生变化时，组织是消极被动的，需要花时间应对这种变化，并重新调整自己的议事日程。该学派将环境作为战略形成过程中的三大中心力量之一，认为战略形成是一个适应性的过程，把战略制定的过程视为一种映射外部环境的过程。

环境学派有三个典型观点，即权变观点、种群生态学观点和“铁笼子”观点。环境学派最先提出了“权变理论”，并在此后将其应用到战略形成中，这一理论阐述了特定环境与组织特殊属性之间的关系，不同的环境会产生不同的行为；种群生态学家认为是外部环境使组织处于特定的活动范围内，要么组织根据外部环境的改变而调整自身，否则就是被“淘汰”，这就是战略选择；组织理论之父马克斯·韦伯提出的著名表述是：经理们面对的环境是一个理性的“铁笼子”，基于韦伯的理论，一批组织社会学家建立了“制度理论”的观点，即一个组织在其生存环境中所面临的制度压力来自其他组织或该组织自身。

（十）结构学派

结构学派区别于其他学派的一个根本方面是它提供了一种调和的可能性，并提供了一种整合所有其他学派观点的方法。该学派认为战略形成是一个变革过程，包括两个主要的方面：一个方面是“结构”，即描述组织和组织周围环境的状态；另一个方面是“变革”，即描述战略制定的过程，变革是结构的必然结果。

丹尼·米勒将战略变化和结构变化视为量子变化而非渐进过程，他与彼得·弗里森把组织变化描述为量子运动，形成的量子变化理论观点成为结构学派的中心观点。这一观点认为组织对变革与连贯对立问题的解决办法是先针对一个再针对另一个分别进行，各种战略总是在不断发生着边际性变化。

除了著名的明茨伯格十大学派，核心竞争力学说也颇具影响力。进入20世纪90年代以来，许多成功的企业发现，在资源配置过程中最重要的是培育核心竞争力或核心能力，它是企业竞争优势之根源，更是企业现行事业相互结合的“黏合剂”、新事业发展的“发动机”。因此，核心竞争力可谓企业的战略资源。20世纪80年代以来，国际上对经理人员的评价标准是具有使企业重组、消除混乱和改变经营方向的能力，20世纪90年代和21世纪将依据他们培育、发展企业核心竞争的能力来评价之。

核心竞争力是指企业开发独特产品、发展独特技术和发展独特营销手段的能力，它使企业在战略上与众不同。例如，华为公司5G技术方面的研发能力，英特尔公司在微处理器开发和制造方面的能力，麦当劳的高度规范化能力，以及奔驰公司在汽车发动机设计制造方面的能力等。

按照福克纳和鲍曼的观点，核心竞争力包括运行能力和制度能力。运行能力是指企业员工拥有的知识、技能、企业技术运行体系和实物系统等；制度能力包括企业管理体制、管理风格、创新能力及价值观等。

第二节　市场营销

一、什么是市场营销

市场营销学作为一门学科出现已有百余年的历史。在这百余年的历史长河中，市场营销学从研究促销、分销发展到现在已成为一门研究综合性的市场营销活动的学科。对于市场营销的定义，也经历了一系列的变化过程。

美国市场营销协会（AMA）于1985年将营销定义为：营销是关于构思、货物和服务的设计、定价、促销和分销的规划与实施过程，目的是创造能实现个人和组织目标的交换。1990年，日本市场营销协会（JMA）根据变化了的营销环境和不断发展的营销实践，对营销的含义进行了进一步阐释，指出：“营销是包括教育机构、医疗机构、行政管理机构等在内的各种组织，基于与顾客、委托人、业务伙伴、个人、当地居民、雇员及有关各方达成的相互理解，通过对社会、文化、自然环境等领域的细致观察，而对组织内外部的调研、产品、价格、促销、分销、顾客关系、环境适应等进行整合、集成和协调的各种活动。”2004年8月，AMA又一次公布了营销的定义：营销既是一种组织职能，也是为了组织自身及利益相关者的利益而创造、沟通、传递客户价值，管理客户关系的一系列过程。

我国学者指出，市场营销是指以满足人民日益增长的美好生活需要为目的，通过市场变潜在交换为现实交换的一系列活动和过程。市场营销学是一门以经济科学、行为科学、管理理论和现代科学技术为基础，研究以满足人民日益增长的美好生活需要为中心的企业营销活动及其计划、组织、执行、控制的应用科学。

从市场营销的定义可见，市场营销是一种组织职能，其目的是通过交换以满足个人和组织的目标。市场营销过程本身就是对其所涉及的各种营销因素的创造过程，市场营销可以被个人、企业、政府以及非营利机构等应用。

现代管理学之父彼得·德鲁克指出，现代企业最重要的职能只有两个：一个是创新；另一个是市场营销。销售额下降或增长缓慢、消费者购买行为发生改变、市场竞争加剧等因素都会促使企业认识到市场营销的重要性。

二、市场营销的核心概念

要正确理解市场营销的内涵，并能在实际的市场营销活动中灵活应用，就必须了解与市场营销相关的核心概念。市场营销的核心概念及关系如图 1-3 所示。

（一）需要、欲望、需求

需要（Needs）是市场营销中最基本的概念。人们的需要是指人们的某些基本满足被剥夺的一种状态。人们在饥饿时需要食物，在基本的衣、食、住、行得到满足后会产生其他的需要。因此，人们的需要受到许多复杂因素的影响，并且随着人们所处的环境的变化而变化。人们对不同需要的追求，根据著名心理学家马斯洛的需要层次划分，从低向高可分为五个层次，即生理需要、安全需要、社会需要、受尊重需要和自我实现的需要。对于这五个层次的需要，一般是只有低层次的需要被满足以后，才会追求更高一层次的需要，而且人们的需要并不是企业的营销者可以创造的。企业的营销者在营销活动中，只能根据人的需要的层次，寻找企业能够满足人们需要的目标，并采取适当的市场营销策略满足它。

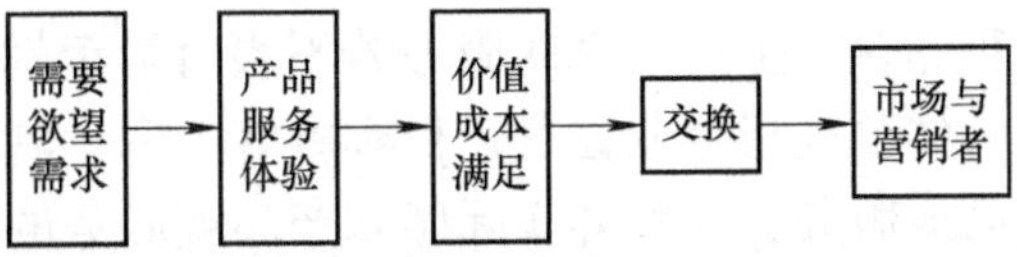

图 1-3　市场营销的核心概念及关系

欲望（Wants）是指对具体的需要满足的愿望。人们的需要按高低不同可以划分为上述五个层次，在上述五个层次的每一层次的需要中，人们满足它的欲望会有很多形式。这些不同的形式是建立在不同的社会经济、文化和个性等基础之上的。需要对人类整体而言具有共性，而欲望则对消费者个体而言具有特性。例如，在中国，人在饥饿时希望吃米饭或面食；在美国，人在饥饿时希望吃汉堡包等。企业营销者的重要任务之一就是根据人们的需要，识别人们的欲望，并以适当的产品或服务来满足人们的欲望。

需求（Demands）是指由购买力支持的对某些具体产品的购买欲望。人们对某些产品具有购买欲望，但如果没有购买能力，这种购买欲望不可能转化为需求。因此，在研究某种产品的市场需求时，必须既看人们对其是否有购买欲望，又看人们是否有足够的支付能力。

需要、欲望、需求作为研究市场需求的不同层次的概念，对企业制定市场营销策略具有重要的意义。人们的需要是企业市场营销活动的基础，只有当人们具有某种需要时，根据不同人的特点开发符合其欲望的产品才有意义，企业制定满足人们某种欲望的市场营销策略才能获利。因此，企业在研究产品的市场需求时，应按需要—欲望—需求这一顺序，使企业满足需求的方式逐步具体化。

（二）产品、服务、体验

广义的产品是指能够用于满足人们的需要或欲望的东西，既包括实体产品，也包括服务等其他非实体产品，甚至一个想法、一项活动都可称为产品。狭义的产品是指具有物质功效的使用价值和交换价值的物质产品。企业产品开发与制造的目的是满足人们的某种需求，脱离人们需求的任何产品都不可能为企业带来利益。因此，企业在开发产品前，研究清楚人们的需求是非常重要的。

服务是指用于出售或是同产品连在一起进行出售的活动、利益或满足感。服务具备无形性、相连性、易变性、时间性这四个基本特征。无形性是指服务的特质和组成元素往往是无形的，不能触摸或用肉眼看见，甚至使用服务后的利益也难以察觉或需要享用服务一段时间后，才能感觉到利益的存在；相连性是指在服务的过程中消费者和生产者必须直接发生联系，生产的过程就是消费的过程，二者在时间上不能分离；易变性是指服务的构成成分和服务质量水平经常发生变化，难以统一界定；时间性是指服务无法像有形产品一样进行储存，生产出来的服务若不当时消费就会造成损失。

体验是指企业通过让目标顾客观摩、聆听、尝试、试用等，使其亲身体验企业提供的产品或服务，让顾客实际感知产品或服务的品质或性能，充分刺激和调动消费者的感官、情感、思考、行动、联想等感性因素和理性因素，从而促使顾客认知、喜好并购买的一种营销方式。这种方式通常以满足消费者的体验需求为目标，以服务产品为平台，以有形产品为载体，能够拉近企业和消费者之间的距离。伯恩德·施密特在《体验式营销》一书中将不同的体验形式称为战略体验模块，并且将体验分为知觉体验、思维体验、行为体验、情感体验、相关体验五种类型。

产品、服务、体验是用来满足人们的需要或欲望的手段。企业的市场营销活动往往以市场需要为中心，而市场需要的满足必须通过提供某种产品、服务、体验来实现。因此，产品、服务、体验是企业营销组合中的重要因素，对企业营销的成败影响重大。

（三）价值、成本、满足

价值是指顾客对产品或服务满足其某种需要的能力的评价。成本是指顾客为获得某种产品而支付的代价。在市场营销中，经常用到的是顾客价值与顾客成本的概念。

顾客价值是指顾客对某种产品的总价值的评价。顾客价值一般包括产品价值、服务价值、人员价值和形象价值四个方面。产品价值是产品本身为顾客提供的效用的价值；服务价值是企业为产品实体所提供的附加服务的价值；人员价值是企业员工在营销过程中所表现的责任心及能为顾客提供有保证的服务的价值；形象价值是企业或产品的良好声誉为顾客提供的一种心理价值。

顾客成本是指顾客在购买某种产品的过程中所付出的总的代价。顾客成本不仅包括顾客所支出的货币成本，还包括顾客在购买产品中所支付的时间成本、心理成本和体力成本。

顾客价值与顾客成本共同决定了交换能否进行。当顾客价值大于顾客成本时，顾客才愿意进行交换。否则，交换不可能进行。

满足是顾客对产品的实际感知效果与对产品的期望效果比较，所感受到的满意或不满意的状态。如果顾客对产品的实际感知效果等于或大于对产品的期望效果，则顾客会感到满足；否则，顾客会感到不满足。

研究顾客价值、顾客成本、满足，对企业的市场营销具有深远的影响。为保证交换过程有效进行，企业必须提高顾客价值，降低顾客成本，使顾客在交换过程中能真正感受到购买本企业的产品值得。满足往往是顾客购买了产品以后得到的某种体验。这种体验对顾客的再次购买和企业产品的市场信誉有直接的影响。因此，企业应通过对产品质量的控制和提高服务水平使顾客对本企业产品的实际感知效果提高。同时，在营销过程中，也不应过分夸大产品的功能导致顾客对产品的期望效果保持在实际效果所能达到的水平上，从而使顾客在实际交换中感到满足。

（四）交换

交换是指通过提供某些东西作为回报而从他人那里获得所希望的产品的活动。交换是市场营销中最核心的概念，市场营销研究的就是怎样才能促进交换最有效的实施这一问题。要进行交换，必须具备以下五个条件：至少要有两方；每一方都要有一些对方认为有价值的东西；每一方都有信息沟通与交换的能力；每一方都能自由决定是否交换；每一方都认为与对方进行交换是值得的。只有具备以上五个条件，交换才能有效进行。

（五）市场与营销者

市场是指具有特定的需要或需求，并且愿意和可能通过交换来满足这种需要或需求的所有的潜在顾客和实际顾客的总和。在市场营销中，这种顾客必须满足既有购买某种产品的愿望，同时又有购买能力和接触该产品的机会这三个条件。这三个条件为企业开拓市场提供了有效的途径。

营销者是指积极寻找可以与之从事有价值交换的顾客的人。从营销者的定义看，营销者可以是卖方，也可以是买方。在一次交换中，如果一方比另一方更积极、更主动地寻求交换，则这一方为营销者。在买方市场条件下，往往是卖方在交换过程中表现得更积极、更主动，所以一般情况下卖方为营销者。

根据市场、营销者的定义，并结合交换概念，我们可以建立一个简单的市场营销系统，系统中各主要因素之间的关系，如图1-4所示。

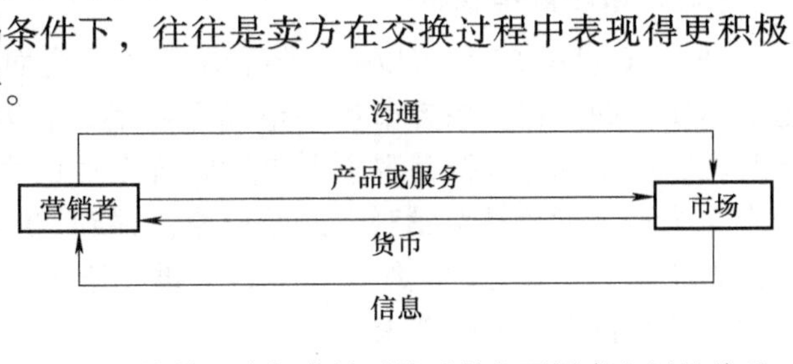

图1-4　简单的市场营销系统及其主要因素之间的关系

三、企业经营观念的演变

市场营销是市场经济的产物，市场营销理论与策略的发展是随着市场环境的变化而不断发展变化的。市场营销理论与策略的发展变化，也是指导企业市场营销活动的企业经营观念的发展变化。企业经营观念的变化过程，一般被归纳为生产观念、产品观念、推销观念、市场营销观念、社会市场营销观念五个阶段。

（一）生产观念

生产观念是指导企业市场营销活动的最古老的一种观念。生产观念认为，消费者喜欢的是那些随处可以买到的价格低廉的产品。生产导向型的组织应致力于提高生产效率和分销效率，以降低产品的价格，方便消费者购买。生产观念产生于资本主义工业化初期，那时生产力水平比较低，产品供不应求，同时人们的收入水平也比较低，因此人们希望以低价格获得所需的产品。生产者通过大批量生产以降低成本、降低价格，这样可扩大产品的市场，获得更多的经济利益。

（二）产品观念

产品观念是在生产观念广泛应用后出现的另一种经营观念。由于生产观念下企业通过大批量、低成本生产，使人们的需求得到了基本的满足，人们对产品的要求也在提高。因此，产品观念认为，消费者喜欢的是高质量、多功能、具有某些特色的产品。产品导向型的组织应致力于生产高质量的产品，并应不断对产品进行改进，以使产品不断完善。产品观念在建立企业产品的质量形象、提高产品的竞争能力方面具有重要的作用。但是，过分强调产品本身的完善而忽视了顾客对产品质量等方面的要求，会使企业投入一些不必要的成本，降低产品的价格竞争能力。特别是对于面临替代产品竞争比较激烈的企业，更会使企业竞争能力降低。

（三）推销观念

推销观念产生于西方国家由“卖方市场”向“买方市场”的过渡阶段。在1920—1945年，由于科学技术的进步，科学管理和大规模生产的推广，产品产量迅速增加，逐渐出现了市场产品供过于求，卖主之间竞争激烈的新形势。许多企业家感到，即使有物美价廉的产品，也未必能卖得出去，企业要在日益激烈的市场竞争中求得生存和发展，就必须重视推销工作，因而推销观念开始出现。推销观念认为，如果企业不极力推销与促销，消费者不会自觉地购买足够他所需的产品。因此，企业必须努力推销和促销产品，才能扩大产品的销售量。

（四）市场营销观念

进入20世纪50年代以后，随着军工工业全面转向民用工业，美国市场的供求关系发生了本质上的变化，买方市场的格局已经形成。因此，过去以“以产定销”为特征的生产观念、产品观念、推销观念严重阻碍着企业的发展和企业竞争能力的提高，以“以销定产”为特征的市场营销观念开始形成，并到50年代中期其核心原理已基本定型。市场营销观念认为，要达到组织的目标，关键在于决定目标市场的需求，并且能够比竞争者更有效地满足目标市场的需求。

根据市场营销观念的含义，以市场营销观念为导向的组织应做到以下四点。

1. 目标市场中心

市场需求多种多样，一个企业不可能满足消费者的各种需求，只能根据市场需求状况和企业自身条件，选定一部分产品的市场作为自己的目标市场。

2. 顾客需求导向

企业向目标市场提供什么，不是由企业主观决定的，必须根据目标市场顾客的需求决定。因此，企业应不断对目标市场顾客的需求特点及其发展变化进行研究，以根据顾客的需求变化不断调整企业的产品和营销组合策略。

3. 协调的市场营销

开展目标市场的营销活动，必须通过协调的市场营销，才能使营销的效率得到提高。协调的市场营销包括企业的各种营销职能的协调，如市场研究、营销沟通、营销渠道、营销管理与控制等的协调；市场营销部门与其他部门的协调，如市场营销部门与研究开发、生产、财务、人事等部门的协调。

4. 盈利

市场营销的目的是使企业达到其预定的目标。对企业来说，其主要目的是盈利。但在市场营销中，只有更好地满足顾客的需求，才能有效达到企业盈利的目的。因此，企业在考虑盈利时，应以比竞争对手更好地满足顾客的需求为手段。

市场营销观念与前面三种观念比较有本质的差别。与推销观念比较，它们的差别主要体现在四个方面，见表 1-1。

表 1-1　推销观念与市场营销观念的差别

企业经营观念	出 发 点	经营活动重点	经 营 方 法	经 营 目 的
推销观念	企业	产品	推销和促销	通过销售获利
市场营销观念	目标市场	顾客需求	协调的市场营销	通过满足顾客需求盈利

（五）社会市场营销观念

进入 20 世纪 80 年代以后，企业为最大限度地满足顾客的欲望，使得自然环境不断恶化，资源走向枯竭，其他相关的社会问题越来越多。在这种环境下，社会市场营销观念被提出来了。社会市场营销观念认为，组织的任务是决定目标市场的需求，并且在保持或提高消费者和社会福利的情况下，比竞争者更有效地满足目标市场的需求。在社会市场营销观念下，必须考虑企业利益、顾客需求的满足和社会利益三者的统一。从 20 世纪 90 年代中期以后，社会市场营销观念开始引起企业的重视，并被一些企业应用。在最近几年中，对社会市场营销观念的研究也越来越多，同时一些与社会市场营销观念相关的概念被提出，如绿色营销、生态营销、环境营销等。

四、市场营销管理过程

从市场营销概念和市场营销观念的含义看，市场营销管理作为一个过程，它包括分析市场营销机会、研究与选择目标市场、制定市场营销策略、制订市场营销计划、市场营销工作的组织、执行和控制五个阶段，具体过程如图 1-5 所示。

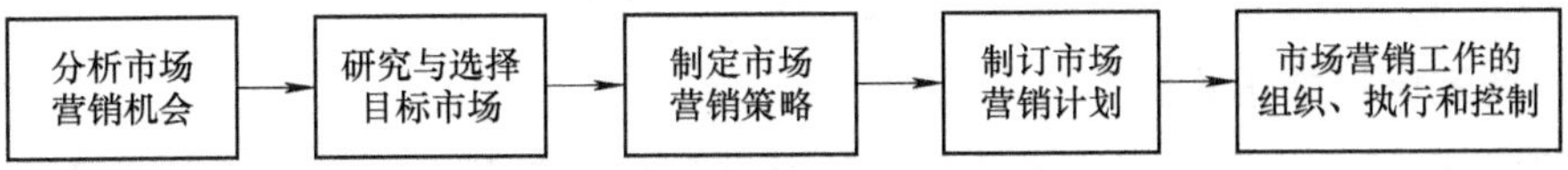

图 1-5　市场营销管理过程

（一）分析市场营销机会

分析市场营销机会的目的是寻找企业面临的市场机会和威胁，了解企业的优势和劣势。

市场机会一般可分为环境机会和企业机会。环境机会是指由企业所处的市场环境所提供的机会。环境机会的出现是由于企业所处的外部环境的变化引起的，外部环境的变化引起的需求或需要的增加实际就是环境机会。在环境机会分析中，一般是分析企业所面临的各种环境因素，如人口因素、经济因素、自然因素、技术因素、政治法律因素、社会文化因素、竞争因素等的变化。企业机会是指与一个具体企业的内部条件相适应的环境机会。环境机会能否成为企业机会，取决于企业的内部条件，如企业的组织管理、资金、技术、生产、营销等方面的能力。同样的环境机会，对具备利用它的条件的企业就是企业机会，而对不具备利用它的条件的企业就不构成企业机会。但是，企业机会一定是环境机会。因此，在企业机会分析中，必须首先从外部环境寻找环境机会，再通过分析企业的优势与劣势，即企业利用某种环境机会的有利和不利条件，最后才能判定这种环境机会是否是企业机会。

在市场营销机会分析中，除了关心市场机会外，还应注意分析与机会相对的方面，即威胁。所谓威胁，是指市场环境的变化给企业带来的挑战。威胁分析与机会分析同等重要，企业如果能预先了解可能面临的威胁，即可通过采取相应的措施使威胁对企业造成的不利影响降低或消除。

（二）研究与选择目标市场

企业根据市场营销机会分析的结果选定所要利用的市场机会后，还必须对所选定的市场机会进行进一步分析，以确定企业所要进入的目标市场。

在目标市场决策中，企业面临的任务包括市场细分、目标市场选择和产品定位三个方面的内容。市场细分是将一个产品的市场按照顾客需求的差异性划分为不同的细分市场的过程。市场细分需要寻找能够反映顾客需求差异的因素，对于不同产品的市场，反映需求差异的因素不同。

对市场进行细分后，还要对所细分的各细分市场进行评价，同时结合企业的情况，选择企业所要进入的细分市场，以所选的细分市场作为企业的目标市场。选定企业的目标市场后，还应对所选的目标市场的需求特点进行进一步研究，以利于企业根据目标市场的需求特征制定相应的市场营销策略。

即使在同一细分市场，顾客对产品的追求也不一定完全相同，这就要求企业在选定目标市场以后，还要对产品在目标顾客心目中占有什么地位进行决策，即对企业的产品进行定位。在产品定位时，需要分析企业的竞争优势，并分析使用哪种竞争优势对企业的产品进行定位能为企业创造更多的利益，以选定企业的产品定位策略。

（三）制定市场营销策略

企业为了在所选的目标市场能够成功地开展市场营销活动，就必须制定适合目标市场的营销策略。

市场营销策略的核心是市场营销组合策略。市场营销组合策略是指企业对于可控制的各种营销因素进行合理的组合，以达到满足目标市场顾客的需求，实现企业的营销目标。企业可控制的营销因素主要有四个，即产品（Product）、价格（Price）、促销（Promotion）、分销或销售渠道（Place）。因此，市场营销组合也常被称为“4P 组合”。市场营销组合与目标市场的关系如图 1-6 所示。

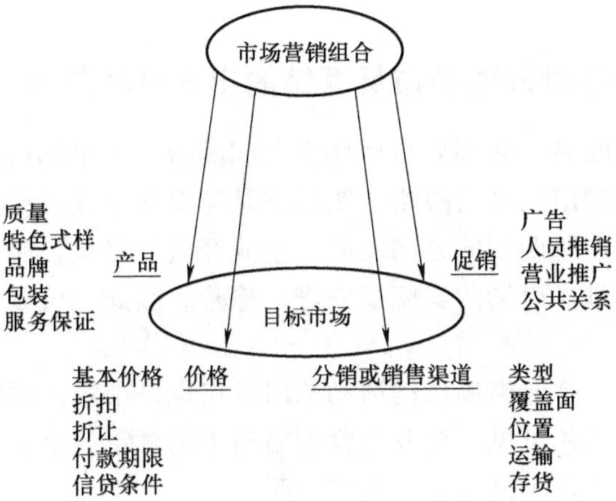

图 1-6　市场营销组合与目标市场关系

（四）制订市场营销计划

制订市场营销计划就是将市场营销管理过程进一步具体化。在市场营销计划中，需要明确企业面临的市场环境，找出企业面临的机会和威胁、企业的优势与劣势，确定企业在计划期内所要实现的目标，制订达到计划目标的市场营销策略及其实施方案，对市场营销计划的实施结果进行预测，提出市场营销管理过程各阶段的控制计划。市场营销计划所包含的内容，实际上就是市场营销所研究的全部内容。在市场营销计划中，并不要求将各个方面的问题都进行详细描述，但必须将企业面临的问题和解决问题的方案讲清楚。

（五）市场营销工作的组织、执行和控制

企业的市场营销计划必须落实到具体的部门去实施，因此根据企业市场营销工作的要求，组织必要的营销资源、建立相应的组织机构是保证市场营销计划顺利实施的重要条件。对于市场营销工作的组织，不同企业有不同的组织方式，大企业需要设立若干专门的部门，小企业则由几个人专门负责营销工作即可。现在随着信息技术在企业市场营销工作中的应用，有些企业已开始设立柔性的营销组织机构，即根据营销工作的需要随时对组织进行调整。

市场营销工作的执行就是由企业的具体部门或人员实施市场营销计划的过程。在市场营销工作的执行过程中，要求将市场营销计划分解为各职能部门的执行计划，明确各部门在不同时间具体承担和完成的工作，以及所要达到的目标，以确保整个市场营销计划能够按照预期的要求完成。

企业在市场营销计划的执行过程中，会因为环境条件或其他方面发生预想不到的变化，影响市场营销计划的执行结果，因而需要对市场营销计划的执行过程进行控制。市场营销控制一般包括计划控制、盈利控制和策略控制三个方面。不管哪一个方面的控制，都是为了保证在市场营销计划执行的每一阶段，都能实现三个方面控制的目标。如果哪一个目标不能按预期的计划完成，就要认真分析原因，并提出相应的控制措施。

第三节　企业经营战略与市场营销的关系

一、市场是企业经营战略与市场营销的出发点和归宿

在企业制定经营战略时，必须分析市场机会和威胁，而市场机会与威胁本身反映的就是市场的变化。企业所制定的经营战略，实际就是考虑在企业资源范围内，能够利用哪方面的市场变化使企业向着所期望的方向发展。企业经营战略是在市场实施的，企业经营战略的成功与否，只能通过在市场的实施结果进行检验。因此，可以说市场是企业经营战略的出发点和归宿。

从市场营销观念看，企业市场营销活动的出发点也是市场，同时企业市场营销策略也是服务于目标市场的。由此可见，企业经营战略与市场营销的出发点与归宿都是市场，市场将企业经营战略与市场营销紧密地联系在一起。

二、企业经营战略是企业营销活动的纲领

企业经营战略决定了企业的发展方向，企业其他各方面方针政策的制定都必须服务于企业经营战略的要求。例如，在企业的市场营销战略与策略中，目标市场必须在企业经营战略限定的发展方向范围中选择，市场定位必须与企业使命和企业发展目标一致，市场营销组合策略必须在企业发展战略所决定的市场覆盖范围内实施等。同样，在企业的生产、技术、人力资源、财务等方面的管理中，也都必须服从企业经营战略的要求。因此，可以说企业经营战略是企业一切工作的纲领。

三、市场营销是企业经营战略得以实施的最关键活动

企业经营战略的实施是由各职能战略的实施完成的，其中市场营销战略是其最重要的职能战略之一。因为市场营销活动直接作用于市场，企业通过市场才能实现其经营活动的全部目标。如果没有市场营销，企业的一切活动成果都将付之东流，企业经营战略目标将不可能实现。

由以上分析可见，市场是企业经营战略与市场营销的共同作用点。如果把企业的经营管理看作一个过程，企业经营战略与市场营销则分别为这一过程不同阶段的两项重要活动，只有两项活动能够有效协调，企业才能得到健康的发展。

复习思考题

1. 名词解释

（1）需求　（2）市场　（3）满足

2. 什么叫企业经营战略？它有什么特征？包括哪些层次？

3. 制定企业经营战略包括哪些步骤？

4. 试述企业经营战略中的定位学派和环境学派的主要观点。

5. 什么是顾客价值？顾客价值的构成要素是什么？

6. 什么是顾客成本？顾客成本的构成要素是什么？

7. 什么是市场营销观念？市场营销观念涉及哪些具体内容？市场营销观念与推销观念的差异是什么？

8. 什么是市场营销组合策略？市场营销组合策略的构成要素是什么？

9. 分析市场营销机会主要解决的问题是什么？分析的因素是什么？

10. 简述市场营销管理过程。

第二章　企业经营环境分析

企业必须建立适当的系统，指定一些专业人员，采取适当的措施，经常监视和预测其周围环境的发展变化，并善于分析和识别由于环境变化而造成的主要机会和威胁，及时采取适当的对策，使经营管理与环境的发展变化相适应。企业只有适应环境，才有可能取得经营的成功。

第一节　企业经营环境构成

企业是一个开放的经济系统，它的经营管理受到客观环境的影响和控制，要制定一个科学合理的战略，必须把握企业环境的现状及其将来变化的趋势，利用有利于企业发展的机会，避开环境威胁的因素。这是企业谋求生存和发展的首要问题。

企业环境一般包括外部环境和内部环境两部分。内部环境又称内部条件。企业在制定战略时要考虑将企业内部条件与外部环境相匹配，充分利用外部环境提供的机会，避开威胁。企业外部环境是指那些与企业关联的外界因素的集合。根据对企业经营活动影响的密切程度，外部环境可分为宏观环境与产业环境。宏观环境对企业发展起着缓慢、间接而深远的影响，包括经济、政治法律、技术、社会文化、人口和自然环境等因素。宏观环境对所有的企业都产生影响。产业环境受宏观环境的影响制约，与企业的经营活动直接相关联，包括供应商、金融机构、替代品、股东、顾客、竞争者、劳动力市场等。鉴于产业环境对企业的盈利性及生存发展起着关键性影响，对产业环境的分析主要在第三章进行。本章主要研究企业的宏观环境和内部环境。企业经营环境构成如图 2-1所示。

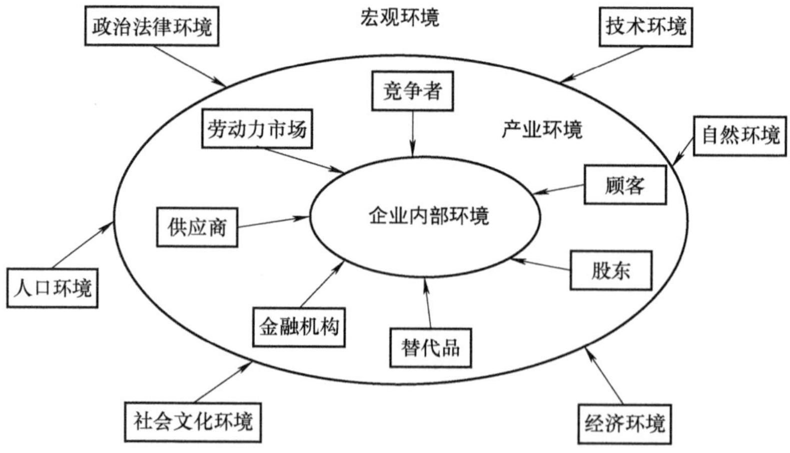

图 2-1　企业经营环境构成

第二节　宏观环境分析

对于企业来说，企业宏观环境属于不可控因素。宏观环境变化直接或间接通过产业环境对企业经营产生影响。宏观环境主要包括以下六个方面：经济环境、政治法律环境、技术环境、社会文化环境、人口环境和自然环境。

一、经济环境

企业必须密切注意经济环境方面的动向。一个企业经营成功与否，在相当程度上取决于宏观经济的运行状况。如果宏观经济状况比较好，则大多数企业易于取得较好的经营效果。反之，宏观经济状况不景气，则许多企业的经营效果会受到影响。在进行经济环境分析时，主要分析以下经济因素。

（一）消费者收入的变化

消费者收入主要包括消费者个人工资、红利、租金、退休金、馈赠等收入。消费者的购买力来自消费者收入，消费者收入水平越高，购买力就越强。消费者的购买力只是其收入的一部分，即消费者并不是将其全部收入都用于消费。因此，要区别可支配个人收入和可随意支配个人收入。可支配个人收入是指扣除消费者个人缴纳的各种税款和交给政府的非商业性开支后可用于个人消费和储蓄的那部分个人收入，是影响消费者购买力和消费者支出的决定性因素。可随意支配个人收入是指可支配个人收入减去消费者用于购买生活必需品的固定支出（如房租、保险费、分期付款、抵押借款）所剩下的那部分个人收入，是影响奢侈品、汽车、旅游度假等商品销售的主要因素。在进行经济环境分析时，还要区别货币收入和实际收入，因为实际收入会影响实际购买力。

（二）消费者支出模式的变化

消费者支出模式主要受消费者收入的影响。随着消费者收入的变化，消费者支出模式就会发生相应变化。19 世纪德国统计学家恩斯特·恩格尔发现了关于工人家庭收入变化与各方面支出变化之间比例关系的规律性，称为恩格尔定律，反映这一定律的系数被称为恩格尔系数。目前，西方经济学中对恩格尔定律的表述一般是：随着家庭收入增加，用于购买食品的支出占家庭收入的比重（即恩格尔系数）会下降，用于住宅建筑和家务经营的支出占家庭收入的比重大体不变，用于其他方面（如服装、交通、娱乐、卫生保健、教育）的支出以及储蓄占家庭收入的比重会上升。除此之外，消费者支出模式也受家庭生命周期的阶段和消费者家庭所在地点等因素的影响。

（三）消费者储蓄和信贷情况的变化

储蓄来源于消费者的货币收入，其最终目的还是消费。在一定时期内货币收入不变的情况下，若消费者储蓄增加，其购买力和消费支出会减少；若消费者储蓄减少，其购买力和消费支出便会增加。消费者不仅可以用其货币收入购买所需商品，而且可用贷款来购买。消费者信贷是指消费者凭借信用先取得商品使用权，然后按期归还贷款。例如，随着经济发展和消费观念的变化，我国居民的贷款消费蓬勃发展。央行发布金融统计数据显示，2022 年人民币贷款增加了21.31万亿元，同比增长6.8%，其中，住户贷款增加3.83万亿元。

（四）共享经济带来的变化

共享经济是指以获得一定报酬为目的，基于陌生人的、存在物品使用权暂时转移的一种新的经济模式。这种共享通过互联网媒介实现，整合了线下的闲散物品、劳动力、教育和医疗资源等，使“所有权”意义下降、“使用权”意义上升。在共享经济中，闲置资源是第一要素，也是最关键的要素。我国共享经济市场规模持续扩大，2022年我国共享经济市场交易规模约为3.83万亿元，同比增长了约3.9%。其中，共享出行逐渐成为公众的出行选择。共享出行主要包括出租车、顺风车、网约车、共享单车、共享汽车等。共享模式不仅满足了消费者的出行需求，提升了出行便利，同时也大大减少了闲置车辆无法被有效利用造成的浪费。

二、政治法律环境

政治法律环境是指那些强制和影响社会上各种组织和个人的法律、政府机构和公众利益团体。这里只着重阐述以下三个方面：

（一）与企业经营有关的经济立法

企业要想做好国内和国际经营工作，必须了解本国和有关国家的法律和法规，否则可能会因触犯法律而受到制裁。多年来，为了健全法律规范体系，适应经济体制改革和对外开放的需要，我国陆续制定和颁布了一系列经济法律和法规，例如《中华人民共和国产品质量法》《中华人民共和国商标法》《中华人民共和国反不正当竞争法》《中华人民共和国广告法》《中华人民共和国消费者权益保护法》《中华人民共和国专利法》《中华人民共和国环境保护法》等。企业的经营管理者必须遵循相关法律法规，才能保证企业经营的合法性，运用法律武器来保护企业与消费者的合法权益。

（二）公众利益团体发展情况

公众利益团体是为维护社会公共利益而组成的团体。在发达市场经济国家，影响企业经营决策的公众利益团体主要包括保护消费者利益及保护环境的公众团体。这些公众团体能够通过游说政府官员，给企业施加压力，使消费者利益和社会利益等得到保护。因此，这些国家的许多公司设立法律和公共关系部门来负责研究和处理与这些公众利益团体的关系问题。世界各国陆续成立了消费者联盟，它们监视企业的经营活动，联合消费者，与企业方面的欺骗行为做斗争，以保护消费者的合法权益。

（三）绿色发展战略部署

2020年，中国政府提出“双碳”目标，力争2030年前实现碳达峰、2060年前实现碳中和。绿色发展是中国立足建设生态文明、实现“双碳”目标所做出的重大战略部署。2015年，十八届五中全会公报明确提出了坚持绿色发展的理念，将绿色发展作为指导未来我国经济与社会发展的五大理念之一。在全面建设社会主义现代化国家的新征程中，习近平总书记对“绿色发展”进行了一系列重要论述，我国也持续发布纲领性文件指导发展方式的深刻转型。2017年，党的十九大报告明确指出：加快建立绿色生产和消费的法律制度和政策导向，建立健全绿色低碳循环发展的经济体系。2022年，党的二十大报告着重强调：推动绿色发展，促进人与自然和谐共生。必须牢固树立和践行绿水青山就是金山银山的理念，站在人与自然和谐共生的高度谋划发展。要推进美丽中国建设，坚持山水林田湖草沙一体化保护和系统治理，统筹产业结构调整、污染治理、生态保护、应对气候变化，协同推进降碳、减污、扩绿、增长，推进生态优先、节约集约、绿色低碳发展。因此，在绿色发展背景下，企业必须关注经营活动对自然环境的影响，注重节能减排，积极谋求发展方式绿色转型。

三、技术环境

随着高新技术的不断发展，科技力量对产业结构升级和创新的影响日趋明显。一方面，新技术能够为某些创新型企业带来新的市场机会，促使新行业的产生和发展；另一方面，新技术作为一种“创造性的毁灭力量”，会给某些行业的企业造成严重的冲击，例如数码摄影技术使传统胶卷照相机的销量大大减少直至消失，新能源汽车性能的不断完善对传统汽车也构成了巨大威胁，奔驰、大众双双宣布将于2035年完全停产燃油车。

新技术革命有利于企业改善经营管理。近年来，互联网的普及推动了以云计算、物联网、大数据为代表的新一代信息技术的飞速发展，促进了电子商务与实体经济的融合。在这样一个传统产业与虚拟经济、网络经济全面结合的时代，一些领先企业已经在经营管理中使用云计算、大数据等新一代信息技术。这对于改善企业资源配置、提升企业经营管理水平具有很大的促进作用。

网络购物平台的发展，对零售商业结构和消费者的购物习惯产生重要影响。网络零售在我国迅速发展，移动网上零售快速普及，网络购物比重不断攀升。2023年上半年，全国网上零售额达7.16万亿元，同比增长13.1%，我国网络购物用户规模达8.84亿人，较2022年12月增加了3880万人。对于工作、生活节奏较快的消费者，网上购物能够实现足不出户即可将众多商品一览无余，既节约时间、节省精力，又能够享受送货上门的便捷服务。因此，方便且实用的网购模式越来越被消费者认同。从经营方看，相较于传统零售企业，网络商家具有库存压力小、经营成本低、经营规模不受场地限制等优势，因而具有非常明显的价格优势，折扣幅度会大于实体店。

在移动互联时代，企业如果不能有效运用各种媒体信息工具就很难形成一定的竞争力。在这种信息化、网络化、数字化的背景下，企业在经营过程中，一方面要能够对市场需求形成敏锐的洞察力，利用所掌握的各种信息资源准确预测市场需求的发展趋势，更好地满足市场需求；另一方面，必须借助各种新技术载体把自身整体的优势信息快速传递给客户群，积极获取经营活动的主动权。

四、社会文化环境

社会文化环境主要是指一个社会的民族特征、价值观念、生活方式、风俗习惯、伦理道德、教育水平、语言文字、社会结构等的总和。不同国家、不同地区的人民，不同的社会文化，代表着不同的生活方式，对同一产品可能持有不同的态度，会对产品的设计、包装、信息的传递方法、产品被接受的程度、分销和促销措施等产生影响。因此，企业在从事经营活动时，应重视对社会文化的调查研究，并做出适宜的经营决策。社会文化环境主要包括以下六个方面。

（一）教育水平

教育水平是指一个地区消费者受教育的程度。教育水平的高低能够对消费者心理、消费结构、企业经营策略的制定、销售推广方式的选择产生影响。教育水平较高的地区，消费者通常对商品的鉴别力更强，更容易接受产品的广告宣传和新产品的推出，理性购买的程度更高。

（二）语言文字

语言文字是人类重要的交际工具，是文化的核心组成部分之一。不同国家、不同民族往往有自己独特的语言文字，即使在同一国家，也可能存在多种不同的语言文字，即使语言文字相同，表达和交流的方式也可能不同。企业在开展经营活动时，应充分了解所在国家和地区的文化背景，掌握其语言文字的差异，这样才能推动经营活动顺利进行。

（三）价值观念

价值观念是人们对客观事物的态度、评价和看法。不同的文化背景下，人们的价值观念会产生较大的差异，因此企业在经营活动中应采取不同的策略。对于乐于变化、喜欢猎奇、富有冒险精神的消费者，企业应该着重强调产品的新颖和奇特；对于注重传统、喜欢沿袭传统消费习惯的消费者，企业在制定促销策略时应该把产品和目标市场的文化传统联系起来。

（四）宗教信仰

不同的宗教信仰有不同的文化倾向和戒律，影响着人们认识事物的方式、价值观念和行为准则，同时影响着人们的消费行为，可能会带来特殊的市场需求。企业在开展营销时，应充分了解不同地区、不同民族、不同消费者的宗教信仰，为其提供合适的产品、制定合适的营销策略，切勿触犯宗教禁忌。

（五）审美观

审美观通常是指人们对客观事物的好坏、美丑、善恶的评价。不同的国家、民族、宗教、阶层和个人，往往因为社会文化背景的不同，而拥有不同的审美标准。不同的审美观会形成显著的消费差异。例如，中国妇女喜欢在耳朵、脖子、手指上佩戴装饰物，而印度妇女则喜欢将装饰物佩戴在鼻子、脚踝上。因此，企业应把握不同文化背景下消费者的审美观及其变化趋势，及时制定和调整经营策略来适应市场需求的变化。

（六）风俗习惯

风俗习惯是特定社会文化区域内历代人们共同遵守的行为模式或规范。不同的国家、不同的民族有不同的风俗习惯，它对消费者的消费偏好、消费模式、消费行为等具有重要的影响。企业在开展经营尤其是国际经营活动时，应充分了解不同国家、不同民族的消费习惯和爱好，做到入境问俗。

五、人口环境

人口环境主要包括人口数量、人口结构、人口分布、家庭组成、教育职业等。一个特定市场的人口规模和人口增长率、年龄分布及种族组合、人口密度、家庭类型、地区特征和迁移活动等都会影响市场的规模和结构、特征和变动趋势。市场是由那些想买东西并且有购买力的人构成的，因此企业必须密切关注人口环境方面的动向。

当前人口环境的主要动向包括：世界人口迅速增长，在 2022 年 11 月 15 日达到了 80 亿人，联合国预测到 2030 年全球人口将增长到约 85 亿人，到 2080 年后将达到约 104 亿人；发达国家的人口出生率下降，例如日本 2022 年出生人口首次降至 80 万人以下，创下了百年来的新低；许多国家人口趋于老龄化，这会造成市场对学习用品、体育用品等青少年用品的需求日益减少，而对老年人的医疗和保健用品、助听器、眼镜、旅游、娱乐等的市场需求会迅速增加；家庭结构发生变化，一些国家出现了离婚率上升、晚婚、婚后少生或不生孩子、女性婚后参加工作的人数上升等现象，引起了市场对结婚用品、住房、汽车、日托服务等产品或服务需求的相应变化；非家庭住户迅速增加，主要包括单身成年人住户、两个人同居住户和集体住户，这类住户往往具备特殊的消费需求；许多国家的人口流动性大，呈现出人口从农村流向城市，从城市流向郊区的特点等。

六、自然环境

自然环境主要是指企业所在地的全部自然资源，包括钢铁、煤矿、石油等矿藏资源，还包括气候自然条件，如空气、水、各种自然灾害等。

当前，企业需要关注的自然环境方面的主要动向包括：某些自然资源短缺或即将短缺，无论是空气和水等看似取之不尽、用之不竭的资源，森林和粮食等有限但可以更新的资源，还是石油和煤等有限但不能更新的资源，都不同程度地存在短缺或趋于短缺；随着工业化和城市化的发展，环境污染日益严重，公众对环境污染问题越来越重视，这会促使造成污染的行业和企业在社会舆论的压力和政府的干预下采取措施控制污染，也为积极防治污染、保护环境的企业带来了新的市场机会。近年来，随着传统能源供需失衡矛盾的日益加剧，世界各国纷纷加大对新能源的开发与利用。这些新能源主要包括核能、太阳能、生物质能、海洋能、地热能、氢能和风能等。

第三节　内部环境分析

企业的经营活动总是在一定的组织结构、文化背景与资源条件等框架中进行的。这种框架通常不是战略管理者在短期内所能施加影响加以控制改变的，所以有必要对其进行分析评价，以弄清其优势与弱点。在这里，优势与弱点分别是指企业的组织结构、企业文化、资源条件中能够对企业战略管理起支持或制约作用的关键要素。

一、组织结构

企业组织结构是企业内部信息沟通、权力分配、产品或服务流相互连接的方式，也就是企业内部如何分派人员、处理人员关系，以满足实现企业使命与目标要求的正式结构。企业组织结构的类型主要包括简单结构、直线职能结构、事业部结构、矩阵结构和集团结构。

（一）简单结构

在采取简单结构的企业中，一线员工直接受企业主或经理指挥，中间不存在其他管理层次。这类企业通常规模较小、产品单一、职能简单，既没有进行产品分类的必要，也没有进行职能划分的需要。企业主或经理负责企业的一切管理事宜，企业的员工都是非专业人员，每个人几乎都能从事为提供单一产品或服务所需的一切活动。简单结构适用于产品或服务的市场需求比较稳定、企业主或经理有能力掌握与控制整个组织的情况。

（二）直线职能结构

在采取直线职能结构的企业中，工作按照其职能的不同分成若干类，如制造、财务、销售、人力资源等，并在总经理下设立相应的职能部门，再由各职能部门的经理协助指挥下属员工，从事相应的职能活动。按直线职能结构组织企业，有助于人员的分工与专业化，与采用简单结构进行组织的企业相比，将有助于企业提高对于各方面专门人才的利用效率，从而更有效地处理复杂生产工艺以提供优质的产品和服务。按直线职能结构组织的企业，通常具有较长的纵向信息沟通与命令传递链，在上情下达与下情上报的及时性与准确性方面存在着一定的障碍，从而要求其高层管理人员必须花较多的时间与精力从事各部门活动的协调工作，使得企业在适应环境变化上显得缺乏灵活性。因此，直线职能结构适用于相对比较稳定、具有可预测性，并且无须进行适应性调整的企业环境。

（三）事业部结构

事业部结构是一种分权的组织结构。按事业部结构组织的企业，需要在企业高层管理人员与职能部门经理之间再设立一个管理层次，这就是事业部经理。事业部可以按产品服务、地理区域、用户等进行分类组织。每个事业部都具有完整的职能部门，拥有相对独立的经营范围与能力。战略经营单位就是事业部结构的一种创新组织形式。事业部结构适用于具有多种产品或服务于多个不同市场的企业，它可以满足这类企业更为灵活地应付复杂多变环境的需要。

（四）矩阵结构

在按矩阵结构组织的企业中，同时存在着纵向职能结构组织与横向工作小组两类组织。纵向职能结构组织为常设机构，如财务部、生产部、技术部、销售部等；横向工作小组类似于事业部结构中项目任务性机构，如产品开发小组、市场调查小组、工艺改进小组等。按矩阵结构组织的企业，兼有职能结构的稳定性与项目组织的灵活性两种优点，适用于外部环境特别是其中的技术与市场因素相对来说复杂多变的情况。但是，矩阵结构组织也有不足之处，这就是每个员工都受到来自纵向与横向两个方向的指挥，有可能出现多头矛盾领导的情况。此外，纵向与横向组织之间还有可能在任务安排、权力分配、资源调拨等方面产生冲突。

（五）集团结构

集团结构是事业部结构的一种变形，是独立企业的联合体。这些独立企业之间往往具有不同产品与不同市场，在经营上相互独立，但共享集团总部的财务资源，相当于一个接受集团计划协调的事业部。就整个集团来说，采取这种结构进行组织的最大优点就是，各成员企业有限责任、风险分散、自主灵活，其最大缺点是成员企业之间不容易组织协调。

综上所述，不同的企业规模、成长性与战略需要不同的组织结构与之相匹配。如果企业现存组织结构与企业规模、成长性与战略相容，则意味着企业具有优势；如果不相容，则意味着企业存在弱点。例如，按直接职能结构组织并采取集权做法的企业，对于实施迅速增长的战略来说是一种制约因素，因为集权导致的事需要自下而上的请示报批，必然降低企业对于市场变化的反应速度，从而很难及时把握发展机会。

二、企业文化

企业文化是指被企业全体成员所接受与共享的价值观、思维方式、行为习惯、心理期望与信念体系，它渗透企业的各个职能活动领域之中，影响和决定了企业全体人员的行为规范。企业文化深深地根植于企业的创业史话、模范事迹、行为习惯、规章制度、精神风貌、道德准则等之中，是企业个性化的体现。它是企业生存、竞争和发展的灵魂。企业战略管理过程总是发生在特定的组织文化环境之中的。在这种环境中，经理人员的行为会受到企业文化的强大作用与影响。这种作用与影响有时甚至会阻碍经理人员所提出的与企业文化不甚相符的创新战略的实施，严重的还有可能引起这些战略的中途流产。这意味着，对于企业文化因素的处理不当，可能会严重妨碍企业战略管理过程的顺利进行。所以，成功企业的领导者往往较重视企业文化建设，并借助于企业文化的力量来实现企业战略。丹尼森组织文化模型是进行企业文化环境分析的常用工具之一。该模型包括参与性（Involvement）、一致性（Consistency）、使命（Mission）与适应性（Adaptability）四个方面。每个方面又细分出三个考察维度：参与性从授权、团队导向与能力发展三个方面进行考察；一致性从核心价值观、配合、协调与整合来考察；使命从愿景、目标、战略导向与意图来考察；适应性从组织学习、顾客至上、创造变革来考察。利用这十二个考察维度，能够比较准确地确定某一组织的文化类型与明显特征。

在丹尼森组织文化模型中，适应性与参与性强调是组织的灵活性，使命和一致性则强调组织内部的稳定性，两者构成了一对矛盾主体。适应性与使命强调的是一个组织对于外部环境的适应能力，参与性与一致性强调的是一个组织的内部和谐能力，这又构成了组织文化建设中的一对矛盾主体。两对矛盾主体是一个组织在文化建设中所要平衡和解决的主要冲突。这两对矛盾的解决与否，决定了一个组织文化建设的成败。

三、资源条件

资源泛指企业从事生产活动所需的人、财、物、技术与组织管理等方面的能力与条件。企业的各种资源体现在企业职能活动之中，因此在分析时应主要根据职能活动讨论企业在资源条件方面所存在的优势与弱点。下面就从研究开发、生产运营、财务、营销、人力资源五个方面来分析存在于企业资源条件方面的关键战略要素。

（一）研究开发要素

企业的研究开发要素分析主要包括以下方面：①研发投入：研发投入金额及占营业收入的比例以及研发投入的构成项目；②研发成果：专利及著作权的数量，包括发明专利、实用新型专利、软件著作权等；③在研项目：在研产品或项目的进展或阶段性成果，研发项目预计总投资规模、应用前景以及可能存在的重大风险；④研发人员：研发人员的数量、占比以及学历构成，核心技术团队的背景，包括教育背景、工作背景、头衔称号等；⑤核心技术及其先进性：公司拥有的核心技术是否获得国家主管部门认定或者行业资质认证，是否获得科技进步、技术发明相关奖项或荣誉称号，是否承担与主营业务和核心技术相关的“国家重大科技专项”项目。

（二）生产运营要素

生产运营要素分析是对产品的生产情况和生产中各种基本要素所进行的分析，主要包括以下两个方面：①产品的产量、品种和质量分析：分析三项指标完成计划的情况，找差距、查原因，以便进一步提高产量，合理安排品种，正确制定产品质量指标，以挖掘提高经济效益的潜力；②生产要素及其利用效果的分析：分析劳动生产率、工时利用情况、生产定额完成情况、生产设备利用效果、材料能源利用效果等，以挖掘潜力，充分利用生产条件，协调均衡，克服薄弱环节，提高生产效率与效果。

（三）财务要素

企业的财务要素分析可以从财务管理和财务状况两个方面进行。①财务管理分析包括企业资金管理、资金筹措与分配、资金运作监督以及利润分配。企业的财务决策主要有三种：筹资决策，即根据企业战略目标和政策要求从企业内外以合适的方式筹集所需的资金；投资决策，即根据新增销售、新增利润、投资回收期、投资收益率、达到盈亏平衡时间等指标将资金进行分配；利润分配决策，即确定分红和利润留成的比例。②财务状况分析是判断企业实力和投资吸引力的重要手段。偿债能力指标包括资产负债率、流动比率、速动比率；营运能力指标包括应收账款周转率、存货周转率；盈利能力指标包括资本金利润率、销售利润率、成本费用利润率等。

（四）营销要素

企业的营销要素分析主要是从企业的市场定位和营销组合两个方面来分析企业在市场营销方面的长处和弱点。①市场定位主要回答“谁是企业的用户”的问题，它决定了企业的重点应放在什么产品、什么市场以及什么地理区域上。市场定位通过市场研究与市场细分化的方法，发现市场机会，找出最适合企业自身经营的市场面，并采取措施使企业的产品在选定的市场面上建立起应有的地位。企业市场定位的准确性取决于企业市场研究和调查的能力、评价和确定目标市场的能力以及占据与保持市场位置的能力。②营销组合是指可以用于影响市场需求和取得竞争优势的营销手段的组合，主要包括产品、价格、分销和促销等变量。有效地使用营销组合要求设计适应目标市场需要的营销组合，还要求根据产品生命周期的变化及时地调整营销组合。

（五）人力资源要素

企业人力资源管理的主要任务之一在于改善企业员工与其所从事工作之间的匹配程度，使员工感到工作满意、心情愉快，从而能够创造出良好的工作业绩。企业进行人力资源要素分析，可以通过员工态度调查等方法，了解员工对于工作及整个企业的满意程度；通过工作岗位分析等途径，了解每个岗位的任务及其与企业战略的匹配程度。员工态度调查与工作岗位分析，可以帮助企业战略决策者了解企业内部的人力资源条件是否能够满足战略管理的需要，为了实施企业战略需要对企业人力资源进行怎样的规划开发，以及为改善职工的工作生活质量应对企业中工作岗位进行怎样的设计。

第四节　外部和内部环境结合分析——SWOT 分析法

进行企业环境分析，关键在于对企业的内部优势及劣势与外部机会及威胁的情况进行综合分析，对企业内外部环境的匹配情况有比较全面的了解。

SWOT 分析法，即优势（Strength）、劣势（Weakness）、机会（Opportunity）、威胁（Threat）分析法，是企业内外环境综合分析的重要方法，是企业内部优势与劣势和企业外部机会与威胁综合分析的代名词和英文缩写。SWOT 分析作为一种能够迅速掌握、容易使用的企业情况系统分析工具，其主要目的在于对企业的综合情况进行客观的评价，以识别各种优势、劣势、机会、威胁要素，并特别地将其中与战略相关的要素分离出来。表 2-1指明了 SWOT 分析可能需要考虑的有关战略要素。

表 2-1　SWOT 分析表

潜在内部优势	潜在内部劣势
成本优势	设备老化
产品创新能力	产品线范围太窄
具有规模经济性	研究开发工作落后
适当的财务资源	缺少关键技能或实力
久经考验的管理人员	营销水平低于一般企业
买主对企业的印象良好	缺乏改变战略方向所必需的资金
潜在外部机会	潜在外部威胁
市场增长迅速	竞争压力增加
可以增加互补产品	不利的政府政策
能争取到新的用户群	行业有新的竞争者进入
进入新的市场或市场面	替代品销售额正在上升
多角化进入相关产品领域	用户讨价还价能力加强
在同行竞争企业中业绩优良	用户需求与爱好有所改变
有能力进入更好的战略集团	易受衰退与商业循环影响
扩展产品线以满足更多用户需求	人口统计情况的不利变化
其他	其他

当然，企业战略管理实际所需的 SWOT 分析并不仅局限于表 2-1 所示的问题，而应根据企业经营的实际情况列出企业内部优势与劣势，外部机会与威胁这四个方面的有关要素。也可以在列出这些要素的基础上，进一步指明这些要素的相对重要性，说明对于企业战略管理来说哪些优势特别重要，哪些弱点最具致命性，哪些机会最有吸引力，哪些威胁最具危害性。所以，SWOT 分析的关键是要从所列的要素中归纳出问题的实质，导出有关企业总体情形的结论，真正阐明这些结论的战略含义。

复习思考题

1. 企业环境分析包括哪些方面的内容？

2. 试阐述近期出现的能对机械企业产生显著影响的经济、政治法律、技术、社会文化、人口和自然变化趋势有哪些。

3. 请列举一个你熟悉的行业中对经营成功起关键作用的战略因素，并试阐述它们怎样影响企业的经营。

4. 现代企业中采用并占主导地位的组织结构有哪几种？各有何优缺点？

5. 企业文化对企业战略的制定和实施有何影响？

6. 试从研究开发、生产运营、财务、营销、人力资源等方面分析影响企业发展的关键战略要素。

7. 进行 SWOT 分析的关键是什么？如何做好该分析？

第三章　产业环境分析

企业战略第一要选择在有利可图的行业和产品领域中进行经营。在一个有吸引力的行业中，经营管理水平一般的企业也可以获得超常的利润收益。第二要在选定的有利可图的行业或产品经营领域中构筑自己的竞争优势，确立在市场中的优势地位。本章主要讨论前一个问题，即什么因素决定了一个行业或企业的盈利能力。

第一节　产业需求与供给分析

“产业”一词在此是指具有内在技术或经济联系的企业、产品的总和。一个产业可以包括业务具有内在联系的若干家企业、个体工商户或用户。例如，服装生产行业、计算机软件或硬件行业、石油勘探设备制造业、健康服务业等。在此，我们对“产业”与“行业”不做严格区分，在以后章节中也把这两个概念视作同义。一个行业或产业的盈利状况或吸引力，在很大程度上取决于供求双方作用的结果。“供过于求”与“供不应求”对产业中的企业生存、盈利、发展都会产生深刻的影响。供求力量的作用决定产业中产品的价格，从而决定一个企业在产业中经营是否有利可图。

一、产业需求

产业需求是指对于某一特定产业，消费者在一定时期内和既定价格水平下，愿意并且能够购买的该产业中的商品和服务数量总和。需求不仅仅是指对商品和服务需要的欲望，更注重对商品和服务的支付能力，两者缺一不可。倘若消费者只有主观愿望而缺乏支付能力，是无法实现购买的，不能算作需求。

（一）产业需求的影响因素

1. *产品价格*

产品价格是影响产品需求量的最基本因素。作为一个消费者，我们对这一点有许多亲身体验，同时我们也可以通过对经济现象的观察，总结并得出需求量与产品价格之间的关系：一般而言，产品价格越高，人们对该产品的购买量就越少；反之，产品价格越低，则购买量越多。这种产品价格与需求量之间的关系对大部分产品都是适用的，这种关系在经济学中被称为需求法则，即在影响产品需求的其他因素不变的条件下，一种产品的需求量与其价格之间存在反方向变动的关系。

2. *消费者收入水平*

一般情况下，收入与产品需求量是正相关的。随着人们收入的提高，人们对大多数产品的需求量将增加，这类产品称为正常品。因为较高的收入代表了较高的购买能力和支付能力，而需求则是受支付能力约束的。不过，也有例外，随着人们越来越富裕，他们在低档品上的花费越来越少，转而购买质量更好的产品。

3. 相关产品价格

各种产品之间存在着不同的关系，其他产品价格的变动也会影响某种产品的需求量。在其他产品中，有两类产品的价格对某种产品的需求量影响最大。一类是互补品，即两种产品放在一起消费才能满足同一种需求，它们之间是相互补充的，如计算机和软件、汽车和汽油等。如果汽油价格上升很多，人们对汽车的需求就会下降。这种有互补关系的产品，当一种产品的价格上升时，另一种产品的需求量就会减少；反之，当一种产品的价格下降时，另一种产品的需求量就会增加。另一类是替代品，即两种产品可以互相替代来满足同一种需求，如馒头和米饭、牛肉和羊肉等。如果牛肉的价格暴涨，人们就会少吃牛肉而多吃羊肉。因此，当两种产品是替代品时，一种产品的价格若上升，另一种产品的需求量就会增加。

4. 消费者偏好

消费者偏好除了和消费者的个人爱好有关，还和整个社会风俗、习惯和时尚有关。如果消费者对一种产品的偏好变得更为强烈，那么在每一价格水平上，消费者愿意比以前多购买一些产品，导致产品的需求量增加。例如，我国拥有历史悠久的饮茶文化，因此人们对茶叶等产品的消费就明显高于其他国家。随着近年来咖啡文化的流行，越来越多的消费者逐渐形成了喝咖啡的习惯，从而提高了咖啡行业的产品需求。

5. 消费者预期

消费者对产品未来价格的预期会影响对现在产品的需求量，如果预期产品未来价格上升，那么现在就会增加对产品的需求量；反之，如果预期产品未来价格下降，消费者就会减少现在对产品的需求量。这就是市场中常见的“买涨杀跌”现象。

6. 消费者数量

消费者数量的多少影响着市场规模的大小，从而对产品的需求量产生影响。一般来讲，消费者数量越多，则某一产品的现实及潜在购买者就越多。例如，拥有近 14 亿人口的中国，对手机的需求量要远远大于斯里兰卡对手机的需求量。

7. 其他因素

另外，还有许多因素会影响产品的需求量，例如政府的消费政策、历史传统、地理气候、经济开放程度以及广告促销力度等。

（二）需求曲线

微观经济学在论述需求函数时，一般假定产品价格和相应的需求量变化具有无限分割性，即具有连续性。大多数产品的需求曲线是向右下方倾斜的，如图 3-1 所示，横轴 Q 表示产品数量，纵轴 P 表示产品价格。需求曲线的斜率为负，这是需求法则的表现，即产品价格越高需求量越少，产品价格越低需求量越大。换言之，在特定的时间范围内，在其他因素不变的情况下，消费者愿意并且有能力购买的产品数量与该产品价格之间呈反方向变动的关系，在图 3-1 中体现为 a 点与 b 点之间的位置移动，此时需求曲线 D 不发生变化。需求的变化则是指在产品价格不变的条件下，由于其他因素变动所引起的产品需

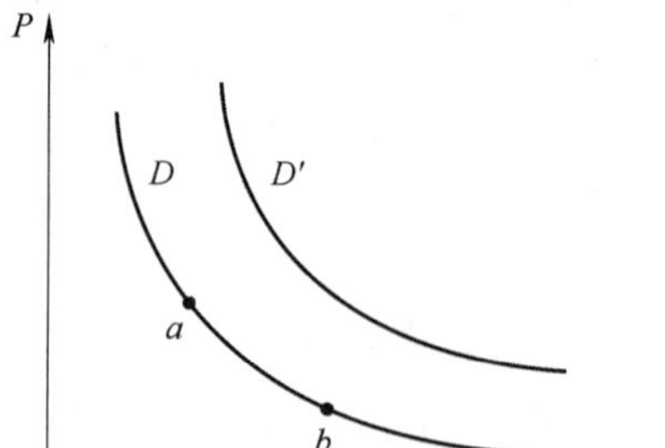

图 3-1　需求曲线

求量的变动，这种变动会造成整条需求曲线位置的移动。例如，消费者收入增加、消费者数量增加或者消费者偏好增强，都会在图 3-1 中体现为需求曲线 D 向 D' 移动，表示产品需求量增加。

二、产业供给

一种产品的供给是指生产者（厂商）在一定时期内，在各种可能的价格下愿意而且能够提供出售的产品的数量。

（一）产业供给的影响因素

一种产品的供给量取决于多种影响因素：产品的价格、生产成本、生产技术水平、相关产品的价格、生产者对未来的预期和其他因素。它们对产品供给量的影响如下所述。

1. 产品的价格

一种产品的供给量与价格是正相关的。价格与供给量之间的这种关系被称为供给规律，即在其他条件不变时，一种产品价格上升，该产品的供给量就会增加；价格下降，该产品的供给量就会减少。

2. 生产成本

在产品价格不变的情况下，产品生产成本越高，产品利润率就越低，生产企业从这类产品中所获利润就越少。因此，随着产品生产成本的上升，厂家就会削减这类产品的生产，很可能将相关资源转向生产成本不变或者上浮不明显的产品。

3. 生产技术水平

一般情况下，生产技术水平的提高可以大大提高劳动生产率，使员工在单位时间内可以生产更多数量的产品，从而降低蕴含在产品内的一般劳动时间。由此，在其他供给影响因素不变的条件下，生产技术水平提高会降低生产成本，增加厂商盈利，厂家愿意供给更多产量。

4. 相关产品的价格

如果一种产品的价格不变，而其他相关产品的价格发生变动，那么这种产品的供给量就会发生变动。例如，宝洁公司生产飘柔、海飞丝、潘婷等不同品种的洗发水，如果市场对飘柔的需求量增加使其价格上升，而其他洗发水的价格不变，那么宝洁公司就会多生产飘柔而减少其他品种的洗发水的生产，因此其他品种的洗发水的供给量可能会下降。

若两种产品是联合供给产品，则当一种产品被生产时，另一种产品同时也被生产出来。例如，在提炼原油以生产汽油时，其他等级的燃料也被生产出来，如柴油和石蜡。如果由于汽油价格上升导致汽油的生产增加，那么这些其他燃料的供给量也会增加。

5. 生产者对未来的预期

与消费者一样，生产者对未来的市场价格也有预期。如果预期产品价格上升，生产者则会暂时减少产品供给量，增加它们的库存，在价格上升时再投放到市场上。同时，生产者会购置新的设备，雇用更多的劳动力，以便在价格上升之后能增加供给量。如果预期未来产品价格下降，生产者则会尽量增加现在的供给量，同时制订生产计划减少未来产量的供应。

6. 其他因素

还有许多因素会影响供给，如气候条件会对农业供给有重要的影响，政府的政策也会影响供给，如对高污染、高耗能、高排放企业的政策限制。

（二）供给曲线

产品的供给曲线如图3-2所示，横轴Q表示产品数量，纵轴P表示产品价格。供给曲线是向右上方倾斜的，斜率为正，即在特定的时间范围内，其他因素不变只有价格变动的情况下，某产品的价格与供给量呈同方向变动，价格越高供给量越大，价格越低供给量越少。在图3-2中体现为a点与b点之间的位置移动，此时供给曲线S不发生变化，这种变化也被称为供给量的变化。

供给的变化则是指在产品价格不变的条件下，由于其他因素变动所引起的产品供给数量的变动，这种变动会造成整条供给曲线位置的移动。例如，生产成本下降、生产技术水平提高、预期产品价格上升等，都会在图3-2中体现为供给曲线S向S'移动，表示产品供给量增加。

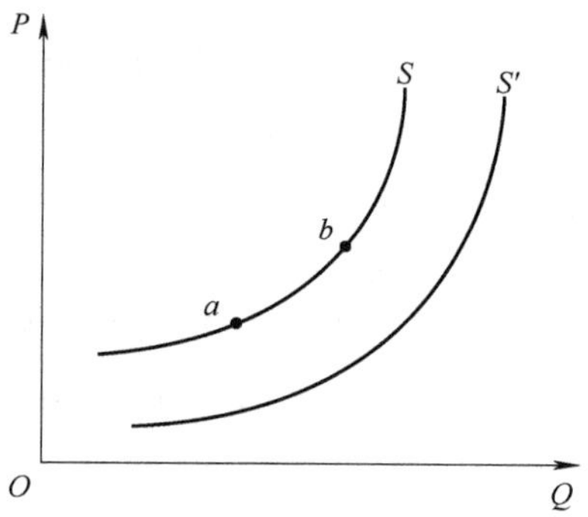

图3-2　供给曲线

三、产业供给和需求的共同作用

均衡本来是物理学中的一个概念，是指一个物体因同时受方向相反又大小相等的两种外力的作用，而处于静止不动的状态。经济学借用均衡的概念来说明经济体系中变动着的各种力量处于一种类似的平衡状态。简单地说，均衡是指一种没有变化趋势的稳定状态。

在竞争性市场中，供给和需求的力量相互作用，从而产生了均衡价格和均衡数量，即市场均衡。市场均衡（Market Equilibrium）发生在供给和需求力量达到平衡的价格与数量点上。在该点上，买者所愿意购买的数量恰好等于卖者所愿意出售的数量，市场上不存在短缺或过剩，这时的价格称为均衡价格，也称为市场出清价格，相等的供求数量称为均衡数量。之所以称该点为均衡点是因为当供求力量平衡时，只要其他条件不变，价格就不会上下波动。

从几何图形上看，一种产品的市场均衡出现在该产品的市场需求曲线和市场供给曲线相交的点上，此交点被称为均衡点。均衡点上的价格和对应的供求量分别被称为均衡价格和均衡数量。市场上需求量和供给量相等的状态，也被称为市场出清状态。

通过行业供求影响因素分析，我们应当对产业的盈利前景做初步的判断。

（1）产业总体规模及其效益前景　可以从消费者数量、消费者偏好、价格预期，以及生产技术水平、政府政策等方面进行分析判断。例如，随着我国人口老龄化问题的凸显，与“银发经济”相关的产业将会有较大的发展机会。

（2）产业成功的关键因素　规模是钢铁、电力、石化等行业关键的成功因素，技术与人才对计算机、通信、信息产业中的企业能否成功起着决定性的作用，而对于饮料、化妆品、服装等行业，广告宣传和商标品牌至关重要。

第二节　产业市场结构

市场结构是指产业市场中公司的数量、构成和竞争特征。例如，在汽车、飞机制造、石化等行业中，市场被少数几个企业所控制；而在其他行业，如服装、餐饮、化妆品等，市场中则存在许多企业。在诸如金属和化学行业中，产品大体是同质的，各企业都能够满足顾客的需求；而在诸如娱乐休闲、餐饮旅游等服务业，产品是有差异的，不同的消费者倾向于选择不同企业提供的产品。

一、市场结构的影响

市场结构说明的是企业所面对的市场竞争环境。市场结构按竞争程度的不同分为四种：完全竞争、垄断竞争、寡头垄断和完全垄断。这四种市场结构在企业控制价格的能力、企业的数量、产品的差异程度和企业进出市场的难易程度等方面各不相同。

首先，企业控制价格的能力不同。完全竞争市场中的企业无力控制价格，只能接受市场决定的价格，被称为市场价格接受者；完全垄断企业则对价格有很强的控制力。垄断竞争和寡头垄断企业都具有一定的控制价格的能力，但是这种控制能力弱于完全垄断企业。

其次，企业的数量不同。在完全竞争和垄断竞争市场中，企业的数量很多，它们都只生产全行业产品的很小部分。在完全垄断市场中，整个行业只有一家企业。寡头垄断则介于前述两种情况之间，在一个行业里有几家主要的企业。

再次，产品的差异程度不同。在完全竞争市场中，在同一行业内，企业生产的产品都是同质的、无差异的。在垄断竞争市场中，企业间的产品有差异，但又具有较强的替代性，如不同的餐饮店在菜系和风格上有差异。在寡头垄断市场中，有的行业生产同质产品，如钢材、水泥，有的行业生产有差异的产品，如不同品牌的汽车。在完全垄断市场中，一个行业中只有一家企业，企业生产的产品与行业外企业生产的其他产品差异很大，难以被替代。

最后，企业进出市场的难易程度也不相同。在完全竞争市场和垄断竞争市场中，不存在进出的障碍，企业的进入、退出是容易的，如进行餐饮创业。但在寡头垄断市场中，企业的进入障碍就会很大，新企业很不容易进入。在完全垄断市场中，新企业的进入更难，甚至是被禁止的，一旦新企业进入，垄断就不复存在。

二、市场结构的类型

（一）完全竞争市场

1. 完全竞争市场的特征

完全竞争市场最基本的特征是：产品的价格完全由市场决定，企业只是价格的接受者，对定价无能为力。完全竞争市场必须具备以下几个条件：市场上有许多卖主和买主，他们买卖的产品只占产品总量的一小部分；他们买卖的产品都是相同的；生产要素在该行业具有完全的流动性，可以自由进入或退出市场；卖主和买主对市场信息尤其是市场价格变动的信息完全了解；所有卖主出售产品的条件（如运送物品条件、包装、服务等）都相同。

显然，在现实生活中，要完全具备上述条件是不现实的。所以，完全竞争市场是一种纯理论假说，在现实生活中是不存在的，但现实中的确有一些行业接近这种市场结构，例如农产品市场和股票市场。完全竞争市场的理论仍然十分重要，它是分析、研究其他市场结构理论的基础。

2. 完全竞争市场的供需均衡和企业行为

在完全竞争条件下，企业只能按照市场价格出售其产品。对于任何个别企业来说，其产品的价格弹性为无穷大，只要其产品售价超过市场价格，其需求便会减少至零。如果某一个卖主的产品价格高于现行市场价格，买主就不买它的产品，因为买主对市场信息完全了解，而且其他卖主的产品也完全相同。再者，卖主没有必要降低产品价格，以低于市场价格的价格出售产品，因为其按照现行市场价格就能卖掉其全部产品。如果价格和利润上升，新卖主能很容易地进入市场。因此在完全竞争市场中，卖主和买主只能按照由市场供求关系决定的市场价格来买卖产品。这就是说，在完全竞争市场中，卖主和买主只能是价格的接受者，而不是价格的决定者。在完全竞争市场中，不同企业的产品完全无差异，所以低成本生产是关键，卖主无须花时间和精力开展营销研究、产品开发、广告等工作。

（二）垄断竞争市场

1. 垄断竞争市场的特征

垄断竞争是一种竞争性市场结构，既有垄断倾向，又有竞争成分，因而垄断竞争是一种不完全竞争。在垄断竞争市场上有许多卖主和买主，但各个卖主所提供的产品有差异，有些是质量、花色、式样和产品服务方面的差异；有些是不同品牌的产品，虽然实质上没有什么差异，但购买者因受广告、宣传、产品包装的影响，在主观或心理上认为它们有差异，因而有所偏好，愿意花不同数额的钱购买。垄断竞争是在现实生活中大量存在的市场结构，如便利店、餐饮店、理发店、服装店等。

垄断竞争的主要特征有三个。第一，行业中的企业数量多。这意味着，行业由许多中小企业构成，每个企业的产量只占行业总供给量的很小部分。因此，一个企业行为对市场不会有明显的影响，每个企业在决策时可忽略因自己的行为而引起的其他企业的反应。第二，企业进出行业是自由的。这意味着，要素流动自由，生产者可以随时参加或退出生产。第三，各企业生产的同种产品是有差别的。这种差别，主要是指买者对不同企业生产的同种产品偏好不同。

2. 垄断竞争市场的供需均衡和企业行为

由于各个卖主所提供的产品在实质上有差异或购买者在心理上认为它们有差异，其需求曲线不是水平的，因此各个卖主对其产品有一定的垄断性，能控制其产品价格，即提高产品价格只会减少销售量，而不会损失所有的销售量。这就是说，在垄断竞争市场中，卖主已不是消极的价格接受者，而可以在一定程度上控制自己产品的价格。这是垄断竞争区别于完全竞争的主要方面。在垄断竞争市场中，由于不同企业生产的同种产品之间存在差异，企业为了取得竞争优势，产品差异化成为一种很重要的竞争手段。产品差异化就是为企业产品增加新的、与竞争对手不同的、更加迎合顾客需要的特征，以吸引更多的消费者。

（三）寡头垄断市场

1. 寡头垄断市场的特征

寡头垄断与垄断竞争，都是竞争和垄断的混合物，均属于不完全竞争。我们知道，在垄断竞争的条件下，市场上有许多卖主，它们所生产和供应的产品有所不同。而在寡头竞争的条件下，在一个行业中只有少数几家大公司（大卖主），它们所生产和供应的某种产品占这种产品的行业总产量和市场销售总量的绝大部分，它们之间的竞争就是寡头竞争。显然，在这种情况下，它们有能力影响和控制市场价格。在寡头垄断市场中，各个寡头企业对其他企业的经营战略和定价策略非常敏感，任何一个寡头企业调整价格都会马上影响其他竞争对手的定价政策，因而任何一个寡头企业做决策时都必须密切注意其他寡头企业的反应和决策。这种市场的最大特点是各个寡头企业之间的行为相互依存、相互影响，每一家寡头垄断企业在做出重大决策之前都必须了解和估计竞争对手的行为和可能做出的反应。

2. 寡头垄断市场的供需均衡和企业行为

寡头垄断的形式有两种：一种是无差别的寡头垄断。各个寡头企业的产品都是同质的（如钢铁、石油、轮胎等）。用户对这些企业的产品并无偏好，不一定买哪一家企业或哪一种品牌的产品。在无差别寡头垄断市场中，每一个寡头企业都时刻警惕着其竞争对手的策略和行动。如果某一家寡头企业降低产品价格，用户就会纷纷转向这个企业。这样就会使其他几家寡头企业不得不随之降价或增加服务。在这种情况下，这家寡头企业就要考虑是否降价，因为如果它降价，其竞争对手必然随之降价，结果谁也没有得到好处，最多只能吸引一些新顾客。反之，如果某一家寡头企业提高产品价格，其竞争对手绝不会随之提价。在这种情况下，这家寡头企业必然撤销提价，否则就会失去很多顾客。所以，在无差别寡头垄断市场中，整个行业的市场价格较稳定，企业之间的竞争主要是在非价格方面，包括产品差异化和广告促销等。

另一种是有差别的寡头垄断。各个寡头企业的产品都有某些差异，造成差异的因素很多，包括不同的产品设计、质量、品牌、包装、服务态度等。因此，从顾客方面来说，他们认为这些企业的产品是有区别的，可能对其中某家企业的产品有所偏好，并认为这些产品是不能互相代替的；从寡头企业方面来说，每一个寡头企业都千方百计地使自己变成有区别的寡头，使顾客相信任何其他寡头企业的产品都不如它的产品好，不能代替它的产品，这样，可以将本企业有区别的名牌产品的价格定得较高，以增加盈利。这种寡头垄断行业的产品有汽车、香烟、洗衣机、电视机等。

（四）完全垄断市场

1. 完全垄断市场的特征

完全垄断也称为垄断。在四种市场结构中，完全竞争是一个极端，完全垄断则是另一个极端。在一个行业中，某种产品的生产和销售完全由一家企业完成，并不存在第二家企业，而且它所生产的产品没有其他产品可以替代，就会产生完全垄断。在现实生活中，完全垄断也很少见，一种产品只有一家企业生产而且没有其他产品可以替代的情况几乎不存在。例如，铁路运输一般属于垄断行业，但有公路、水路和空中运输与之竞争。无论是短期还是长期，垄断企业都可以获得垄断利润，这是因为在完全垄断条件下，新企业要想进入该行业十分困难。

2. 完全垄断市场的供需均衡和企业行为

在完全垄断条件下，随着产品价格的涨落，产品销售量随之减增，致使垄断企业产品的需求曲线，即整个行业产品的需求曲线向右下方倾斜。无论从长期还是短期来考虑，垄断企业都是根据边际成本等于边际收益的法则来决定其产量，进而决定产品价格的。完全垄断有三大弊端：价格高、产量不足、生产效率低。若要克服这些弊端，就需要政府的干预。

第三节　产业竞争环境

产业竞争环境是指一个特定产业中各个企业相互竞争的情况。它描述了该产业中的竞争者数量、规模和实力、市场需求和供给的特点、技术水平和创新能力、法律法规和政府政策等一系列因素，这些因素共同塑造了该产业的竞争态势。

五力分析模型是迈克尔·波特（Michael Porter）于20世纪80年代初提出的竞争环境分析工具。波特认为，决定一个企业盈利能力的根本因素是产业的吸引力，而一个产业是否具有吸引力，是否具有长期的盈利能力，取决于五种竞争力量的强弱：潜在进入者的入侵威胁、现存竞争对手之间的竞争、替代品的威胁、买方的讨价还价能力和供方的讨价还价能力（见图3-3）。这五种竞争力量的合力决定了企业在一个产业内能否取得较高的投资收益，合力的强度因产业而异，并可随产业的发展而变化。产业盈利能力不是由产品的外观或产品所包含的技术高低来决定的，也不是由行业内企业经营管理水平的高低来决定的，而是由产业结构所决定的，是由五种竞争力量的强弱决定的。因此，企业战略的正确性在很大程度上依赖于选对产业，在于对五种力量的认识上比竞争厂商略胜一筹。不过，对于不同产业的盈利能力来说，五种竞争力量中各因素起的作用可能并不一样，其中最强大的某个或某些因素可能起着支配作用，并具有决定性意义。

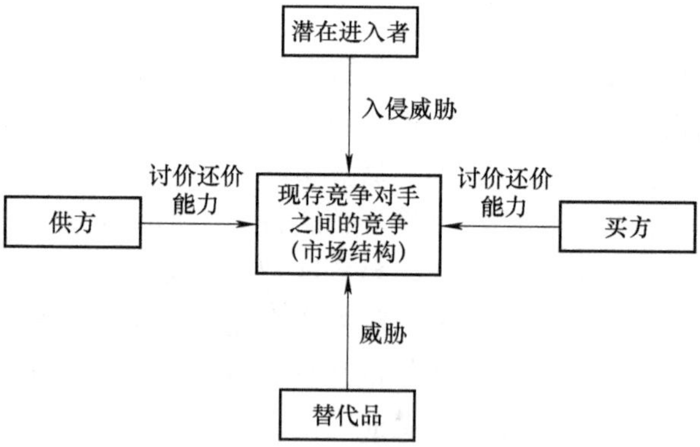

图3-3　决定产业盈利能力的五种竞争力量

一、潜在进入者的入侵威胁

所谓潜在进入者，可以是一个新办的企业，或是一个采用多元化经营战略的原从事其他产业的企业。潜在进入者给产业带来了新增生产能力，并要求取得一定的市场份额，降低产业内现有企业的获利能力。潜在进入者对产业的入侵威胁的大小与可能性，取决于该企业进入新产业所需要克服的障碍和付出的代价（又叫进入壁垒或入侵障碍），以及进入新产业后现有企业反应的强烈程度。潜在进入者的入侵障碍的高低主要取决于以下因素。

（1）规模经济　规模经济是指某项产品的单位成本随着其产量规模的扩大而下降。规模经济迫使进入者一开始就采取大规模的进入方式，将承担产业现有厂商会做出强烈抵制反应的风险，因为采取小规模进入的方式将面临成本劣势。因此，在规模经济突出的产业，如钢铁、汽车、石化、电力、通信等产业，实力弱的企业是难以进入的，从而保证了这些产业合理的利润率。

（2）产品差别化　产品差别化意味着产业中现有的企业由于过去的广告、顾客服务、产品特点或者由于较早进入该产业而获得品牌优势。产品差别化将建立进入障碍，它迫使潜在进入者耗费大量资金克服市场现有竞争者的品牌优势壁垒。潜在进入者想吸引顾客，建立一个品牌，要经过长期的投入，而且不一定能成功。因此，在品牌资产极为重要的产业，产品差别化能极大地阻止潜在进入者。

（3）资本需求　当产业生产经营需要消耗巨额投资时，这笔投资构成一种进入障碍。例如，汽车制造、通信、计算机和采矿业这类领域对巨额资本的需求，限制了进入者涌入。即使可在资本市场上获得资本，但由于进入方必须承担一定的投资风险，进入方对于资本的需求便也构成了现有企业的优势。

（4）转换成本　转换成本的存在会造成进入障碍，转换成本即顾客由向原供应商购买产品转换到另一供应商时所遇到的一次性成本。转换成本可以包括重新培训雇员的费用，新的辅助设备的费用，测试新供应商产品是否合格所花费用，依赖供应商的工程援助导致的技术协助所需要的费用，产品重新设计费用，甚至包括开始建立新关系所造成的心理代价等。如果这类转换成本很高，那么潜在进入者必须在费用或产品性能方面做出较大的改进与让步，以便顾客从产业内部的现有厂商中转移出来。

（5）销售渠道　花费巨大代价建立销售渠道会造成进入障碍。在某种程度上，产品理想的销售渠道已被现有企业占用，潜在进入者必须通过压价、投放大量广告等方法促使销售渠道接受其产品，这些做法必然减少利润。例如，新进入的食品制造商必须通过积极销售以及一些促销让利手段来说服零售商在激烈竞争的超级市场货架上给其一席之地。一种产品的批发或零售渠道越少，现有竞争对手对它的控制越多，则产业入侵的任务就越艰巨。

（6）与规模无关的成本劣势　现有企业具有一些入侵者无法模仿的成本优势。无论大小如何，是否达到规模经济，潜在进入者都无法达到类似于现有厂商可能拥有的那种成本优势，如专有的产品技术与工艺，对最佳原材料的控制，明显的学习曲线或经验曲线效应。

（7）政府政策　国家对有些产业颁布许可证或对某些原材料进行严格控制等，都可能形成重要的入侵障碍。国家有关控制环境污染的法令、卫生法令等也会使潜在进入者的投资费用增高。

（8）现有企业的反应　若潜在进入者遇到该产业现有企业的强烈反应，例如它们采用压低价格、加强广告宣传、扩大生产规模或建立名牌等办法阻止新企业进入该产业，则潜在进入者将会处于十分困难的境地。

二、现存竞争对手之间的竞争

现有竞争者之间通常采取价格竞争、广告战、产品引进，以及增加客户服务或提供保修等措施争夺市场份额和地位。在大多数产业内，某家厂商采取的竞争性行动会对其竞争对手产生显著的影响，从而会触发报复或抵制该项行动的努力。也就是说，企业之间是相互依赖的。某些方式的行动和反应，也许会使发起行动的厂商以及整个产业的情况有所好转，如果行动和抵制逐步升级，那么该产业内所有的厂商都会蒙受损失。因此，不同的竞争方式会导致不同的抵制，从而对产业产生不同的影响。削减价格通常导致价格战，使产业中每一个企业遭受损失。广告战则有利于整个产业，因为密集的广告宣传会扩大需求，提高产业内产品的独特化，产业的所有企业都可能受益。下面是一些影响现存竞争对手争夺市场激烈程度的因素。

（一）产业的市场结构

产业的市场结构不同，竞争程度就会不一样。在完全垄断市场中，独家企业可以获得垄断利润。当产业中的企业数量较多，而这些企业之间势均力敌时，他们为了改变自己的市场地位，就很容易发生相互争夺市场的战斗。当产业高度集中，市场主要由几家企业控制时，就属于寡头垄断市场，寡头企业通过一些手段，在产业中建立秩序，保持产品价格的稳定性，则产业竞争就平缓得多，各企业的利益都能得到保证。

（二）产业增长缓慢或存在过剩的生产能力

当产业增长较快，或生产能力不足时，产业的竞争就缓和得多，因为寻求扩张的公司只要与产业同步增长就可保持收益，不用侵占其他企业的市场份额。当产业增长缓慢，或产业生产能力过剩时，产业内的企业要求扩张，则必然会通过降价、广告等竞争手段以便充分利用生产能力，减少竞争对手的市场份额，这时争夺市场就会导致激烈的反抗，从而影响产业的盈利。

（三）产品差异或转换成本的缺乏

在产品差异性很小的产业，顾客选择主要基于产品价格和服务，由此导致激烈的价格和服务竞争的压力。当产品存在差别化，各厂商都有自己的忠诚顾客群时，竞争就缓和得多。当存在转换成本时，顾客也会因为转向别的供应者而引起费用支出，而对现有供应商产生依赖感，这时竞争者之间就很难争夺对方的客户，竞争也就会缓和得多。

（四）较高的退出障碍

退出障碍包括经济上、战略上和情绪上的因素。下面是几种主要类型的退出障碍来源。

（1）专用性资产　高度专门用于特定企业或产品的资产，难以移作他用，具有较低的清算价值或较高的转让费用或兑换成本。

（2）退出的固定成本　这类成本中包括劳工协议、安置费用、存货处理费用等。

（3）战略上的相互牵连　某经营单位对公司内其他单位的经营发挥着积极作用，例如该经营单位的一部分产品供公司内其他单位使用，在市场上难以找到质量相当的替代品，为了保证公司的总体利益，即使该经营单位无利可图，也难以撤销。

(4) 情绪上的障碍　战略决策者可能出于个人情感而产生非理性的抵触退出或延迟退出的决策倾向。

(5) 政府和社会的限制　这类限制包括政府因担心失业问题和局部性经济影响而拒绝接受退出或劝阻退出。这类限制在各国都很普遍。

当退出障碍较高时，过剩的生产能力难以脱离该产业，那些在竞争较量中失败的企业将坚韧不拔地维持下去，由于它们的实力较弱，不得不求助于极端的战术，如恶性的价格战，结果整个产业的获利能力只能继续保持较低的水平。

通常退出障碍与进入障碍往往是彼此相关的。例如，生产中的规模经济通常是与专门资产相联系的。一般地，进入障碍、退出障碍对产业的利润有着较大的影响，如图3-4所示。

	退出障碍 低	退出障碍 高
进入障碍 低	低的、稳定的收益	低的风险，大的收益
进入障碍 高	高的、稳定的收益	高的风险，较大的收益

图3-4　进入或退出障碍与获利能力

最佳的情况是进入障碍高而退出障碍低，在这种情况下，进入将被阻止，而失败的竞争对手将退出产业。当进入障碍和退出障碍都处于高水平时，潜在的利润也是高的，但通常伴随着更大的风险。虽然进入被阻止，但失败的厂商仍将留在产业内继续奋斗。进入障碍和退出障碍两者都低的情况常出现在完全竞争市场中，进出市场虽容易，却无法获得较高的收益。但最糟糕的情况则是进入障碍是低的，而退出障碍却是高的，在这种情况下，当产业有盈利时，吸引企业进入，一旦能力过剩，由于较高的退出障碍，即使亏损也得坚持下去，使整个产业都无利可图。

三、替代品的威胁

替代品是指那些与本产业产品具有相同或相似功能的产品，如洗衣凝珠可部分替代洗衣液，平板产品可部分替代计算机。替代品设置了产业内企业逐利时的上限价格，从而限制了一个产业的潜在收益。替代品的价格越吸引人，则对产业利润的限制就越严格。

当替代品具有较强的竞争实力时，要保持产业的利润，产业内的所有企业必须集体抵制替代品的威胁。例如，一家厂商所进行的广告活动可能还不足以顶住某一替代产品的威胁，但由产业内所有企业进行大量而又持久的广告活动，就完全有可能改善该产业的集体地位。同样的论点还适用于诸如产品质量改进、营销努力、提供更大的产品有效性等领域内的集体反应。

来自替代品的威胁受到以下两个因素的影响。

(1) 替代品的盈利能力　若替代品具有较大的盈利能力，则会对产业形成较大的压力。它把本产业的产品价格约束在一个较低的水平上，使产业在竞争中处于不利地位。

(2) 用户的转换成本　用户改用替代品的转换成本越小，则替代品对产业的压力越大。

四、买方的讨价还价能力

买方通过压低价格、要求更高的质量或索取更多的服务，使产业内企业的利润减少，给产业带来压力。买方的讨价还价能力受到以下因素影响。

（1）买方的集中程度　如果产业的产品集中供给少数几个买方，买方购买数量占企业产量的很大比例，也就是出现了买方垄断的情况，则这少数几个买方会对本产业形成较大的压力。

（2）买方购买的产品在其成本中所占的比重　若买方购买本产业的产品在其成本中占很大比重，则他们在购买时对价格和质量等问题就更为挑剔；当产业出售的产品只占买方成本的一小部分时，买方通常对价格就不那么敏感。

（3）买方购买产品的标准化程度　产品标准化程度越高，则买方选择越多，议价能力就提升；反之，买方对具有特色的产品很难施加压力。

（4）转换费用　买方转向购买其他产业产品的选择余地越大，则对产业形成的压力越大。

（5）买方的盈利能力　低利润使买方极力压低购买成本；反之，高盈利使买方通常对价格不甚敏感。

（6）买方后向一体化　当买方存在后向一体化的可能性时，会增加对产业的压力，因为买方觉得产业提供的产品价格太高，可以通过后向一体化自己生产所需要的产品，这就限制了产业的利润。

（7）供方产品对买方产品或服务的质量影响　当供方产品对买方产品的质量有很大的影响时，买方一般对价格不太敏感，即使价格较高也会购买。例如，油田设备产业，一旦某个设备发生故障会导致油田很大的损失，因此在购买设备时，油田讨价还价的余地就小。

（8）买方拥有的信息　如果买方拥有有关需求、市场实际价格，甚至供应厂商成本等方面的信息，通常会使买方产生比在信息贫乏时更大的讨价还价的能力。拥有充分全面的信息，买方可以处于更为有利的地位，保证自己在所有购买中得到最优惠的价格。

五、供方的讨价还价能力

供方可以通过提高价格、降低所供应货物和服务的质量等向产业内的企业施加压力，从产业中获得更多的利润。供方的讨价还价能力主要受到以下几个方面因素的影响。

（1）供方的集中程度　如果供方集中程度高，产业的原材料供应完全由少数几家企业控制，即出现了所谓供方垄断的情况，则供方会在价格、质量和供应条件等方面对产业施加较大的压力。

（2）供方产品的可替代程度　若存在合适的替代品，供方的讨价还价能力就受到影响。

（3）产业市场对于供方的重要性　当供应厂商向诸多产业出售，而本产业并不代表其销售的一个重点时，供方具有较大的讨价还价能力。如果本产业是一个重要客户，那么供方的命运将与本产业紧密地联系在一起，从而供方将会合理定价。

(4) 供方产品对于买方的重要性　倘若供方的产品是对买方业务的一种重要投入，这种投入对于买方在制造工艺或产品质量方面取得成功具有重要意义，这种情况会提高供应方的讨价还价能力。

(5) 供方产品的差异性以及转换成本　供应产品的差异性或转换成本，阻止买方随意选择供应厂商，使供方具有较大的价格决定权。

(6) 供方前向一体化的可能性　如果供方有可能前向一体化，这样就更增强了它们对本产业的竞争压力。

(7) 买方后向一体化的可能性　如果本产业内的买方企业有可能后向一体化，这样就降低了它对供方的依赖程度，从而减小了供方对本产业的价格压力。

通过以上五种基本竞争力量的分析，可以对本产业的盈利性做出基本判断，从中辨认本企业在产业中的竞争地位、优势和劣势，从而确定本企业在各种竞争力量中的基本态度及基本对策。影响这五种基本竞争力量的各种因素是动态的，企业可以通过一定的策略行动影响这些力量的消长，从而改善企业的产业环境。因此，分析产业竞争环境是制定企业竞争战略的基础。

第四节　产业战略群组

一、产业战略群组的划分

同一产业中不同企业的利润率并不是相同的，这很大程度上是由于各企业采取的战略和企业的主攻方向不同的缘故。产业中的一些企业在那些导致成功的因素方面给予较高投入，构筑了相对的优势地位，从而取得较高的回报。例如，汽车产业成功的关键因素是规模生产和建立能够保证大量生产与大量销售的渠道网络，因此建立了大量生产的流水装配线和广泛分布的分销网点的汽车厂家，就可以在产业中处于有利地位，从而获得丰厚的报酬。我们可以把产业内主攻方向不同从而采取不同战略的企业分成不同的战略群组，即对产业进行战略分组。我们把奉行同一（或相似）战略、具有相同特征的一些企业称为一个战略群组。一个极端是，如果产业中的所有公司基本上采取了相同的战略，则该产业中就只有一个战略群组；另一个极端是，产业中的每一个公司都是一个不同的战略群组。然而，一般情况是，在一个产业中仅有几个战略群组，它们采用根本性质不同的战略。例如，在大型电器设备产业中，一些战略群组（以通用电气公司最为典型）的特征表现在产品系列宽广、大量全国性广告、广泛的联合，以及掌握分销和服务渠道；另一些战略群组由专业生产厂家组成，针对高质高价的细分市场进行有选择的销售；还有一些战略群组生产自营品牌的非广告型产品。

战略群组的划分并不等于市场细分，也不等于细分战略，而是以战略概念为基础确立的。例如，在玉米加工和化工产品或糖类的生产中，各战略群组产品完全相同，但它们在生产、物流、纵向联合方式等方面互不相同，因而属于不同的战略群组，可能具有不同的利润率。战略群组的出现有着大量原因，如公司最初的强项与弱项不同，加入某产业的时间不同及经历的事件不同。当组成了这种战略群组，同一战略群组内的企业还在许多方面彼此相近时，它们趋向于寻求相似的细分市场，受外部影响及对外部事件或产业内竞争行动做出的反应也相似。

当产业中只存在一个战略群组时，则该产业的分析完全可以由前面介绍的五种竞争力量的分析来完成。在这种情况下，产业的结构向所有企业展示出相同的潜在利润。在长期经营中，各企业实际盈利情况的差别只是由于它们执行相同战略的能力有差异。但若产业中有几个战略群组，则分析就会复杂得多。通常，处于不同战略群组内的企业的盈利潜力是不相同的。这种差别并不是因为企业贯彻既定战略的能力不同造成的，而是因为五种竞争力量对于不同的战略群组施加的影响并不相同。在一个产业中，战略群组可以按照采取的不同战略表现在一张图上，如图3-5所示。

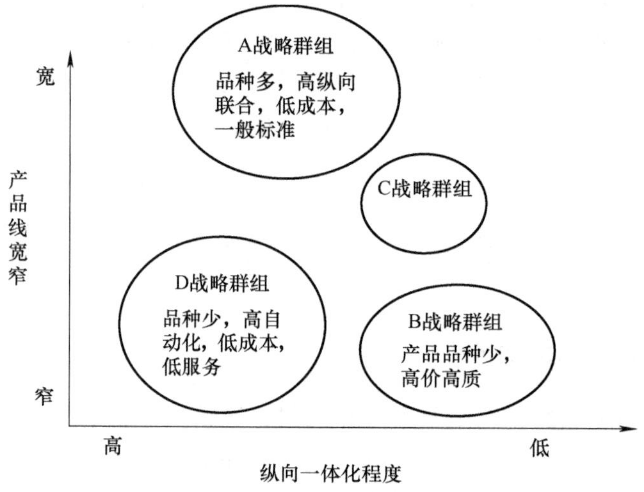

图3-5　战略群组

二、战略群组之间的移动障碍

移动障碍指的是企业在改变战略时所面临的各种障碍和困难，这些障碍阻碍企业从一种战略转变为另一种战略。它们可以是内部或外部的因素，阻碍企业在市场营销战略上的灵活性和变革能力。

移动障碍可以包括各种方面，如组织结构、企业文化、资源限制、竞争态势、消费者行为、技术变化、法规和政策等。这些因素可能使企业难以快速调整战略方向或采取新的市场营销策略，从而影响其在竞争激烈的市场中的表现和竞争优势。例如，组织结构和企业文化的僵化可能导致决策的延迟和协作的困难，阻碍了战略的快速变化。资源限制，如资金短缺、人力不足或技术能力欠缺，可能限制了企业在战略执行中的能力和速度。市场竞争的加剧和消费者需求的变化可能要求企业进行市场定位和产品策略的调整，但这可能会受到竞争对手的反应和现有产品线的限制。移动障碍也可能来自技术变化和法规政策的变动。新技术和创新的引入可能要求企业改变其业务模式和市场营销策略，但采用新技术和创新解决方案可能需要额外的投资和资源。法规和政策的变动可能给企业的市场准入、广告宣传和产品创新等方面带来限制，需要企业重新评估和调整其战略选择。

移动障碍对企业而言是一种挑战，但也是一个机会。企业需要识别和理解这些障碍，并制定相应的战略和解决方案来应对它们，以保持竞争优势和适应变化的市场环境。灵活性、创新性和协作能力是克服移动障碍的关键，它们可以帮助企业在不断变化的市场中实现成功。

移动障碍是产业内一些企业可以长期获得高于其他企业利润的首要原因之一。不同战略群组不同程度地带有自己的移动障碍，这使一些企业长期掌握优势。移动障碍高的战略群组内的企业将比移动障碍低的战略群组内的企业利润潜力大。这些障碍也是企业明知不是所有战略都有相同的成功性而仍以各自不同的战略参加竞争的原因。人们常问为什么成功的战略未被迅速模仿？如果没有移动障碍，某些企业的成功战略一定会被其他企业迅速模仿。这样除了在企业执行这一最佳战略时在经营能力上有差异外，所有企业的利润率都趋于相等。移动障碍的存在意味着有些企业可以享有系统优势，这些优势体现在规模经济、绝对成本优势等方面。这些优势只能通过导致产业结构变化的战略性突破来战胜，而不能仅仅依靠改善经营管理来达到。

三、战略群组与讨价还价能力

讨价还价能力是指战略群组中的企业在与供应商、分销商、合作伙伴以及消费者等市场参与者进行谈判时所拥有的能力和影响力。讨价还价能力可以影响企业在定价策略、供应链管理、合作伙伴关系等方面的决策。战略群组拥有较强的讨价还价能力意味着它们可以更好地控制成本、获得更有利的交易条件，并在市场竞争中取得更大的优势。

战略群组讨价还价能力的影响因素包括供需关系、市场集中度、替代品的可用性等。

供需关系是市场上产品或服务的供应与需求之间的平衡关系。当供应过剩时，买方通常具有更强的讨价还价能力，因为其可以选择更有利的交易条件。相反，当供应不足时，卖方更有讨价还价能力，因为其可以设定更高的价格。

市场集中度表示市场上主要竞争对手的数量和市场份额的分布。当市场高度集中且由少数几个大型企业垄断时，这些企业通常具有较强的讨价还价能力，它们可以通过控制市场供应和定价来影响市场的行为。

替代品的可用性是指市场上可替代的产品或服务的存在。当战略群组存在大量的替代品时，买方通常具有更强的讨价还价能力，因为其可以选择替代品来降低交易成本或获得更有利的价格。相反，当替代品较少时，卖方更有讨价还价能力。

四、战略群组的替代威胁

战略群组的替代威胁是指在市场上存在可替代的产品或服务，可能对企业的市场地位和竞争力构成威胁的情况。当消费者能够轻松地选择其他替代品来满足他们的需求时，战略群组所提供的产品或服务面临着威胁。这些替代品可能来自不同的行业或市场，但它们能够满足相似的需求或提供类似的功能。

为了应对战略群组的替代威胁，可以采取以下措施。

（1）不断创新　通过持续的研发和创新，提供独特的产品或服务，以增加替代品的替代难度。

（2）提供差异化　通过强调产品或服务的独特卖点、品质、功能或体验，与替代品形成差异化，吸引消费者选择自己的产品或服务。

（3）建立品牌认知度　通过积极的品牌营销和市场推广，提高品牌认知度和忠诚度，使消费者更倾向于选择本战略群组的产品或服务等。

五、战略群组和企业间的竞争

一个产业出现战略群组便意味着有产业争夺，必然会有价格、广告、服务及其他方面的竞争。一般来说，多战略群组的存在往往意味着产业中企业进行竞争的实力并不相等。应指出的第一点是，产业中多战略群组的存在往往会影响产业总体竞争程度。多战略群组的存在一般会激化竞争，它们的存在表明产业中企业参差不齐或者说具有不对称性。从整体上看，一个产业如果战略群组分布复杂，其竞争就比由少数战略群组构成的产业剧烈。

并非所有战略上的差异都同样重要地影响着产业竞争。竞争战的过程是不平衡的，有些企业比其他企业更容易在价格战或广告战的争斗中受到伤害。有四个因素决定着战略群组为赢得顾客进行相互争斗的激烈程度：

（1）战略群组间的市场交叠程度或其目标客户的重复程度　影响战略群组竞争激烈程度的最重要因素是其市场相互依赖性，即各战略群组是为同一群顾客进行争夺，还是力争在不同细分市场中进行竞争。当战略群组的市场交叠很强时，将导致极剧烈的争夺。例如，在化肥产业中，对所有战略群组来说，顾客（大多是农民）都相同，因而竞争就非常激烈。当战略群组把目标盯在差别很大的细分市场上时，其对他人的兴趣及互相影响就会小得多。当其销售对象区别更大时，其竞争就更像（当然不完全等同于）是在不同产业的战略群组间进行。

（2）战略群组建立的产品差异性　如果战略群组各自不同的战略使顾客区分开，并使他们各自偏爱某些品牌，则战略群组间的争夺程度就大大低于各战略群组所售产品被视为可相互替换时的情形。

（3）战略群组数量以及其相对规模　在其他条件相同时，战略群组数量越多且各自规模（市场份额）越相近，通常越能激起竞争。战略群组数量多则意味着多样化，某一战略群组采取削价或其他战术攻击其他战略群组，从而激发战争的可能性就大。反之，如果战略群组的规模极不平衡，例如某一战略群组在产业中只有很小的份额，另一个战略群组却有很大的份额，则战略的不同不大可能对它们之间的竞争方式造成很大的影响，因为小战略群组要以竞争战术来影响大战略群组，其力量可能太弱。

（4）战略差距　战略差距即不同战略群组奉行的战略在关键要素方面的离散程度，如品牌知名度方面、成本状态方面、技术领先方面，以及诸如与母公司或政府的关系等外部环境方面。如果其他条件相同，战略群组间的战略差距越大，战略群组间发生摩擦的激烈程度就越小。

所有四个因素的共同作用决定了产业中各战略群组争夺顾客的情形。例如，伴随着激烈竞争的情况往往是产业中存在几个势均力敌的战略群组，各自奉行全然不同的战略并为争取同一类基本顾客而竞争。反之，一般较为稳定的情形是，产业中有少数大战略群组各自为不同的细分顾客群而进行竞争。

六、战略群组和企业利润率

我们已经看到不同的战略群组与作用于产业的各种竞争因素有不同的关联。现在我们就来回答下列问题，即什么因素决定了市场力量和由此产生的各公司的利润潜力，以及这些因素是如何与它们的战略选择相关联的。

（一）企业盈利性的主要决定因素

（1）共同的产业特征　共同的产业特征是指在全产业范围内决定五种竞争力量强弱并相等地作用于所有企业的结构要素。这些要素包括产业中需求量的增长速度、实行产品差别化的总潜力、供方产业结构、技术等方面，从而形成产业中所有企业竞争的总体环境。

（2）战略群组的特征　战略群组的特征包括保护战略群组的移动障碍的高度如何，企业所在的战略群组对供方、买方有没有讨价还价的实力，战略群组对替代品的敏感性的高低，战略群组面对的其他战略群组的竞争激烈程度等。这些都会影响企业的盈利性。

（3）企业在其战略群组中的地位　企业在其战略群组中的地位主要包括战略群组中竞争的强度，在战略群组内企业的相对规模，加入战略群组的代价与时机，以及就经营角度而言，企业贯彻执行既定战略的能力。

全产业范围的市场结构特征左右产业中所有企业的利润潜力的升降，但并不是所有产业战略的利润潜力均相等。保护战略群组的移动壁垒越高，战略群组对供需双方的讨价还价能力越强，战略群组对替代品的敏感性越低，以及战略群组与其他战略群组爆发争端的可能性越低，则该战略群组的企业平均利润潜力越高。

（二）战略群组中地位的影响

企业在战略群组中的地位是影响其竞争优势和利润能力的关键因素，受到以下因素的影响。

（1）战略群组内部的竞争程度　战略群组内部各企业之间的竞争程度对企业地位至关重要。若战略群组内部的竞争激烈，企业可能面临来自同战略群组其他企业的竞争，这可能侵蚀其潜在利润。特别是在规模庞大的战略群组中，这种竞争效应更为明显。

（2）企业结构地位　采取相同战略的企业并非处境相同，企业的结构地位尤其受其在战略群组中相对规模的影响。如果企业规模足够大，以至于能够享受规模经济、降低成本，那么其相对于规模较小的企业就有较大的利润潜力。

（3）加入战略群组的代价和时机　企业加入战略群组的代价和时机也决定了其在群组中的地位。加入战略群组后，企业获得的技能和资源可能赋予其相对于其他企业的优势或劣势。这些进入技能和资源可能来自企业在其他产业的地位或其在过去同一产业其他战略群组中的成功经验。进入战略群组的代价也受企业进入时机的影响。在某些产业中，后加入并建立地位的企业可能面临更高的成本。

上述一系列因素共同决定了各企业的利润前景，同时也决定了其市场占有率前景。如果一个企业处于适当的产业和适当的战略群组中，并在该战略群组中处于强有力的地位，则该企业将获利最多。由于有进入障碍，新进入者并不能减少产业吸引力。战略群组的吸引力也受移动障碍的保护，移动障碍高的战略群组其潜在利润也较高。企业在战略群组内地位的强弱是其所拥有的历史的、技能上的和资源方面的条件的结果。

复习思考题

1. 什么是产业？影响产业供求的因素有哪些？

2. 什么是市场结构？影响市场结构的因素有哪些？市场结构对企业盈利性有何影响？

3. 影响一个行业吸引力和盈利能力的因素是什么？试详述之。你认为通过五种基本竞争力量分析能否对行业盈利性做出基本判断？

4. 决定一个行业入侵障碍的主要因素是什么？行业入侵障碍和退出障碍的高低对行业盈利能力有何影响？

5. 什么是战略群组？战略群组间的移动障碍的含义是什么？

6. 为什么产业内一些企业可以长期获得高于其他企业的利润？企业盈利性的决定因素是什么？

第四章　企业总体战略

在现代市场经济条件下，企业必须善于发现顾客并满足其需求，积极、主动地适应不断变化的市场，制订战略计划，开展企业经营。为此，企业管理层需要对现有及未来的业务发展进行谋划，优化企业的资源配置，制订业务计划。

第一节　企业总体战略的基本类型

企业总体战略，又称为经营战略，是站在企业最高层次上，根据投资回报和构筑竞争优势的需要，决定哪些业务部门或业务单位（SBU）应当扩张或加强，哪些业务部门或业务单位应当收缩或削弱，以及为此应当采取哪些战略行为等。企业从总体上采取的战略行为多种多样，具体形式有市场渗透、市场开发、产品开发、纵向一体化、横向一体化、相关多样化、非相关多样化、无增长战略、微增长战略、转变战略、撤退战略、清理战略，总括起来可分为发展型战略、稳定型战略和紧缩型战略三类，见表4-1。

表4-1　企业总体战略的类型

战略类型			含　义
发展型战略	产品—市场战略	市场渗透	通过更大的营销努力提高现有产品或服务的市场份额
		市场开发	将现有产品或服务投入新的地区市场
		产品开发	通过改造现有产品或服务，开发新产品或服务而增加销售
	一体化战略	纵向一体化	通过兼并收购获得上游企业或下游企业的所有权或通过契约对其加强控制
		横向一体化	通过兼并收购获得竞争同行企业的所有权或通过契约结成同盟等方式加强控制
	多样化战略	相关多样化	通过投资或兼并收购增加新的，但与原有业务相关的产品或服务
		非相关多样化	通过投资或兼并收购增加新的，但与原有业务不相关的产品或服务
	企业联合战略		两个或两个以上的企业通过契约等形式，建立一个联盟、企业联合体或企业集团
稳定型战略	无增长战略		维持现有产品和市场地位
	微增长战略		改进现有产品和市场地位
紧缩型战略	转变战略		削减开支、减少人员、加强成本控制、拍卖部分资产等
	撤退战略		将分公司或组织的一部分售出
	清理战略		出售转让企业的全部资产以偿还债务，停止其经营业务，结束企业生命

一、发展型战略

企业发展型战略强调的是如何充分利用外界环境中的机会，避开威胁，充分发掘和运用企业内部资源，以求得企业的发展。其特点是：投入大量资源，扩大产销规模，提高竞争地位，提高现有产品的市场占有率或用新产品开辟新市场。企业发展型战略主要包括：产品—市场战略、一体化战略、多样化战略和企业联合战略等。

二、稳定型战略

企业稳定型战略把重点放在维持和改进现有产品和市场地位上，保持现有产销规模和市场占有率，稳定和巩固现有的竞争地位。企业战略的重点是较少进行革新和投资，而更多地降低成本、减少债务。企业稳定型战略主要包括无增长战略和微增长战略两种。

三、紧缩型战略

企业紧缩型战略是指当企业外部环境与内部条件的变化都对企业十分不利时，企业只有采取撤退措施，才能应对环境变化或抵御对手的进攻，通过转移阵地或积蓄力量，准备东山再起。企业通常采取卖掉或放弃一个子公司、分公司或部门的方法来缩减业务范围，减轻负担。企业紧缩型战略主要包括转变战略、撤退战略以及清理战略三种。

对于一个大中型企业来讲，往往对不同外部环境及内部条件采用几种不同的企业总体战略，从而形成不同的企业经营战略组合。这种组合可以是同时组合，例如企业同时采用发展型战略和稳定型战略，也可以是顺序组合，如企业先实施稳定型战略，待时机成熟后，再实施发展型战略，还可以实行混合战略，即对企业某些产品采用同时组合，而对另外一些产品采取顺序组合。

第二节　产品—市场战略

产品—市场战略是由安索夫首先提出的：他提出“产品与市场配合”的概念，认为企业经营战略的四项要素（现有产品、新产品、现有市场、新市场）有四种组合，可以形成四种战略，即市场渗透战略（现有产品与现有市场的组合）、产品开发战略（现有市场与新产品的组合）、市场开发战略（现有产品与新市场的组合）和多样化经营战略（新产品与新市场的组合），具体见表4-2。

表4-2　产品—市场战略矩阵

项　目	现有产品	新　产　品
现有市场	市场渗透战略	产品开发战略
新市场	市场开发战略	多样化经营战略

一、市场渗透战略

市场渗透战略是由企业现有产品和现有市场组合而产生的战略。企业将更多的现有产品投入现有市场，以扩大产品销售量，提高产品的市场占有率。在市场上扩大现有产品的销售量一般取决于两个因素：产品购买者的数量和每个购买者的购买数量。

（一）扩大产品购买者的数量

1）努力挖掘潜在顾客，把产品卖给以往并未使用过此类产品的用户。例如，某企业生产的保健产品原本主要面向中老年人群，但为了扩大销售，企业面向年轻消费群体加大了广告力度，突出产品的健康属性，成功吸引了年轻消费者的购买，从而扩大了产品购买者的数量。类似地，原本主要面向女性消费者的化妆产品，通过某种举措，能够促成男性消费者的购买，也是一样。

2）把竞争者的顾客吸引过来，使之购买本企业的现有产品。例如，百事可乐通过产品年轻化的设计与定位，吸引可口可乐的消费者转而购买百事可乐，就是吸引竞争者的顾客的做法。此外，降低价格，通常是吸引竞争者的顾客的最常见手段。

实际上，企业可以采取多种策略来扩大用户群体，如通过社交媒体、线上广告等手段，针对不同用户群体传播产品特征、凸显产品价值。企业还可以在产品既定的情况下，适当调整营销策略，促进潜在顾客的购买行为，如在某些地区增设商业网点、借助多渠道将同一产品送达同一市场，以及短期削价等措施。

（二）提升产品的使用数量

1）增加使用频率。企业可以努力使顾客更频繁地使用本企业的产品。例如，某肉制品厂家可以宣传它生产的火腿肠不仅可以夹在面包里吃，而且可以用来制作热菜、凉菜，以及放在汤里吃，味道同样鲜美，早、中、晚餐都可以吃。

2）增加使用量。企业努力使用户在每次使用时增加该产品的使用量。例如，牙膏口径的扩大，哪怕增大一点点，都会增加用户的每次使用量。从 1994 年至今，牙膏管口 30 年间扩大了超过一倍。益达口香糖广告语“要两粒在一起才最好”，也具有类似的效果。

3）增加产品的新用途。企业应努力发现本企业产品的各种新用途，并且要使人们相信它有更多的用途。例如，为制作降落伞而发明了尼龙，后来发现尼龙还可以做成衬衣等各种服装，后来又发现尼龙可以放在橡胶中做成轮胎，大大增加了轮胎强度及耐磨性。

（三）改进产品特性

改进产品特性使其能吸引新用户和增加原有用户的使用量。

1）提高产品质量。产品质量是一个综合性概念，涉及产品的方方面面，体现为产品所具有的特征和特性。提高产品质量，意味着改进产品特性，使其能够更好地满足现有需求和潜在需求，是在市场竞争中胜出的有效办法。

2）增加产品的特点。在尺寸、重量、材料、添加物、附件等方面，使产品具有更多的功能，提高其使用的安全性、便利性。例如，一些运动耳机不仅提供出色的音质，还具有防水、降噪和心率监测等功能，从而吸引不同类型的用户。

3）改进产品的式样。在汽车行业中，厂商不仅注重车辆的性能和安全性，还通过改进车辆的外观设计、内部空间布局等，满足消费者对于个性化和舒适性的追求。例如，特斯拉电动汽车在外观和内饰设计上的创新。

这一因素就要求企业持续改进产品特性以满足市场需求和适应现代商业环境中科技的

不断进步和消费者对于个性化的追求。

总之，市场渗透战略通过对现有产品进行改进，从现有市场上赢得更多的顾客。如果市场处于成长期，在短期内此战略可能会使企业利润有所增长，但是当市场日趋成熟时，企业必然会面临激烈的竞争。企业需要提高自己的技术实力与市场竞争能力，积极向市场推出更优质的产品，才能促进企业的长期发展。

二、市场开发战略

市场开发战略是由现有产品和新市场组合而产生的战略。它是发展现有产品的新顾客层或新的地域市场，从而扩大产品销售量的战略。实行这种战略主要有两种办法：

（一）进入新的区域市场

市场开发的一个重要方法就是将本企业原有产品打入新的区域市场。企业的市场有区域性市场、国内市场和国际市场三种。例如，将数字支付服务推广到农村地区，满足那些未接触过现代金融工具的用户的需求。通过洞察国际市场的需求变化或借助政策力量，企业可以开拓国际市场，如将产品市场拓展到“一带一路”沿线国家。

（二）增加新的销售渠道

构建新的销售渠道，以便更好地触达目标客户。这包括建立直接面向消费者的在线渠道或者利用社交媒体等数字渠道。以美妆品牌为例，通过社交媒体直播进行产品演示和销售，能够更直接地吸引年轻一代消费者，有效地扩大销售量。

市场开发战略使管理人员放开眼界、拓宽视野，重新确定营销组合，但此战略仍是一个短期战略，企业发展需要以产品开发和技术创新为基础。

三、产品开发战略

产品开发战略是由企业现有市场和新产品组合而产生的战略，即对企业现有市场投放新产品或利用新技术增加产品的种类，以扩大市场占有率和增加销售额的企业发展战略。从某种意义上来说，这一战略是企业发展战略的核心，因为对企业来说，市场毕竟是不可控制的因素，而产品开发是企业可以努力做到的可控制因素。在实施产品开发战略时，应关注以下关键策略点，以提高实施效果。

（一）创新产品投放

通过投放创新产品，满足现有市场上尚未被满足的潜在需求，从而拓展企业经营业务，并增加企业的销售额。例如，随着绿色发展理念的普及，一些家具公司推出了用可循环材料制造的环保家居用品，以满足环保意识日益增长的消费者需求。

（二）现有产品升级换代

结合新技术，对现有产品进行升级换代，提升产品性能和功能。例如，在智能手机领域中，每一代新产品都引入了更强大的处理器、摄像头等组件，为用户提供更高水平的体验。

（三）产品个性化定制

基于消费者的偏好和需求，采用个性化定制技术，开发能够满足特定需求的产品。例如，定制的运动鞋品牌利用3D打印技术，根据每位顾客的脚型制作独一无二的鞋子。

在当今竞争激烈的市场中，产品开发战略是企业应对市场变化、实现持续增长的关键举措之一。企业通过持续不断的产品创新，能够不断提高自身竞争力，更好地适应市场变化，赢得消费者的青睐。

第三节　一体化战略和多样化战略

一、一体化战略

（一）纵向一体化

纵向一体化又叫垂直一体化，是将生产制造与原材料供应或者将生产制造与产品流通连接在一起的战略形式。依据一体化的方向划分，纵向一体化可分为后向一体化和前向一体化。

1. 后向一体化

这是指生产企业通过联合若干原材料供应商，拥有和控制其供应系统，实行供产一体化。其目的是确保产品或服务所需的全部或部分原材料的供应，加强对所需原材料的质量控制。例如，汽车制造公司通过收购或兼并钢铁厂的方式，确保获得稳定的钢材供应，以保障汽车制造过程的顺利进行。后向一体化可以使企业摆脱依靠外部原材料供应而带来的不稳定性，同时也可以减少企业由于主要供应商利用市场机会抬高价格而造成的风险性。企业实现后向一体化之后，不仅能够保证原材料的交货期、享受低价优惠，使生产平稳地进行，还能够因此提高产品质量，提高企业对外界环境的适应性。

2. 前向一体化

这是指生产企业通过联合若干商业企业，即流通企业，拥有和控制其分销系统，实行产销一体化。其目的是把握和促进产品的销售，加强对产品流通环节的控制。例如，格力集团收购一些地区的家电专卖店，使之转变为格力电器专卖店，就属于前向一体化。企业实现前向一体化之后，可以更好地把握消费者需求，改进产品，同时可以尽量减少渠道冲突，稳定市场价格体系，并提升产品的售后服务水平。

纵向一体化战略可以通过三种形式实现：通过企业内部壮大而进入新的经营领域，与其他经营领域的企业实现契约式联合，兼并其他经营领域的企业。

（二）横向一体化

横向一体化又称为水平一体化，是指与同行业竞争企业进行联合。例如，国内的啤酒市场，主要包括青岛、雪花和燕京三个品牌，其中每一个品牌厂家，都有在国内不同地区的收购行为。以青岛啤酒股份有限公司为例，其收购了诸多地区性的啤酒生产厂家，被收购的生产厂家成为新的生产基地，由此扩大了青岛啤酒的产量与销量，这就是横向一体化。通过横向一体化的合作，企业可以在市场竞争中获得更大的优势，创造更好的用户体验和经济效益。企业横向一体化可以减少管理人员，从而减少单位固定成本；一个企业可以利用另一个企业的研究开发成果，从而节省了研究费用；可以实现大量采购，从而节省采购费用。另外，可以节省推销费用等，从而降低流通成本。横向一体化战略可以通过契约式联合、兼并同行企业这两种形式实现。

二、多样化战略

多样化战略，又称为多角化战略、多元化战略，就是产品—市场战略矩阵中的新产品和新市场结合的战略。多样化战略就是企业增加产品种类，通过开发有发展潜力的产品，或通过收购、兼并其他行业的企业，跨行业生产经营多种产品和服务，扩大企业的生产范围和市场范围，使企业的特长得到充分发挥，人力、物力、财力等资源得到充分利用，从而提高经营效益。例如，一个以可再生能源为主的能源公司，除了生产太阳能板和风力涡轮机等可再生能源设备，还可以将业务拓展到能源储存领域，开发更高效的电池技术，以满足能源储存的需求。这样的多样化战略使该公司能够在不同领域寻求创新和增长，充实产品结构，同时降低依赖单一领域所带来的风险。

从各种企业所实行的多样化战略来看，主要是为了解决两个方面的问题：一是分散风险，企业往往以本行业为中心，用副业的形式向其他领域扩展，以此分散经营风险；二是有效地利用经营资源，在技术、市场上向有关联的领域发展。

（一）企业采取多样化战略的原因

1. 采取多样化战略的外部原因

（1）需求增长率停滞　无论何种产品，在被市场接受之后，都受产品生命周期规律支配。由于消费者爱好的变化、收入水平的提高、因技术革新出现新的替代用品等因素，原有产品处于生命周期后期时，企业必须考虑进入需求急速增长的新产品市场领域。

（2）核心产品市场集中度高　在集中程度高的产业中（垄断的情形除外），某企业想要达到比产业增长率还高的增长率，就必须蚕食竞争对手企业的市场占有率。蚕食的方法一般是降低价格、扩大供应能力、支付高额广告费和研究开发形成产品差异等。但在集中程度高的产业内，由于企业间相互依赖性强，采用这些方法容易受到竞争对手以同样手段进行报复，一时得到的优越地位会因此而抵销。因此，在集中程度高的产业中，企业要想追求较高的增长率和收益率，只有进入本产业以外的新市场，才会出现有利的局面。另外，在集中程度较高的产业内，一个企业一旦进入新的领域，其他企业在竞争战略上也往往效仿，所以企业越是属于集中程度高的产业，越能被诱发从事多种经营。

（3）需求的不确定性　产品生命周期缩短、更新换代加快、产品淘汰率上升，这一切都使得市场不断变化，市场需求的不确定性增加。面临如此形势，大型企业如果只生产和销售单一产品，其增长率和收益率必然被该产品需求动向所左右。假如该产品需求动向有很多的不确定性因素，企业为分散风险，就要开发其他新产品。而且，即使原来从事多种经营的企业，当原有产品的市场有很大风险时，为分散风险也将更加积极地开发新的经营领域。因此，对于大型企业，外部风险的多变性迫使它们不仅要考虑收益性，更要注意长期收益的稳定性。这就要求大型企业采用多样化战略，使企业不断处于求变和应变状态之中，由单一产品的生产结构发展为多种产品的生产结构。

2. 采取多样化战略的内部原因

（1）资源能力支持企业向新的领域发展　多样化经营的成功往往依赖于企业内部的

资源能力，这些能力为企业拓展到新的领域提供了坚实的基础。资源能力包括技术专长、创新能力、研发实力以及丰富的人才储备等。通过将现有的资源能力运用到新的产品或市场中，企业可以更好地适应变化的需求和市场机会，从而实现增长和多元化。例如，一家拥有强大生产制造能力的汽车制造商可以将其工程技术应用到电动汽车市场，从而进入新兴的绿色能源领域。

（2）解决企业资源闲置的问题　在企业经营中，可能存在某些资源的闲置或低效利用情况。多样化经营可以为这些资源提供新的利用途径，减少浪费和成本。这不仅有助于优化资源配置，还可以提高资源的利用效率。例如，一家食品加工企业可能在生产淡季面临产能过剩的问题，但通过扩展到相关食品领域，可以将这些闲置的资源有效地利用起来，实现资源最大化利用。

（二）多样化战略的模式

1. 同心多样化

企业利用原有的技术、特长、经验等发展新产品，增加产品种类，从同一圆心向外扩大业务经营范围。例如，汽车制造厂增加拖拉机生产。同心多样化的特点是原产品与新产品的基本用途不同，但有着较强的技术关联性。

2. 水平多样化

企业利用原有市场，采用不同的技术来发展新产品，增加产品种类。例如，原来专注生产空调的企业，投资生产电风扇、电磁炉、电饭煲等家用电器，珠海格力电器股份有限公司就采取了这样的发展模式。水平多样化的特点是原产品与新产品的基本用途不同，但存在较强的市场关联性，可以利用原来的分销渠道销售新产品。

3. 集团多样化

大企业收购、兼并其他行业的企业，或者在其他行业投资，把业务扩展到其他行业中去，新产品、新业务与企业的现有产品、技术、市场毫无关系。也就是说，企业既不以原有技术也不以原有市场为依托，向技术和市场完全不同的产品或服务项目发展。它是实力雄厚的大企业集团采用的一种经营战略。例如，联想集团、海尔集团等大企业都涉足了房地产行业。联想早在2001年就斥30亿元巨资成立子公司融科智地，进入写字楼和住宅开发领域。

（三）企业采取多样化战略应当注意的问题

1）在企业规模较小而产品及市场都在不断增长的情况下，企业不宜采取多样化战略。采取多样化战略要以一定的人力、物力、财力为基础。企业规模小，资本有限，在产品及市场都在增长的情况下，应当集中资本扩大生产原有产品，这时去搞多样化经营是不明智的。

2）企业管理者必须深入研究本企业到底应当采用哪种类型的多样化战略，应当多样化到什么程度才能最大限度地发挥企业潜力，并使资源达到充分利用。多样化程度低，管理比较简单；多样化程度越高，管理越复杂，超过一定限度，企业便无法控制，好事就会变成坏事。企业管理者要研究为了实现经营目标，所需的最低程度的多样化是什么，企业能够控制的最高程度的多样化又是什么？企业高管要高瞻远瞩，坚决抵制某些经营领域的诱惑。现代电动汽车制造商特斯拉在初创阶段，决定专注于电动汽车和可再生能源领域，而没有分散精力涉足其他领域。这种专注的经营战略帮助特斯拉在电动汽车市场取得了巨大成功，并推动了可再生能源技术的发展，使其成为行业的领导者。

3）要处理好多样化经营与专业化生产的关系。一般大型企业集团大多采用多样化战略，同时生产经营着多种产品，活动于多个领域，但企业集团中的成员企业都有一定的专业分工，从事专业化生产。这样，把企业集团的多样化经营与各成员企业的专业化生产有机结合起来，既能使整个企业集团减少经营风险，提高市场适应能力和竞争能力，又能使整个企业集团及各成员企业提高生产效率和技术水平，改进产品质量，扩大生产规模，降低产品成本。例如，现代科技巨头谷歌母公司 Alphabet 旗下覆盖了搜索引擎、云计算、人工智能、自动驾驶等多个领域，但在每个子公司中依然保持了专业化的特点。谷歌专注于搜索和广告领域，Waymo 专注于自动驾驶技术，这使得 Alphabet 能够在不同领域中取得领先地位，同时实现协同效应，推动整个集团的发展。这表明企业在选择多样化战略时，应确保核心领域的专业化生产依然得到保持，以获得更好的综合效益。

第四节　企业联合战略

决定企业生存与发展的关键条件是其能否获得资源和能力。一个企业可以与其他企业联合或结成某种形式的联盟，以解决资源和能力不足所产生的很多问题。所谓企业联合是指两个或两个以上的企业之间，通过契约、合作开发、参股、合资、并购等多种形式，建立一个联盟（以契约为基础）、企业联合体或企业集团。通过企业之间的联合，可以引进合作伙伴的核心能力，利用其资源，优势互补。例如，一个企业的新产品与另一个企业的销售能力“联姻”，这样可以缩短产品从生产到市场的周期。

企业之间的联合或联盟，涉及企业决定在生产链或价值链中，哪些产品是由自己制造的，哪些产品是与别的企业共同生产与开发的，哪些产品是通过契约结成同盟以稳定市场（如价格协定）的，哪些产品是由市场自由购买的等一系列决策问题，企业联合介于完全自己制造和完全通过市场交易之间。一般地，企业应当集中资源，把生产链或价值链中具有较高战略重要性的产品控制在企业内部，自己生产与经营，其他次要的产品则可采取联合的方式进行协调与控制。如图 4-1 表示的是最适宜联合开发或联盟的一些基本条件。如果资源和能力相对有限，活动的战略重要性较低，企业就应该采取购买的方式获得配件或来料。这样一来，企业就可以节省出一定的资源，将其集中运用于具有中等以上战略重要性的活动中。当企业的能力处于中等水平时，就应该将资源集中于战略重要性较高的领域。因此，有三种情况，可以通过联合开发或联盟获得最优的发展：①活动具有中等的战略重要性，但是企业的能力处于低水平；②活动具有很高的战略重要性，但是企业的能力处于低水平；③活动具有中等的战略重要性，而相对于行业中的最佳水平，企业的能力仅仅是一般水平。在这些情况下，如果能够找到具有互补能力又彼此需要的合作伙伴的话，联盟将是最佳形式。

活动的战略重要性 \ 与行业最佳水平相比较的能力	低	中	高
高	联盟	投资与制造	制造
中	联盟	联盟	制造
低	购买	购买	制造

图 4-1　制造、购买、联盟矩阵

一、企业联合的历史演进

各工业发达国家中企业联合的形式大多经历了一个由卡特尔—辛迪加—托拉斯—康采恩的发展过程。概括起来，大致可分为以下三个阶段。

第一阶段是企业联合的初期阶段，即卡特尔、辛迪加市场垄断组织的崛起。19 世纪末，一些较早开始工业化的国家，工业生产迅速发展，产品市场过剩，频繁地爆发价格战，市场争夺激烈，一大批中小企业纷纷破产，加速了生产集中和企业规模的扩大。为了制止恶性竞争、稳定价格，企业之间有了联合的要求。同行业就会聚在一起，制定价格协定，约定价格和各企业的产量，划定各自的市场区域，形成带有瓜分市场、限制价格竞争的约定或垄断联合组织。这种垄断联合组织的最早形式就是卡特尔，随后为辛迪加。卡特尔是生产同类商品的企业间协定产量、价格、瓜分市场等带有垄断性质的联合组织。参加卡特尔的企业在遵守协定的基础上，在生产、商业、法律上仍保持自己独立法人的地位，相互无财产关系和管理关系。辛迪加是生产同类商品的企业共同销售商品和采购原料的联合组织，参加辛迪加的企业共同出资组建销售机构、分享利润。这些企业在生产上和法律上保持独立性，但在商业上丧失独立性，共同管理辛迪加的销售业务和其他事务。

第二阶段是企业联合的发展阶段，即托拉斯的涌现并急剧发展。19 世纪末 20 世纪初，伴随着生产和资本集中程度的加强，竞争更加激烈，出现了大企业兼并高潮，一种更紧密联系的企业联合组织——托拉斯应运而生。托拉斯是生产同类商品或产品有密切关系的企业合并经营的一种形式。参加托拉斯的企业在生产、商业、法律上都失去了独立性，不再具有过去的企业法人资格，企业财产并入托拉斯，由托拉斯总部统一进行全部生产经营活动，对各成员企业实行统负盈亏。

第三阶段是企业联合的蓬勃发展阶段，即康采恩的发展。康采恩是不同经济部门的众多企业间实行控股的联合组织，它以金融控制为基础。康采恩内部占统治地位的大企业或大银行除经营本身业务以外，同时还是控股公司，形成控股公司（母公司）与子公司的控制关系。在形式上，各子公司保持独立法人地位，但在财产和管理上均由控股公司控制。控股公司通过控股或参股，实现对康采恩中其他众多企业资本的指挥与控制。因此，康采恩是卡特尔、辛迪加、托拉斯等企业联合形式的进一步发展，它比托拉斯这种完全一体化的垄断组织能容纳更多的经济部门，控制更多的企业，因而具有更加强大的垄断实力。

第二次世界大战后，一些工业发达国家形成了规模巨大的企业集团，如日本最有名的六大集团（三井、三菱、住友、芙蓉、三和及第一劝业银行），各成员企业并不因为集团的联合而将其财产归并，集团各成员相互持股（而不是控股），集团中不存在终极所有者，也不存在最高负责人，这种集团是一种非所有权形式的联合组织。日本这类企业集团与康采恩有着显著的区别，然而构成这类企业集团的骨干公司一般都是康采恩。

例如，瑞士的 ABB 集团，由超过 350 家独立公司组成。这些公司遍布全球各地，专注于电力、自动化和机器人技术等领域。各成员公司保持独立财产，并不因加入集团而归并。成员公司之间相互持股而非控股，这种独特的股权结构确保了平等合作与共同发展。集团内无终极所有者或最高负责人，决策过程透明。

近年来，ABB 集团的销售额持续增长，2022 年销售额约 400 亿美元。这一业绩证明了该集团在非所有权形式联合组织模式下的成功。通过灵活应对市场变化、持续创新和快速决策，ABB 集团在全球市场上保持了领先地位。

二、企业集团

企业集团是以一个或若干个大中型企业为核心，以产品为龙头，对在生产、技术、经营上有关联的企业、科研单位及其他组织，在平等自愿、互惠互利原则的基础上进行多层次、多形式联合而结成的经济联合组织。

（一）企业集团的特征

1）一个企业集团由若干个独立的企业组成，企业集团内每个成员都具有独立的法人地位，企业集团则是这些法人的联合体。这是企业集团区别于单个大型企业的主要特征。

2）企业集团具有多层次组织结构：一是集团核心，即具有母公司性质的集团公司；二是紧密层，由集团公司控股的子公司组成；三是半紧密层，由集团公司参股企业组成；四是松散层，由承认集团章程并与集团公司有互惠稳定协作关系的关联企业组成。有前两个层次即可成为企业集团，有四个层次可以使企业集团发挥更大的作用。

3）组成一个企业集团的若干个企业，必须有一定的纽带联结在一起，形成一个有机整体。集团公司与紧密层、半紧密层企业的联结纽带应是资产纽带，通过控股、参股来实现。集团公司与松散层企业的联结纽带主要是契约纽带，包括具有法律效力的合同、协议及章程等。

4）企业集团的核心——集团公司，必须具有法人地位，必须具有一定的经济实力，拥有一定数量的子公司，其任务是对企业集团成员进行管理控制，具有投资中心的功能。如果不具备这些条件，就不能称为集团公司。集团公司与企业集团不能混为一谈，拥有若干子公司的母公司称为集团公司，集团公司连同控股公司、参股公司和关联企业的总体称为企业集团。

由以上四个基本特征可以看出，企业集团是建立在法人持股的股份制基础上，以一个或者若干个实力雄厚的大企业为核心，用一定的纽带把众多企业联结在一起的多层次的法人联合体。

（二）企业集团和公司的联系与区别

企业集团和公司都是经济联合体，都是企业经济组织的有效形式，但二者有着根本的区别，表现在：

1）法律地位不同。公司作为一个经济实体具有法人资格，企业集团是法人企业的联合，其本身不具备法人资格。

2）联合程度不同。公司内部的资产联合，都是紧密联合。在股份制公司中，母公司通过持股来控制子公司。企业集团则是一种多层次的联合，包括紧密、半紧密和松散层次的联合。

3）成员联系纽带不同。公司内部成员一般以统一产品系列及加工工艺为纽带，实行公司内部专业化协作；企业集团内部成员的纽带是通过企业间的契约，进而通过资金融通，在人力、技术、资源等多方面实现联系。

由以上企业集团的基本特征还可以看出，企业集团不像托拉斯只有一个层次的紧密结合，更不像卡特尔、辛迪加那样局部结合，企业集团是企业之间通过资本、契约相互结合，具有紧密、半紧密、松散等几个层次的联合，因而在结构上、规模上、业务范围上都有自己的特殊之处。

企业联合的高度发展，有可能出现行业或区域垄断现象，因此各国制定了各种反垄断法，限制垄断，保护竞争。

三、企业兼并、企业合并与合资经营

（一）企业兼并与企业合并的概念

企业兼并是英文 Merger 的意译，有吸收合并、存续合并的含义，是一个企业以现金购买方式或以本企业股票调换另一个或另一些企业的股票，从而取得后者的全部资产或控制权，以扩大企业规模和经营范围的一种合并式的企业产权交易方式。

企业合并是英文 Amalgamation 的意译。广义的企业合并是指两家或两家以上参与企业通过所有权和经营权的同时有偿转移，实现资产、要素、经营合并的企业产权交易形式，是各种类型企业结合的总称，包括兼并、合并等。狭义的企业合并专指两家或两家以上企业通过所有权与经营权的同时有偿转移，全部放弃法人资格，不再独立存在，实现资产、要素、经营的合并，由一个新成立的、取得法人资格的企业集中统一经营的企业产权交易形式。我们一般取其狭义的含义。因此企业兼并与企业合并相比较，具有以下特点：

1）兼并的归属性。企业合并的双方是平等的伙伴，在企业合并过程的始终，合并双方无论是合并前还是合并后都是平等的，双方实力大体相等，谁也无力“吃掉”谁，竞争的预期结果往往是两败俱伤，因此合并的动机往往是为了防止双方利益受损。合并一旦实现，一般是由双方企业共同组织新的企业管理层。企业兼并则呈现明显的不平等性：第一，双方实力悬殊，兼并企业的实力明显强于被兼并企业；第二，被兼并的企业领导者没有重新领导企业的权力，而只能听任兼并企业的领导者重新分配工作。因此，兼并强调被兼并企业已失去法人资格，并转让产权，被兼并企业的资产、要素及经营权都归属于兼并企业。

2）兼并企业的存续性、强制性和吞并性。企业合并是各自都以丧失法人资格为代价，双方以新的法人面貌组成新的经济实体。而兼并企业具有存续性，即被兼并方丧失法人资格，兼并方保留法人资格。因此，企业兼并是优势企业吞并和吸收劣势企业，兼并企业具有主动性和吸收性。

（二）企业兼并中的资产让渡方式

企业兼并作为一种经济行为，在兼并中的资产让渡方式主要有以下四种：

1）出资购买式，即兼并企业出资购买被兼并企业的全部资产以实现兼并。

2）承受债务式，即兼并方以承担被兼并方全部债务、亏损及退休职工工资福利为代价，而被兼并方往往是资不抵债已接近破产边缘的企业。

3）接管式，即兼并企业以最大债权人身份接管债务已超过或接近资产净值的企业。

4）承租式，即兼并企业采取契约方式，承担被兼并企业的资产，通过分年支付承包费和资产有偿转让费而实现对承租企业的兼并。

以上四种方式无论用哪一种，一旦按法律程序实现兼并，被兼并企业的法人资格随之消失，兼并企业承担被兼并企业的债权债务，享有被兼并企业资产的所有权和土地使有权，它既包括物质形态资产（如厂房、机器设备、土地、原材料等要素）的吸收和容纳，也包括非物质形态的资产（如债权、债务、技术专利、合同责任等）的吸收和容纳。

（三）企业兼并与企业合并战略的影响因素

综合起来，企业兼并和企业合并与规模经济、生产技术特点和市场特点有密切联系，还与合并方式、组织结构、经济联合程度有密切联系。其成功与否的影响因素如下：

1）生产技术和市场性质是影响企业合并规模的重要因素。只有那些适合利用大量生产技术和大量销售的企业间的合并，才能通过生产集中，增加产量、节约费用、降低成本。那些在生产技术上不适应大量生产又无法从大量销售中得益的企业，通过合并仍然不能完成生产集中化。在劳动密集型的低耗能工业中，通过合并管理协调不可能带来单位成本的大幅度降低。一般来说，纺织工业、服装工业、皮革工业、制鞋工业、木材工业、印刷和出版工业、生产简单的金属工具和器材及型材工业、生产高度专业化的机器工业等规模巨大的企业合并不一定能给经营带来好处，但石油工业、制糖工业、烟草工业、机器制造业和肉类加工业等，则很可能利用大量生产技术与大量销售相结合的好处，从生产集中当中获得益处。当然，各个国家在不同生产力发展水平之下，适合大规模企业合并的部门不尽相同，这主要取决于技术与市场状况，取决于资金积累程度和相对资源优势等许多因素。

2）兼并与合并企业的成功，还取决于合并完成后企业组织结构的变革情况和合并策略。只有那些在实现生产合并后进一步实现管理集中，将大量生产与大量销售相结合，建立了自己的销售组织和采购组织，建立了高效的、集中统一管理的管理机构，充分发挥了管理协调功能并实现经济联合的合并企业，才能继续生存下去并获得成功。

3）其他因素。美国著名管理学家彼得·德鲁克在《管理的前沿》一书中论述了成功兼并的五条简单原则：①只有兼并企业彻底考虑了它能够为被兼并的企业做出什么贡献，而不是被兼并企业能为兼并企业做出什么贡献时，兼并才会成功。兼并企业的贡献可以是多种多样的，包括管理、技术或销售能力等，而不仅仅是资金。②要想通过兼并来成功地开展多种经营，需要有一个共同的团结核心，有共同语言，从而将它们结合为一个整体，也就是兼并与被兼并的企业之间应有共同的文化，至少有文化上的“姻缘”。③兼并必须是“情投意合”，兼并方必须尊重被兼并方的产品、市场和消费者。④在一年左右的时间内，兼并企业必须能够向被兼并企业提供最高管理人员，因为管理是买不来的。⑤在兼并的第一年内，要让两个企业管理队伍中的大批人受到破格晋升，使得两个企业的管理者都相信，兼并为他们提供了个人发展的机会。

（四）合资经营

合资经营（Joint Venture）又称合资企业，是两个或两个以上的企业共同出资建立的一个独立组织，并按照各自的股份分享这一新建实体的所有权。在正常情况下，合资企业是一个独立的公司，有自己的雇员和战略目的，与母体股东公司有着显著区别。

一般地，合资企业的业务范围较小，通常它们只涉及各个参与者经营活动的一小部分。每一个合伙人都必须为合资企业提供一些特殊而重要的东西，同时合资企业也为其参与者提供收益来源。但是，对信息或资产的分享可以只局限在合资企业的范围内。这样，参与者之间的竞争关系就不会因为合资企业受到影响。

企业可以将合资企业作为长期战略计划的一部分。处于高度集中产业中的小企业，可以与该产业中几个主要企业建立合资企业，从而形成力量均衡的自我保护网。实际上，一些大公司，如通用电气，涉足了100家以上的合资企业。这类企业不但有财务资源，而且有管理和技术能力，可以提供给合资企业。

第五节　稳定型战略和紧缩型战略

一、稳定型战略

经营战略可以分为外延型经营战略与内涵型经营战略两种。外延型经营战略是以大量增加生产要素的投入、迅速扩大再生产为手段，求得不断扩大生产规模、引进先进技术与设备、充分发挥自身优势，在生产经营中追求产值和利润的最大化。发展型战略就属于外延型经营战略。内涵型经营战略是向企业内部要效益，在取得经济效益最大化的同时减少不必要的资源浪费。当然这种战略在提高效益的同时，企业生产经营规模增长速度较缓慢。稳定型战略就属于内涵型经营战略，其特点是针对本企业在经营管理等各方面存在的问题，在尽量不增加生产要素投入的条件下，致力于调整企业内部结构，挖掘内部潜力，使企业的产品结构、组织结构及其他各项工作合理化，以提高技术水平、优化产品工艺，把工作重点放在维持和改进现有产品和市场地位上。

一般来说，稳定型战略的风险较小，稳定型战略有两种类型：一是无增长战略，即企业一切工作都按照原有方针办，努力使企业战略地位保持不变，使企业的各项指标停留在原有水平上；二是微增长战略，即企业要在保持稳定的基础上略有增长和发展。

企业采取稳定型战略可能有三种原因：一是因为企业实力较差，企业满足于以往的经营业绩，希望保持和追求与过去大体相同的业绩和目标；二是当企业外部环境恶化时，企业又一时找不到进一步发展的机会，因而采取稳定维持的战略；三是企业不愿冒改变现行战略而带来的风险，因为企业如果采用新的发展战略，会使企业经营者感到对新的产品或新的市场尚缺乏足够的认识和必要的准备。对于新上任不久的企业领导者来讲，采取稳定型战略使他感到更加保险。

当外界环境恶化或企业经过一段大发展时期之后，企业实行这种内涵型经营战略，可以增强企业抵抗力，调整企业内部结构，保存实力。但稳定型战略不宜长期实行，因为长期实行此战略，企业只注意现有产品和市场，容易忽视外部变化和发展机遇，因此当企业外部环境转为有利时或企业内部条件较好、实力较强时，应当实行外延型战略，寻求发展。

二、紧缩型战略

（一）战略思想

企业采取紧缩型战略可能有四个原因：①当国际市场和国内市场对某种产品的需求下降时，市场竞争激烈，企业经营转入不稳定状态，有的已走到危难的边缘，企业不得不采取紧缩型战略；②宏观经济衰退，银根收紧，企业的制造成本和销售成本均日益增高、处境困难，不得不采取紧缩型战略；③企业产品处于衰退期，市场竞争过度，产品不盈利，甚至产生亏损，被迫采取紧缩型战略；④企业采取大幅度削价这种进攻型战略，企业能获得较高的市场占有率，但它忽视了对利润的影响，生产能力发挥不足，固定成本负担过重，寄希望于研究开发来提高竞争地位和获利能力，但企业创新失败，或对企业的新市场开拓、渗透能力估计过于乐观，企业战略决策上有重大失误，财务上遇到严重困难，等等。由于以上原因，企业处于危难之中，不得不采取紧缩型战略。企业为求生存、求转变，可供选择的战略范围已远较过去狭窄，如何才能尽快扭转竞争和财务劣势的局面，挽救企业于危难之中？挽救的首要任务是诊断经营不善的根源在哪里，是竞争不适宜，还是现行的战略执行不力，危难的原因是否超出了管理控制的范围，企业还可以挽救吗？总之，辨析经营事业危难的根源以及公司战略问题的严重性，是制定紧缩型战略的前提。

（二）紧缩型战略的类型

紧缩型战略共有三种类型，即转变战略、撤退战略和清理战略。

1. 转变战略

转变战略的实施对象是陷入危机境地而又值得挽救的经营事业。实现经营转变有三种战略可供选择：

（1）修订现行战略　如果经营诊断的结论是原有战略不适合，则可通过下述途径改变现行战略：采取新的竞争方法，重建企业市场地位；改变企业或公司内部的职能层和操作层的策略，为公司的整体战略提供良好的基础；同该经营领域内的其他企业合并；与企业能力相匹配，将企业经营的范围压缩为某一个主导产品、某一核心市场等。具体选择何种途径取决于行业状态、与竞争对手相比企业的独特优势与劣势以及危机的严重程度。因此，行业、竞争对手、企业竞争地位及其经营资源、经营能力的分析是修订现行战略的前提。

（2）搞好市场营销，提高收入　收入提高的战略目标自然是要增加销售总量，为此有以下方法可供选择：价格削减，改进促销手段；增强销售力量，如人员、资金的增加；增加为顾客服务的项目；迅速实现产品的改进。如果需求匮乏，也可通过提价来提高收入。在费用削减到已经很少、经营只能保持盈亏平衡的情况下，增加销售收入是必要的战略选择。

（3）降低成本战略　由于企业的成本优势是多种竞争优势的集中反映，成本优势决定了价格优势，因此当企业的成本结构具有弹性、企业经营接近于盈亏平衡点时，降低成本也就成为危难企业转变战略的最佳选择。这方面的措施多种多样，从人、财、物等经营资源的有效利用，到设备、技术的现代化以及生产过程的科学化、产品设计合理化等都可以为企业降低成本战略做出贡献。

总之，转变战略的目的是通过各种努力扭转企业财务状况不佳的局面，以便顺利地渡过难关，争取形势的好转。

2. 撤退战略

撤退战略能保存企业实力，等待时机再进攻。当企业现金流量日趋紧张时，企业从整体战略出发，选择撤退战略，其方法有：出卖部分资产，如工厂、设备、土地、专利、库存品以及某个亏损的子公司；削减支出，如削减广告和促销费用、加强库存控制、催收应收账款、削减管理人员等；撤出一些产品线，撤出一些市场，将企业经营资源集中到企业的主导产品、核心市场上。企业资产的削减不仅仅是为了增加现金来源、摆脱亏损的经营事业，更是为了通过资金的筹集来加强和巩固保留下来的业务的优势。撤退战略包括两种类型，即收获战略和剥离战略。

（1）收获战略　当企业遇到很大困难、预计难以通过转变战略扭转局面或当采用转变战略失败后，企业可以采用收获战略，将经营资源从这一经营领域中抽出，即以现金回收为出发点，企业暂时还留在夕阳产品的市场中，但不再进行任何新的投资，停止一切设备的维修，中止广告和研究开发，尽量减少产品的型号和种类，停止一切售后服务，缩减产品的分销渠道等。总之，这种战略是从企业的现状出发，以尽快回收现金为目的，最后放弃这一领域。

（2）剥离战略　剥离战略有两种形式：在一种情况下，它可能是将某一经营单位从公司中分离出去，此单位在财务和管理上有独立性，母公司只保存部分所有权或者完全没有所有权；另一种情况就是找到愿意进入该经营领域的买主，将这一经营单位卖出。企业剥离的原因多种多样，可能是经营单位的经营内容或经营状况与企业整体经营的内容状况不协调，不适合企业战略发展的需要，尽管这些单位的经营还能盈利；也可能是企业财务的需要，如筹集资金，保证财务稳定和主导产品经营的优势，因而牺牲某个经营领域以便增加企业的现金流量。

3. 清理战略

清理战略也称为清算战略，即企业由于无力清偿债务，通过出售或转让企业的全部资产，以偿还债务或停止全部经营业务，而结束企业的生命。清理分自动清理和强制清理，前者一般由股东决定，后者须由法庭决定。清理战略是所有战略选择中最为痛苦的决策，对于单一经营的企业，它意味着结束了公司组织的存在；对于多种经营的企业，它意味着一定数量的工厂关闭和员工解雇，通常情况下这是所有战略全部失灵时采用的一个战略。当企业资产不足以清偿债务时，只能宣告破产。在毫无希望再恢复经营时，早期清理比被迫破产更有利于股东的利益，否则一味地在该领域继续经营，只能耗尽企业的资源，不会有任何好处。

复习思考题

1. 解释企业总体战略的概念，并描述其主要目标是什么？
2. 为什么大中型企业常常需要在不同的外部环境和内部条件下采取多种不同的总体

战略？这种战略的组合方式有哪些，可以举例说明吗？

3. 解释市场渗透战略，并列举几种扩大产品销售量的方法，说明在今天不断变化的市场环境中，这些方法如何应用。

4. 产品开发战略为什么被认为是企业发展战略的核心？在实施产品开发战略时，可以采取哪些关键策略来提高实施效果？

5. 为什么企业在考虑一体化战略时需要同时关注纵向一体化和横向一体化？请举例说明，并解释如何应用这两种类型的一体化战略。

6. 为了处理好多样化经营与专业化生产的关系，企业需要采取哪些措施？列举相关行业的案例，说明企业是如何在多样化经营和专业化生产之间取得平衡，以实现综合竞争优势的。

7. 企业集团的特征是什么？解释企业集团和单一公司之间的联系和区别，并举例说明企业集团如何在市场中发挥作用。

8. 在企业兼并中，有哪些资产让渡方式？请选择一种方式，解释其工作原理，并说明为什么这种方式在特定情况下是有效的。

9. 稳定型战略和发展型战略有什么区别？企业为什么会采取稳定型战略？从企业实力、外部环境、领导层角度，分析企业采取稳定型战略的动机是什么。

10. 企业或多或少都面临着一定的经济压力，为了确保自身的生存和可持续性，这使得紧缩型战略无法回避。然而，紧缩型战略的实施可能导致员工薪酬和福利减少，从而影响员工的满意度和忠诚度。这可能导致员工减少投入，甚至选择离职，对企业的运营和创新能力造成负面影响。这要求企业审慎权衡紧缩型战略与员工福利之间的关系：尽管紧缩型战略旨在削减成本，但员工作为企业的核心资产，直接影响企业的绩效和竞争力，企业必须切实关注员工的福利保障。因此，如何在确保财务可行性的前提下，维护员工权益成为至关重要的问题。就以上观点，谈谈你对紧缩型战略与员工福利的认识与看法。

第五章　竞争战略与竞争优势

本章主要讨论企业战略的另一个问题，就是企业如何建立起在产业中的竞争优势。持久的竞争优势能够使企业成功地对抗五种竞争力量和其他战略集团企业的进攻，获得高于产业平均水平的收益率。

第一节　企业获取竞争优势的基本战略

一、竞争优势与三种基本的竞争战略

竞争优势是一个企业在一定范围内超越其竞争对手的某种长处。从经济学的观点来看，竞争优势可以用企业为其用户创造的价值来度量。企业的竞争优势可以表现在很多方面，如低成本、高质量、及时交货、独特的服务等，其实质就是能够以低成本或价格为用户提供优质的产品或服务，为用户创造更多的价值。因此，企业竞争优势的基本来源有两个：低成本或差异化。当企业具有低成本优势或差异化优势时，它就能够比其竞争对手更善于应付五种竞争力量。企业竞争优势的两种基本来源与企业谋求获取竞争优势的市场范围相结合，能够得出三种基本竞争战略：成本领先战略、差异化战略和专一化战略，如图 5-1 所示。其中成本领先战略和差异化战略是在广泛的市场范围内谋求竞争优势，而专一化战略则着眼于在狭窄的市场范围内取得低成本优势或差异化优势。

基本竞争战略的观念是，竞争优势是一切战略的核心，一个企业要获得竞争优势就需要做出抉择，即就争取哪一种竞争优势和在什么范围内争取优势的问题做出选择。"万事都要领先"的想法，只会造成战略上的平庸和经济效益的低下，因为这往往意味着一个企业根本没有清晰的竞争战略。

		竞争优势	
		低成本优势	差异化优势
竞争范围	宽	成本领先战略	差异化战略
	窄	专一化战略	

图 5-1　三种基本竞争战略

二、成本领先战略

这种战略的指导思想，是要在较长时期内保持企业产品成本处于同产业中的领先水平，并按照这一目标采取一系列措施，使企业获得同产业平均水平以上的利润。成本领先战略适用于以下情况：企业生产的是标准化产品，产品差异较小，价格竞争是市场竞争的主要手段，购买者从一个销售商转向另一个销售商的转移成本很低或几乎没有，购买者倾向于价格最低的销售者。例如，在钢铁、煤炭、石油、水泥、化肥、木材等产业中，使用成本领先战略效果显著。

成本领先战略的优点是：在与对手的竞争中，企业具有进行价格调整的良好条件，可

用低价格从竞争对手中夺取市场份额，扩大销售量，在同产业中享有较高的利润；在获取顾客的过程中，低价格使没有使用该产品的顾客也开始使用，使已经使用竞争对手同类产品的顾客转向使用本企业的产品，使原来使用量小的顾客扩大其使用量，从而使得企业巩固和维护市场地位，扩大市场占有率；低成本优势使企业对原材料、零部件价格上涨具有较大的承受能力，能够在较大的边际利润范围内承受各种不稳定经济因素所带来的影响，同时由于低成本企业对原材料或零部件的需求量大，因而为获得廉价的原材料或零部件提供了可能，也便于和供应商建立稳定的协作关系；在应对潜在进入者的过程中，低成本企业由于采取低价格而提高了进入壁垒，使新进入者的威胁降低；在应对替代品的过程中，低成本企业可通过降低价格稳定现有顾客的需求，使之难以被替代。

成本领先战略的缺点是：初始投资较大，企业必须具备先进的生产设备，才能高效率地进行生产，以保持较高的劳动生产率；技术变化导致生产工艺的突破，可能使企业大量专业性投资和由此产生的高效率优势快速丧失；把过多的注意力集中于低成本战略，可能导致企业忽视顾客需求特性和需求趋势的变化，忽视顾客对产品差异的兴趣，忽视顾客对价格敏感性的降低，可能被采用差异化战略的竞争对手所取代；企业大量投资于现有技术及现有设备，可能导致对新技术的采用及技术创新反应迟钝。

实现成本领先战略必须满足五个条件：第一，企业必须具备先进高效的生产设备；第二，企业要严格控制费用开支，最大限度地减少不必要的经营费用；第三，企业产量要达到经济规模；第四，企业通过严格控制产品定价和初始亏损获得较高的市场占有率；第五，企业有较高的利润支撑对先进设备的再投资，以进一步维护成本领先地位。

三、差异化战略

这种战略的指导思想，是企业提供的产品与服务在产业中具有独特性，即具有与众不同的特色。这些特色可以表现在产品设计、技术特性、产品名牌、产品形象、服务方式、销售方式、促销手段等某一方面，也可以同时表现在几个方面。差异化产品由于具有与众不同的特色而赢得一部分用户的青睐、信任，产业的其他企业一时难以与之竞争，其替代品也很难与之抗衡。

差异化战略的优点在于，通过实行产品差异化，企业能够利用顾客对产品特色的青睐和信任，从而降低顾客对产品价格的敏感程度。这使得企业拥有一批忠诚顾客，能够有效应对价格战，在市场竞争中保持优越的地位。此外，差异化战略还可以带来较高的利润，这些利润可以用于应对较高的生产成本，以及竞争对手的挑战。

差异化战略也存在一些缺点。首先，为了保持产品的差异化，往往需要以成本的提高为代价。企业需要增加设计、研究开发费用，并使用高档的原材料，而且生产规模不会很大，这些因素都会提高成本。不过，当企业追求产品特色时，成本问题往往放在次要位置，因此产品差异化所带来的利润可能会被成本提高所抵消。其次，买家愿意为差异化产品支付的额外费用是有限的，一旦超过这个限度，低成本、低价格产品的竞争力就会显现出来。再次，由于特色产品的价格较高，很难实现大规模销售，因此该战略不能迅速提高市场占有率。此外，该战略对生活消费资料企业而言更为重要，但对于生产资料企业来说，产品差异较小，有些产品已经标准化，无法创造出太多差异。而且，购买者对所购生产资料的性能有充分了解，厂家或分销商的宣传效果有限，因此该战略对生产资料企业的重要性较低。最后，产品差异化减少了同一产业内不同企业产品之间的可替代性。

差异化战略是一种在竞争激烈的市场环境中实现竞争优势的战略选择。下面是差异化战略的五种方法：

1. 产品差异化

产品差异化是通过设计和提供与竞争对手不同的产品来满足顾客特殊需求的方法，包括创新的产品功能、独特的设计风格、高质量的材料选择等。通过产品差异化，企业可以赢得顾客的关注和忠诚度，并建立起与竞争对手的竞争壁垒。

2. 服务差异化

服务差异化是通过提供卓越的客户服务和支持来与竞争对手区别开来的方法。企业可以通过提供个性化的解决方案、迅速响应客户需求、提供优质的售后服务等来提升顾客体验。良好的服务差异化可以帮助企业建立良好的口碑和品牌形象，增强顾客的忠诚度。

3. 人员差异化

人员差异化是通过拥有高素质的员工队伍来实现竞争优势的方法。企业可以通过招聘和培养具有专业知识和技能的员工，建立团队合作精神和创新意识。优秀的员工可以提供优质的服务和解决方案，使企业与竞争对手区别开来。

4. 形象差异化

形象差异化是通过品牌形象、企业文化和营销策略来塑造独特的企业形象的方法。企业可以通过精心设计的品牌标识、广告宣传和社交媒体营销等方式来传递独特的价值主张和企业文化。形象差异化可以帮助企业在顾客心目中建立独特的地位，提高品牌认知度和顾客忠诚度。

5. 经营模式差异化

经营模式差异化是通过创新经营模式来实现竞争优势的方法。企业可以通过采取不同的市场定位策略、选择营销渠道和建立合作伙伴关系等方式与竞争对手区别开来。灵活的经营模式可以帮助企业开创新的市场空间，提供独特的价值和体验。

随着时代的变化，差异化战略在不同行业和市场的重要性也有所不同。在现代消费者注重个性化需求和产品特色的背景下，差异化战略变得更为重要。例如，越来越多的企业通过智能化、绿色化或数字化等方面的创新，满足消费者对新颖体验和高品质产品的需求。同时，差异化战略的方法也在不断演变。例如，企业可以利用电子商务、在线平台和个性化定制等新兴方式来实现产品和服务的差异化。此外，注重可持续性和社会责任的差异化战略也越来越受到关注，企业可以通过环保、公益等方面的创新来树立独特的形象和价值观。因此，在制定差异化战略时，企业应综合考虑市场需求、技术创新和竞争对手情况，灵活调整和创新相应的差异化方法，以实现持续的竞争优势。

以上内容讨论了成本领先战略与差异化战略，在这两种战略的选择上应当注意什么？这两种战略之间存在什么关系？许多成功的企业有一个共同的特点，就是在确定企业竞争战略时都是根据企业内外部环境条件，在差异化战略、成本领先战略中选择了一个，从而确定具体目标、采取相应措施而取得成功的。尽管一个企业同时采取差异化与成本领先这两种本质上相互对立的竞争战略也可能获得成功，但还是很少见的。一般企业为了在竞争中取胜，并不同时追求差异化和成本领先，而是选定其中一种战略，重点突破。

为什么不宜同时采用差异化与成本领先两种战略？因为这两种战略有着不同的管理方式和开发重点，有着不同的企业经营结构，其市场观念也存在差异。如果企业的条件适合采用低成本战略，却生产差异化的产品，就会得不偿失。实行成本领先战略要杜绝一切浪费，丰田汽车公司曾提出“干毛巾也要拧一把”的节约口号；相反，如果企业采用差异化战略，就不大可能做到成本领先，就要在产品设计、工艺要求、运行性能等方面充分地发挥独创性，还必须进行各种实验，才可能制造出与众不同的产品。为了让人们知道公司产品具有别的企业所没有的优点，即产品的独特优势，企业还要组织广告宣传和产品推销活动。

在同一市场中，随着时间的推移，常会出现这两种竞争战略循环变换的现象，即差异化—成本领先—差异化的循环变换。一般来讲，为了竞争及生存的需要，企业通常会采取差异化战略，倘若其他企业看到这种差异化产品有利可图，并纷纷仿制此种产品，使得差异化产品逐渐丧失了差异化优势，最后该产品就会变为标准产品。此时，该企业只有采用成本领先战略，努力降低成本，使产品产量达到规模经济，提高市场占有率来获得利润，但此时企业之间竞争十分激烈，利润逐渐减少，企业要维持原来较高的利润，就必须着手开发新产品，准备重新开始一轮战略循环。

四、专一化战略

专一化战略通过满足特定消费者群体的特殊需要，或者集中服务于某一有限的区域市场，来建立企业的竞争优势及其市场地位。专一化战略的最突出特征是企业专门服务于总体市场的一部分，即面向狭小市场，对某一类型的顾客或某一地区性市场进行密集型经营。这种战略的优点在于企业能够控制一定的产品范围。在此范围内，其他竞争者不易与之竞争，故其竞争优势地位较为稳定。

专一化战略的成功实施取决于目标市场与其他细分市场之间存在明显的差异。适用专一化战略的条件如下：

首先，细分市场中存在特殊需求的顾客，或者某一地区有特殊需求的顾客。这意味着存在一部分顾客对特定产品或服务有较高的需求。这部分顾客构成目标市场，企业可以通过满足其独特需求来实现竞争优势。其次，目标市场中没有其他竞争对手试图采取专一化战略。这为企业提供了机会，因为缺乏直接竞争对手可以降低市场竞争压力，使企业更容易在目标市场中建立独特的地位。再次，企业自身的经营实力较弱，无法追求广泛的市场目标。专一化战略适合资源有限的企业，如初创企业。通过专注于狭小的市场范围，集中资源和能力，实现在该市场中的专业化优势。最后，目标市场在规模、成长速度、获利能力和竞争强度等方面与其他细分市场存在较大差异，部分细分市场更具吸引力。倘若企业选择的目标市场非常具有吸引力，以致多数竞争对手蜂拥而至瓜分这一市场的利润，则会使企业付出很高的代价，甚至导致企业专一化战略的失败。细分市场之间差异性的减弱，会降低该目标市场的进入壁垒，从而削弱专一化战略企业的竞争优势，使之不得不面对更为激烈的竞争。

综上所述，成功实施专一化战略的条件包括目标市场与其他细分市场的明显差异，特殊需求的顾客存在，缺乏竞争对手的进入，企业经营实力有限，以及目标市场的吸引力有限。企业应当充分了解市场情况，并根据自身条件和竞争环境选择适合的专一化战略。随着市场的变化和发展，企业应及时调整战略，以适应新的条件和机遇。

专一化战略的优点是：经营目标集中，管理简单方便，可以集中使用企业的人、财、物等资源；有条件深入钻研以至于精通有关的专门技术；熟悉产品的市场、用户及同行业竞争方面的情况，因此能够比竞争对手提供更为有效的产品和服务，提供更高的顾客价值实现顾客满意，从而获得那些以更广泛市场为经营目标的企业所不具备的竞争优势。这种战略适用于资源薄弱的企业，能够使高度专业化的中小企业为国民经济做出重要贡献，成为“小型巨人”，即通过专一化战略实现以小搏大、以精取胜，成为受特殊消费群体欢迎的企业，或受大公司欢迎的为其提供配套产品的友好伙伴。

专一化战略的缺点是：当市场发生变化、技术创新或新的替代品出现时，该产品需求量下降，企业就要受到严重的冲击。这种企业对环境的适应能力差，经营风险大，应当看到市场上大多数产品或迟或早终究要退出市场，因此采用此战略应当有应变的准备，做好产品的更新改造工作。

第二节　价值链、战略环节与竞争优势

一、价值链的概念和构成

企业要生存发展，必须为企业的股东和其他利益相关者（员工、顾客、债权人、供货商等）创造价值。如果把企业这个“黑盒子”打开，我们可以把企业创造价值的过程分解为一系列互不相同但又互相关联的经济活动，或者称为“增值活动”，其总和即构成企业的价值链。每一项经营管理活动就是这一价值链条上的一个环节。价值链及其构成可以用图5-2来表示。

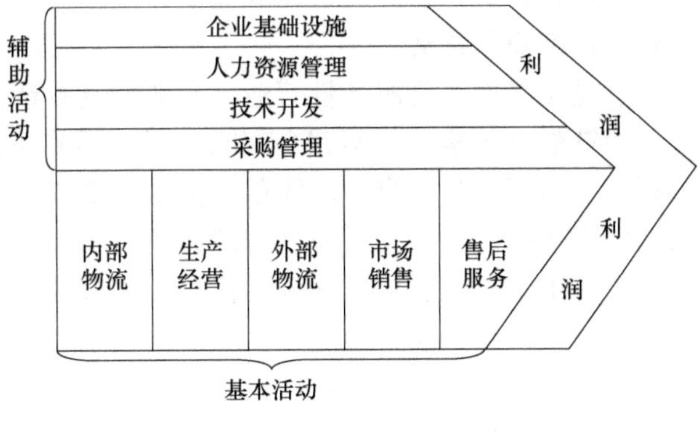

图5-2　价值链及其构成

从图5-2中可以看出，价值链分成两大部分：下部为企业的基本活动，即一般意义上的生产经营环节，如内部物流、生产经营、外部物流、市场销售和售后服务，这些活动都与产品实体的加工流转直接相关。上部列出的是企业的辅助活动，包括企业基础设施、人力资源管理、技术开发和采购管理。这里的技术和采购都是广义的。技术开发包括生产性技术和非生产性技术的开发与管理。生产性技术是指与产品生产相关的技术，例如生产流程、工艺和质量控制等。非生产性技术则包括决策技术、信息技术和计划技术等，它们在企业管理和决策过程中发挥重要作用；采购管理不仅限于原材料采购，还包括其他资源的投入管理。除了生产用原材

料的采购外，企业还需进行其他方面的采购，如聘请相关公司进行广告策划、市场预测、法律咨询、信息系统设计和长期战略计划等。这两部分的综合作用旨在为企业创造更大的利润。通过有效管理基本活动和辅助活动，企业能够提高生产效率、优化资源利用、实现创新，并在市场竞争中获得更大的利润。价值链的不同环节之间的协同作用，为企业的战略管理提供了重要的指导和机会，从而实现可持续发展和增长。价值链的各环节之间相互关联、相互影响，一个环节经营管理的好坏可以影响到其他环节的成本和效益。例如，如果多花一点成本，采购高质量的原材料，生产过程中就可以减少工序，少出次品，缩短加工时间。虽然价值链的每一环节都与其他环节相关，但一个环节能在多大程度上影响其他环节的价值活动，则与其在价值链条上的位置有很大的关系。根据产品实体在价值链的各环节中的流转程序，企业的价值活动可以被分为“上游环节”和“下游环节”两大类。在企业的基本活动中，内部物流和生产经营可以被称为“上游环节”；外部物流、市场销售和售后服务可以被称为“下游环节”。

上游环节经济活动的中心是供应链管理。供应链管理的中心在于确保原材料供应的可靠性和成本效益，以及内部物流和生产经营的高效运作。这包括与供应商的合作关系管理、原材料采购、物料储存和分发，以及生产过程的优化和控制。上游环节的重点在于优化供应链，以确保高质量的原材料供应和流畅的生产运作，从而为企业提供可靠的产品基础。

下游环节经济活动的中心是市场营销和客户关系管理。市场营销和客户关系管理的中心在于理解市场需求、制定营销策略、推广产品、建立客户关系，以及提供良好的售后服务。这包括市场调研、产品定位、品牌推广、渠道管理、销售活动，以及与客户的沟通、满足客户需求和处理售后问题。下游环节的重点在于与客户建立紧密的关系，推动产品的销售增长，并提供优质的售后服务，以满足客户的期望和要求。

综上所述，上游环节经济活动的中心是供应链管理，着重于原材料供应、内部物流和生产经营；而下游环节经济活动的中心是市场营销和客户关系管理，着重于成品分运外部物流、市场销售和售后服务。企业需要将上下游环节紧密协调和整合，以实现全面的价值链优化和持续竞争优势。

不管是生产性还是服务性行业，企业的基本活动都可以用上述价值链来表示，但不同行业价值链的具体构成并不完全相同，同一环节在各行业中的重要性也不同。例如，在农产品行业，由于产品本身相对简单，竞争主要表现为价格竞争，一般不需要广告促销，也无所谓售后服务。与之相对应，价值链的下游环节对企业经营的整体效应的影响相对次要些。在许多上游行业，售后服务往往是竞争成败的关键。

值得一提的是，销售量越大，交易次数越频繁，价值链下游环节的营销组织体系在行业价值链上的战略地位越重要。例如，占主导地位的跨国公司所凭借的主要是其组织管理与营销活动的一整套组织体系。

二、价值链的战略环节

价值链理论的基本观点是，在一个企业众多的价值活动中，并不是每一个环节都均等地创造价值，企业所创造的价值，实际上主要来自企业价值链上的某些特定的价值活动，这些真正创造价值的经营活动，就是企业价值链的“战略环节”。企业在竞争中的优势，尤其是能够长期保持的竞争优势，说到底，就是企业在价值链某些特定的战略环节上的优势。

根据经济学的一般原理，在一个充分竞争、不存在垄断优势的市场，长期看竞争者只能得到正常利润，没有超额利润。假如某一行业利润高出一般水平，该行业又不存在明显的进入障碍，其他企业就会进入该行业来争夺利润。随着新企业的进入和供应的上升，利润就会下降。这一过程将一直持续到整个行业的供求关系改观，超额利润完全消失才会结束。换句话说，如果超额利润能够长期存在，则一定存在某种因垄断优势引起的“进入壁垒”，阻止了行业外新企业的进入。

价值链理论则在此基础上更进一步，把经济学的这一原理应用到对企业最基本的价值活动的分析上来。价值链理论认为，行业的垄断优势来自该行业的某些特定环节的垄断优势，抓住了这些关键环节，也就抓住了整个价值链。这些关键环节就是企业价值链中的战略环节。这些决定企业经营成败和效益的战略环节可以是产品开发、工艺设计，也可以是市场营销、信息技术或人力资源管理等，视不同的行业而异。在高档时装业，这种战略环节一般是设计能力；在卷烟业，这种战略环节主要是广告宣传和公共关系策略；在餐饮业，这种战略环节主要是口味和体验。

要保持企业对某一产品的垄断优势，关键是保持这一产品价值链上战略环节的垄断优势，并不需要在所有的价值活动上都保持垄断优势。企业应当把关键资源集中，把战略环节紧紧控制在企业内部，很多非战略性的活动则可以外包出去，尽量通过合作降低成本，增加灵活性。对战略环节的垄断可以采取多种形式，既可以是垄断关键技术、垄断关键原材料、垄断关键人才，也可以是垄断关键销售渠道、关键市场等。价值链各环节所要求的生产要素相差很大，如产品的研发环节所要求的主要是受过高等教育、具有专业技术和首创精神的科技人员，宽松自由的组织环境和鼓励创新、提倡独立思考的企业文化，而产品的装配环节则需要大量的普通工人和严格的劳动纪律、全面质量管理和成本控制。在靠特殊技能竞争的行业，例如直播业、广告业、表演业、体育业等，这种垄断优势通常来自对若干关键人才的垄断；在靠产品特色竞争的行业，这种垄断优势往往是来自对关键技术或原料配方的垄断，例如可口可乐的糖浆配方、片仔癀热毒肿痛良药配方，都属绝密级别；在高科技产品行业，这种垄断优势通常来自对若干关键生产技术的垄断。

上面这种建立于与产品直接相关的战略环节上的垄断优势是很容易理解的。相对来说，鲜为人知的是各种建立于价值链辅助性增值活动环节上的垄断优势。

第三节　顾客矩阵和生产者矩阵

顾客矩阵和生产者矩阵是由福克纳和鲍曼首先提出的。与波特的市场结构理论不同，福克纳和鲍曼强调以资源为基础的竞争优势，认为最佳的竞争优势首先应产生于对企业现有资源和核心能力的分析，其次评价由于市场机会可能产生的潜在利润，并且根据对机会与利润的评价结果选择相应的战略，最后去缩小现有资源能力与由于市场机会产生的潜在利润所需的资源能力之间的差距。为了实现可持续竞争优势，企业必须以最低的可觉察价格（Perceived Price，PP）向顾客提供最高的可觉察使用价值（Perceived Use Value，PUV）。一个企业能否做到这一点，则取决于该企业的相对有效性和效率，即与竞争者相比较的核心能力。顾客矩阵描述企业当前的位置，而生产者矩阵决定顾客矩阵未来的变化。

一、顾客矩阵

企业为获得顾客而竞争，因此竞争战略的主要目的是能比竞争者更加有效地满足顾客的需求。在图5-3中，纵轴（使用价值）表示顾客在购买和使用产品或服务中达到的满意程度；横轴（价格）代表顾客所关心的产品价格。使用价值和价格说明了“价值”的两个方面，在顾客矩阵中，我们将它们分别标于纵轴和横轴。

假如一个公司的产品位于图5-3中的A点，而被消费者认为可以替代该产品的其他公司的产品位于A点周围（在图中用×表示）。此时，这位消费者会认为所有公司提供的产品都是相同的，价格也是相近的。除了提供像煤炭或马铃薯等标准品产品的行业以外，很多其他行业中也存在上述情况。总之，当消费者认为各公司提供的产品或者服务基本相同时，那么这个行业就类似于图5-3所示的情况。

如果A公司面临图5-3所示的情况，所有的公司都可能占有相同的市场份额。那么，A公司应如何提高其市场份额？从图5-3中可以看出有多种改善市场地位的行动方案：公司可以削减其产品或服务的价格，或者提高它们的使用价值。下面我们将具体介绍这两种基本的战略选择（见图5-4）。

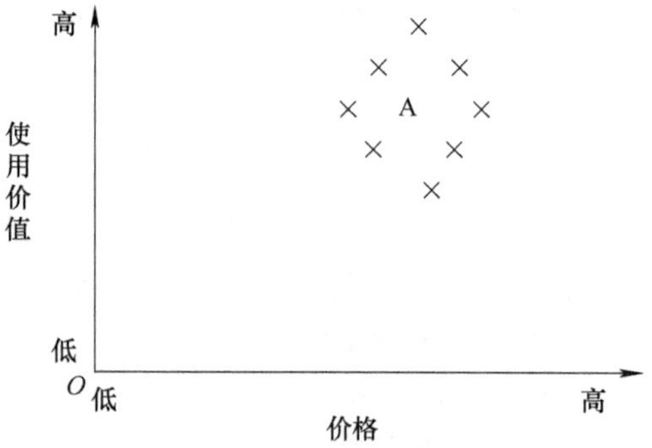

图5-3 顾客矩阵

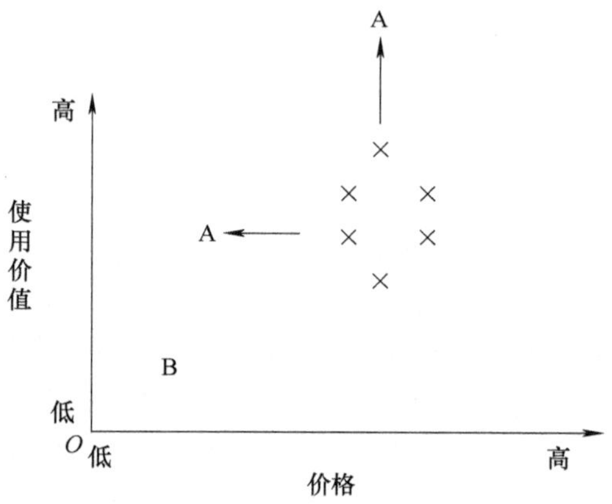

图5-4 顾客矩阵中竞争基本运动情况

（一）削减价格

A公司向顾客矩阵的左方移动，即以更低的价格向顾客提供与竞争者相同的使用价值，这样会使A公司获得更大的市场份额。但是，能否达到这个结果，要取决于产品或服务的类型。在有些市场上，购买者认为低价格就意味着低的使用价值。换言之，顾客将价格作为衡量使用价值的间接标准，他们会根据价格做出“便宜没好货”的断言。如果A公司面临这种情形，削减价格将使其向左下方移动到以低价格提供低使用价值的位置

(图 5-4 中的 B 点)。公司管理者对这种可能性必须高度警觉。

这种结果经常发生在顾客对购买环境不熟悉，并且将价格作为价值标志以减少购买风险的时候（例如在购买高级音响设备、家具或高级香水等高档产品的时候)。

假如顾客不用价格来衡量使用价值，那么削减价格的结果是 A 公司向左方移动，有可能增加 A 公司的销售（甚至使整个行业的销售增加，因为低价格可能会吸引新的顾客进入市场)。然而，其他公司也会削减价格，以对付 A 公司的行动。竞争者随 A 公司向左方移动的最终结果，是使整个行业的平均价格和利润水平下降。

因此，当公司决定进行价格竞争的时候，必须具有比竞争者更低的成本。这就要求公司努力地发现所有与降低成本有关的，但又不改变产品或服务的使用价值的因素，如通过规模经济、从经验中学习、“第一次就做对” 的质量管理和适时工作法等。公司只有完全掌握了自己和竞争者的成本情况，才能确信成本达到了最低水平。一个公司如果达到了最低的成本水平，就可以通过维持非常低的价格，将竞争对手逐出市场。在实施这种战略的过程中，如果该公司能够建立起各种障碍，成功地阻止其他公司进入或重返本行业以后，它将会提高价格，进而增加利润收入，增强击败任何潜在对手的信心。

削价竞争存在一系列风险，因此需要审慎考虑。首先，企业难以达到行业内的最低成本水平。一般而言，只有一个公司能够在行业中达到最低成本水平，其他公司难以与其竞争。因此，在削价竞争中，大多数企业难以获得持久的竞争优势。其次，主动发起削价竞争的公司会促使竞争对手采取自卫措施，降低价格以维护市场份额。这将引发价格战，除了成本最低的公司外，其他公司都将承受严重的损失。这种竞争局面对企业来说是不利的，因为削弱了整个行业的盈利能力，限制了企业的利润空间。最后，过度关注降低成本可能导致管理者忽视市场变化趋势、消费者兴趣和竞争行为等因素。管理者过于专注于公司内部的经营管理，而忽视了外部市场的变化。这种情况下，公司可能陷入恶性循环。由于过度专注于生产成本，公司产品很可能滞后于市场变化，产品的竞争力将减弱（产品的独特价值低于竞争对手)。这又迫使公司再次降价，并更加强调内部的成本降低努力。综上所述，削价竞争存在一系列风险。无法达到行业内最低成本水平、引发价格战以及忽视市场变化的风险都需要企业引起重视。因此，在决策削价竞争时，企业应当审慎考虑这些风险，并寻求其他有效的竞争策略。

（二）提高使用价值

顾客矩阵中提出第二种基本战略，是图 5-4 中的 A 点向上移动，即为了获得竞争优势，按与竞争者相同的价格向顾客提供更高的使用价值，这个战略的起点必须是目标顾客，以及目标顾客对价值的看法。为了实施向上移动战略（而不是靠运气、靠冒险或靠竞争对手的失误)，企业首先必须非常清楚谁是企业的目标顾客。然后，企业要彻底了解他们的需求，以及他们是怎样评价不同的产品的。例如，在购买新车时，顾客会非常重视车辆的性能，而且不同的顾客对性能的重视程度是不同的。这一点说明，实际上存在着不同的需求区隔，顾客对性能的评价是不一样的。对有的顾客来说，加速度是至关重要的，而有的顾客则更加关心汽车的油耗水平。

这样，企业就得去考虑满足不同顾客的需求。如果我们相信某些顾客具有相同的需求，就有理由将他们归于同一区隔。因此，一个区隔就是由一组具有相同需求和对使用价值具有相同观点的顾客组成的。倘若企业拟投其所好，为这一区隔群体提供他们所青睐的产品或服务，这一区隔群体即为目标顾客或目标市场。通过市场研究，不断地倾听目标顾客的意见，公司可以系统地了解目标顾客的需求和看法，进而发现产品或服务的价值所在，以及怎样改善使用价值。

我们利用图5-5表示某一区隔中轿车的重要组成部分，使用价值（PUV）的重要组成包括式样、性能、工程创新和安全性等。根据顾客的评价，我们将A公司的产品与其竞争者B的产品按使用价值的组成排列，如图5-5所示。从图5-5中看出，该公司的汽车在式样、性能和工程创新上远不及其竞争者的产品，但是在安全性方面却表现甚佳。如果这个公司希望在顾客矩阵中向上移动，它必须通过有效的广告宣传显著地改变顾客对其汽车式样和性能的看法，甚至是改变顾客对汽车使用价值重要组成的认识。例如，劝导顾客要注重汽车行驶中的安全性，而不要只看重样式。无论采用什么办法，除非这个公司在使用价值的组成上比竞争者有更大的改善，否则，它将落后于竞争者，处于顾客矩阵中平均水平之下，而且需要通过降低售价来维持销售水平。

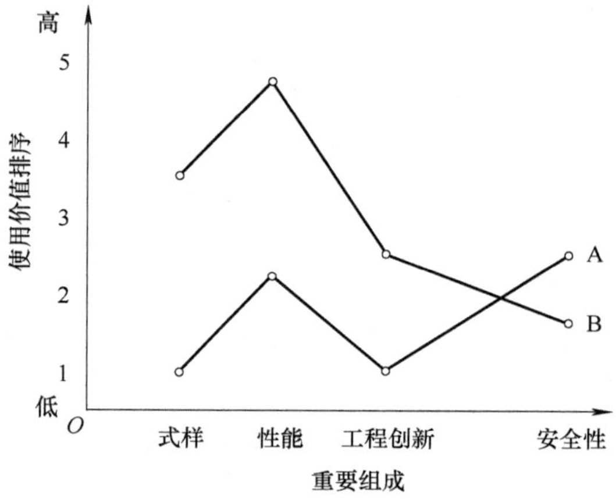

图5-5　使用价值的重要组成

二、生产者矩阵

（一）生产者矩阵的性质

以资源为基础的竞争优势理论反对企业投资与其核心能力没有太大关系的业务，认为只有建立在现有核心能力基础上的战略才能保持竞争优势。一个公司只有在它拥有足够能力的市场上，才能表现出色，战略机会也会因此而产生。如果它没有基本的核心能力，只能成为被市场所接受的有一定资格的企业，就难以取得竞争优势。因此，企业需要解决的问题是怎样合理地开发和运用公司的核心能力，取得有利的市场地位。图5-6中的矩阵被称为生产者矩阵，这个矩阵表示的是相对单位成本和有效性（产生价值的关键能力）之间的关系。企业必须努力掌握这种能力，以改善公司在某个市场中顾客矩阵的定位。纵轴所示的有效性也可以称作有效能力，因为它们与价值提升有着紧密联系。横轴表示的是竞争公司相对单位成本的位置。

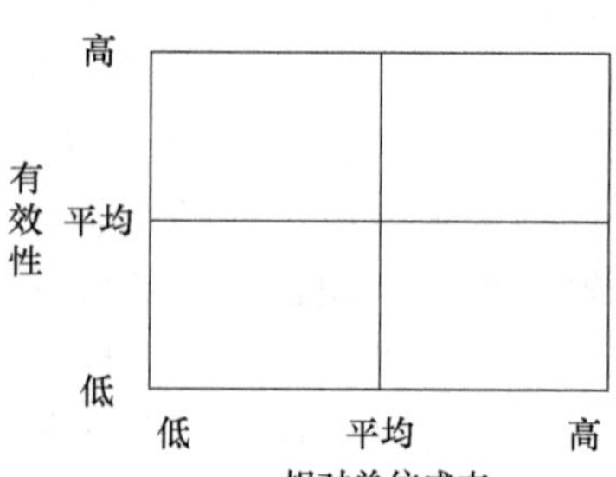

图5-6　生产者矩阵

在生产者矩阵中，纵轴所表示的能力必须转换成为顾客矩阵中的使用价值以后，才能够实现真正的可持续竞争优势。另外，它们必须优于生产者矩阵中相近的竞争者的能力。如果公司在改善能力的同时，竞争者与之相同的能力得到了更大改善，那么这个公司将沿纵轴下降，而不是上升，表示竞争力的下降。因此，理解这两个矩阵之间的关系对于实现竞争优势是非常重要的，并且两者之间的关系是间接的，只有顾客矩阵发生移动，才会实现竞争优势，因为这种优势是由购买者对使用价值和价格的认知决定的。当然，公司只能通过提高核心能力的方式来提高使用价值，或者通过改善效率以降低成本，使其可以以灵活控制价格的方式去直接改变生产者矩阵，从而移动顾客矩阵。竞争优势是由顾客决定的，生产者所能做到的，是通过在生产者矩阵中的移动，实现有效性的提升。

然而，顾客矩阵与生产者矩阵之间可能存在着不一致的情况。

1）核心能力的改善可能导致公司在生产者矩阵中向上移动，超过平均轴线。但是，这可能引起公司在顾客矩阵中沿使用价值轴线向上或者向下移动，或者根本就不动，原因是顾客对公司改善使用价值的努力的反应可能是积极的、消极的或者是无动于衷的。所以，除非提高了能力水平使得顾客能够感觉到使用价值的改善，否则顾客矩阵就不会发生移动。

2）公司在顾客矩阵中向上移动的原因可能是自发产生的，例如是由于社会公众爱好的变化，而核心能力并没有任何改善。

3）公司通过降低成本可以在生产者矩阵中向左移动，但是如果判断市场上供给不足，就可能靠提高价格来增加利润，此时在顾客矩阵中向右移动。

4）虽然在生产者矩阵中向左移动，但公司可以维持价格不变，也可以提高或者降低价格。然而，在生产者矩阵中向左移动不够明显的话，公司就不可能有什么自由度在顾客矩阵上向左移动。

（二）决定核心能力

核心能力包括运行能力和制度能力。运行能力是指企业员工拥有的知识、技能、企业技术运行体系和实物系统等，专指“技术”能力。制度能力包括企业管理体制、管理风格、创新能力及价值观等。

运行能力强调的是（生产者矩阵）有效性，包括价值保障、价值提升和创新等方面的能力。

1）价值保障是一种有效过程，它要求在不断降低成本的同时，保证价值和使用价值不受影响。价值保障提出的口号是：第一次就把事情做对。一次做对比返工修复缺陷更为节省。因此，对于目标是使其价值保障能力最大化的公司来说，零缺陷政策是极为重要的。价值或质量保障是公司管理方式创新的前沿阵地，其部分原因在于它有助于公司改善有效性（产品更一致、更可靠）和成本效率（废品更少、返工率更低意味着单位成本更低）。

2）价值提升是一个过程，是对现有产品或者服务进行不断的分析，以提高其档次和使用价值水平。这需要有规律地监督使用价值的每个组成，控制可能发生的变化，不断地改进价值核心能力的活动和过程，使产品更加接近高水平使用价值，达到价值提升的目的。

3）创新对于公司来说是一种核心能力，而有些公司则不具备这种能力。用来衡量公司创新能力的指标之一，是过去五年的产品销售总额中创新活动费用所占的比例。研发人员数量、申请以及获得专利数量等，也都是常见的创新能力衡量指标。有的公司主要是对现有产品经常性地改进，有的公司能够开发出全新的产品，我们称后者为创新公司。

制度能力强调的是（生产者矩阵）成本效率，包括持续降低成本、规模经济和范围经济、协调和控制以及要素成本等方面的能力。

1）在持续降低成本过程中，需要开发出那些与自然出现的思想形式相对立的新的思想形式。组织发展的“自然”倾向是，为了满足不断扩大的市场需求，需要不断扩大产品线，同时建立支撑新的产品线的职能部门以提供设计、生产和销售支持。在这个过程中，组织逐渐臃肿。为了控制这种趋势，公司内要采用一些程序，能够持续不断地促进设计的简单化和组织的简单化。在公司决心持续地降低成本的过程中，学习或经验曲线是表示成本优势增长的主要工具。

2）规模经济是资本投入的结果，因为大量的投资会导致更加集约化地使用设备，进而可以降低单位成本。范围经济是指通过更为集约地运用某种功能，像品牌或者销售力量等，去获得更高的经济效果。规模经济和范围经济都会降低经营活动的单位成本，增强实现竞争优势的可能性。

3）协调和控制是指一系列过程，它们能使公司以最有效的方式运营。这些过程可以被用来区别具有可持续竞争力的公司和运营欠佳的竞争者。在一般情况下，控制和协调的本质是在公司内创造出他人难以达到的效率水平：竞争者可以分析出这些优秀公司在做什么，但是，它们无法通过效仿这些公司的管理办法达到相同的高质量。对于公司各类活动实施有效的协调，能够减少浪费和不必要的工作，提高周转速度。适时制造技术等有助于改善内部协调。有效的协调还应该延伸到公司对外的其他活动（例如集中式采购活动），应用到与供应商和顾客的关系上。

4）要素成本包括劳动力、电力、土地、建筑和资金等的成本。发展中国家的一些公司在要素成本方面具有很大的优势，即使这些公司其他的制度能力相对不足，也会拥有非常低的成本。

（三）核心能力与可持续竞争优势

适应市场机会需要的核心能力，须具有在较长时期内获得超平均水平利润的与众不同的质量，而且难以被竞争者效仿。格兰特（Grant）在 1991 年提出，要保持竞争优势，应以下列四个特点为依据来评价战略资源和能力：占用性、耐久性、转移性、复制性。战略研究人员在确定形成公司可持续竞争优势的关键战略资源和能力后，应结合有关可持续性的四个特点对它们进行全面评价。

1. 占用性

占用性是指由公司内部某些战略资产产生的、不能归公司所有而被某些个人据为已有的利润的占有程度。对资产的占用性越低，公司持续获得利润的能力就越高。如果一种资产深深地扎根于公司之中，它就很难被其他人占用。一名优秀管理人员转而投向竞争者，公司会很容易蒙受损失。但如果公司利润主要来自公司内众多经理人员和员工的日常工作及他们组成的团队的优异表现，那么利润就很难被某些人据为已有，任何个人损失都不可能对公司利润造成很大的影响。当一个公司在一定时期内表现卓越时，其核心能力甚至可以超越个人或者团队，以“公司知识”的形式成为公司本身的能力。因此，个人对战略资产的占有程度越低，公司保有的利润就越高。

2. 耐久性

战略资产的耐久性主要是指其作为利润源泉的持久程度，而不是指其物理耐久性。耐久性的无形特征越多就越重要，因为随着产品和技术生命周期的不断缩短，大部分资产的耐久性大大降低。虽然有形资产提供可持续利润的耐久程度正在下降，但公司更多的无形的卓越特点却并未因此而受到影响。公司的日常工作、核心能力和团队方法能够长期生存，并经历多代产品。只要公司的创新、高产和高质量等最基本特点没有明显下降，它们的商誉就不会随岁月流逝而受到侵蚀。核心能力的耐久性越强，利润的可持续性就越高。

3. 转移性

核心能力和资源越容易转移，公司竞争优势的可持续性就越差。有些资源是很容易转移的，例如原材料、具有通用技能的雇员、机器，甚至工厂在某种程度上来说也是容易转移的。工厂的转移是指所有权的转让，而不是指实物的移动。从这个意义上来说，这些资产都不是战略资产，因为它们很容易被买进或者卖出。战略资产的另一个基本特征是它对公司的专有程度，即扎根于公司组织之中，融于公司的文化和管理模式中。这些特征代表着公司对利润资产的保持。这些资产转移程度越低，其保持利润的战略品质就越高。

4. 复制性

如果某个公司的核心能力或者资源虽不能被轻易地转移，但竞争者经过适当的投资或者直接购置相同的资产，就可以形成几乎相同的生产能力，那么这个公司就不会拥有真正的持久的竞争优势。经济学家的均衡理论在这里将发挥作用，公司的利润会因竞争而很快消失。新的进入者复制资源和能力，生产相同的产品，然后在竞争中削减价格，无情地将产品推向低利润状态。资源和能力越容易被复制，其战略重要性就越低。

(四) 填补资源和技能缺口

核心能力的上述四个特点都要求拥有此能力的公司的资产、资源或能力是无形的、唯一的，它应该是无法被他人轻易占有、废除、转移、复制或模仿的。公司所拥有的、在行业中表现最佳的运行和制度，被称为核心能力。这些能力不一定完全与其在特定市场实现的竞争优势相一致。公司在特定市场上实现竞争优势的能力被称为关键能力，这种能力因市场不同而异。当公司的核心能力与关键能力或其他所需的能力不相符时，就必须通过内部开发、战略联盟或者收购等方式，去获得更多的资源或能力加以弥补。这里要注意的是，新得到的资源只能占现有资源的一小部分。公司要注意防止出现这样的风险，即新获得的能力可能会胜过现有的能力，降低现有能力的有效性，甚至改变公司的性质。因此，一个公司，或者由几个公司组成的联盟，必须努力开发一系列核心能力，使它们能在所选择的市场上与必需的关键能力相结合以取得成功。

三、顾客矩阵和生产者矩阵组合

顾客矩阵所表示的是怎样根据使用价值和价格，来确定公司的产品相对于竞争者的产品的地位，说明的是在特定产品市场上的现行状况。生产者矩阵表示的是相对于竞争者而言，公司在有效性和成本效率两个方面的定位，说明企业在产品市场上竞争能力的相对状况。由于生产者矩阵反映的是公司能力相对于竞争者的地位，因而用它可以在顾客矩阵上显示出竞争者在未来可能采取什么策略。从这个意义上说，顾客矩阵说明的是今天的情况，而生产者矩阵指出了顾客矩阵在未来的变化情况。实际上，在顾客矩阵与生产者矩阵之间存在着多种可能的组合。下面选择了五种可能性最大的组合，并简要研究每种情况，明确所应采取的战略对策。

1. 组合 A

在这种组合中，公司在提供高于平均水平的使用价值的基础上，定价也高。在生产者矩阵中看到，与其竞争者相比，该公司的有效性是很高的。但是，相对地，公司效率却不高。通常，这是公司有能力要求获得高价的结果。这种组合有三种效果：第一，高价允许公司在低于最佳成本效率的水平上经营；第二，对于名牌形象或对于高品质的信赖，会促使管理者认为降低价格并非当务之急；第三，高价的效果是，相对市场份额较少，降低了公司从规模经济或经验效应中获得成本优势的好处的能力。

这里，关键的问题是高价的可持续性。如果它是以运行能力为基础的，如拥有领先的技术开发能力，那么问题就变成了怎样复制这种能力。如果竞争者能够得到这种能力，那么公司就会发现自己正在受到威胁。如果运行能力是指著名品牌形象，那么只要品牌形象能够维护，则高价的地位便具有防御性。当然，一旦竞争者提供了等价的使用价值，高价就会被竞争消除。对于公司而言，其定位结果应该是：平均价格，超平均或者平均的使用价值，要决定于有多少竞争者能够效仿较高的使用价值，同时又处于超平均成本地位。因此，相对的盈利性降低。然而，公司可以改变顾客对价格的看法，实现在矩阵上向左移动，而且不用实际降低价格。

对于处于这种地位的公司来说，有几个关键的解决方案可供考虑。首先，公司应该致力于保护差异性的基础，如品牌价值或创新能力。这意味着公司应该重视品牌建设和创新投入，以巩固自身在市场中的差异化地位。其次，公司应更加注重成本降低、要素成本以及协调与控制的改进。这将有助于改变公司在生产者矩阵上横轴上的相对位置。通过降低生产成本、提高生产效率，以及优化供应链和内部管理流程，公司可以在竞争中获得更具竞争力的地位。再次，公司还应关注市场导向和顾客需求，不断提升产品和服务的价值，以满足不断变化的市场需求。这可以通过市场调研、客户反馈和持续的创新来实现。最后，随着时代的发展和竞争环境的变化，公司应密切关注行业趋势和市场动态，并及时调整和优化解决方案。灵活性和敏捷性将成为公司获得持续竞争优势的关键因素。

综上所述，对处于这种地位的公司而言，保护像品牌或创新能力等差异性和关注成本降低、要素成本，以及协调和控制的改进是重要的解决方案。同时，市场导向和持续创新也是实现成功的关键。公司应不断调整策略，以适应不断变化的市场环境，并在竞争中保持领先地位。顾客矩阵和生产者矩阵组合 A 如图 5-7 所示。

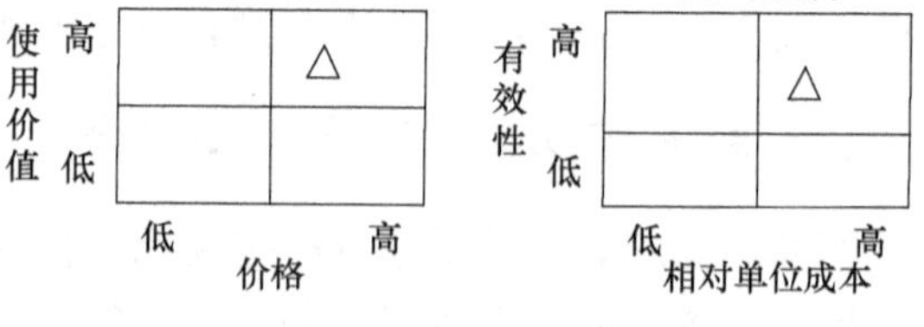

图 5-7 顾客矩阵和生产者矩阵组合 A

2. 组合 B

在这种组合中，公司产品提供的使用价值较低，同时定价较高。除了像垄断供应商外，这种组合将导致市场份额的减少。从生产者矩阵的角度来看，公司在有效性方面表现较高，同时成本效率较低。这意味着公司虽然具有较高的有效能力，但消费者对这种能力产生的使用价值无动于衷，感知比较低，体现为图5-8中的使用价值表现较低，但价格方面仍然较高。这种组合可能产生以下几个结果：较高的定价可能会引起顾客的价格敏感性，影响产品的市场需求；同时，相对较低的使用价值可能会限制公司在市场上的竞争力和市场份额。

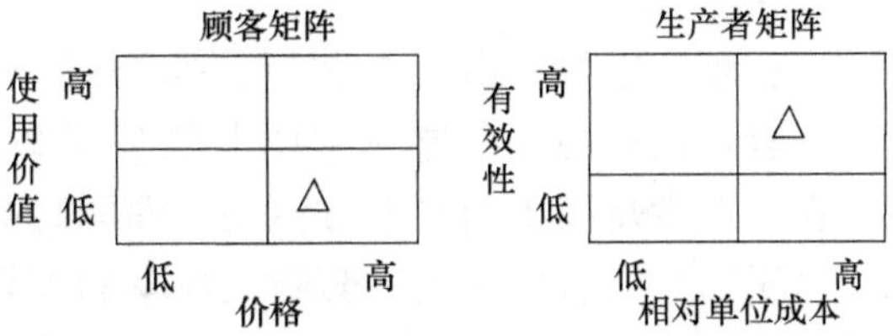

图5-8　顾客矩阵和生产者矩阵组合B

关键问题在于如何提升产品的使用价值，降低定价的敏感性，并进一步提高有效性。对于处于这种地位的公司而言，以下几个关键的战略对策值得考虑：首先，公司应通过改进产品设计、增加附加价值和提升品牌形象等方式，提升产品的使用价值。其次，公司可以考虑灵活定价策略，如差异化定价、促销活动和灵活的定价模型，以减轻顾客的价格敏感性。最后，公司还应通过流程改进、资源整合和供应链管理等方式，提高生产效率和降低成本。

3. 组合C

在这种组合中，公司产品提供的使用价值低，同时定价较低。从生产者矩阵的角度来看，公司具有高水平的效率和低水平的有效性。除非有效性得到改善，否则，公司面临着因竞争者的产品在顾客矩阵中向上移动，而不得不大幅度削减价格的危险。

这种组合产生了以下几个效果：对于顾客而言，较低的价格可能会降低产品的感知价值和质量认可；同时，较低的价格有助于增加市场份额，但因产品提供的使用价值低，主要面向对象是价格敏感的消费群体。

关键问题在于确定较低定价的可持续性。如果低价格是建立在低成本和高效率的基础上，那么公司需要关注成本控制和效率提升，以保持竞争力。如果低价格是通过采用简化的产品特性或较低的材料成本实现的，那么公司需要注意产品的差异化和品质保证，以防止竞争对手迅速模仿。此外，公司可以通过不断改进和创新，以提供更高的使用价值，从而为低价策略提供更坚实的基础。顾客矩阵和生产者矩阵组合C如图5-9所示。

4. 组合D

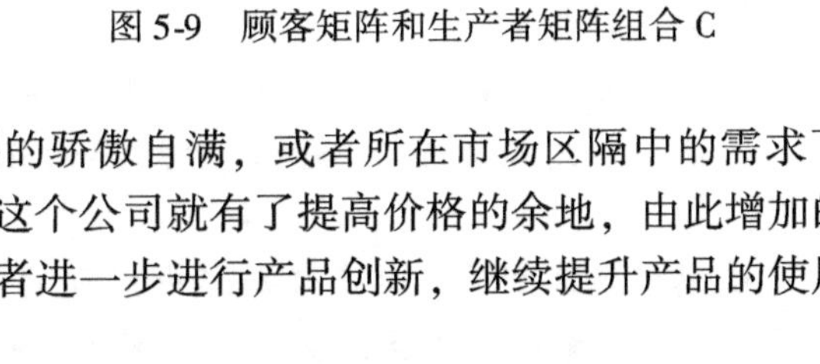

图5-9　顾客矩阵和生产者矩阵组合C

在这种组合中，公司的产品提供高水平的使用价值，以及极具竞争力的低水平定价。从生产者矩阵的角度来看，公司在有效性和成本效率方面均表现卓越。这意味着公司相对于竞争对手而言，能够将其在顾客矩阵上的优势保持到未来，是企业应该追求的组合状态。

这种情况下，可能发生的问题是管理层的骄傲自满，或者所在市场区隔中的需求下降。如果竞争对手不能达到高的使用价值，这个公司就有了提高价格的余地，由此增加的利润收入可以用来提高有效性和效率性，或者进一步进行产品创新，继续提升产品的使用价值，从而将竞争对手抛到后面。

该公司还可以开发其他产品市场，在新的市场上，公司的核心能力具有相似的优势，其原因是不需要有重大变化，就可以将很强的生产者矩阵定位转变成在其他区隔中具有相同的核心能力。顾客矩阵和生产者矩阵组合 D 如图 5-10 所示。

5. 组合 E

这种组合正好与组合 D 相反。这个组合反映的高价格和低使用价值，在成本有效性上具有较低的能力。在这种定位上的公司必须为生存而奋斗。关键问题在于对于公司来说，在生产者矩阵中向左上方移动，即同时提高公司的相对有效性和效率，要遇到多少困难？这里，公司可以制定一套降低成本的规划，并且引进一些专门技术去缩小与竞争者的差距。

这种组合的关键问题在于如何提升产品的使用价值感知，同时降低成本。对于处于这种地位的公司而言，以下几个对策值得考虑：第一，公司应该注重提升产品的品质和功能，以提升顾客对产品的价值感知。第二，公司应寻找降低成本和提高效率的机会，以改善生产过程和资源利用效率。这可能涉及流程再造、供应链优化和成本控制等方面的努力，最终实现生产成本的降低。顾客矩阵和生产者矩阵组合 E 如图 5-11 所示。

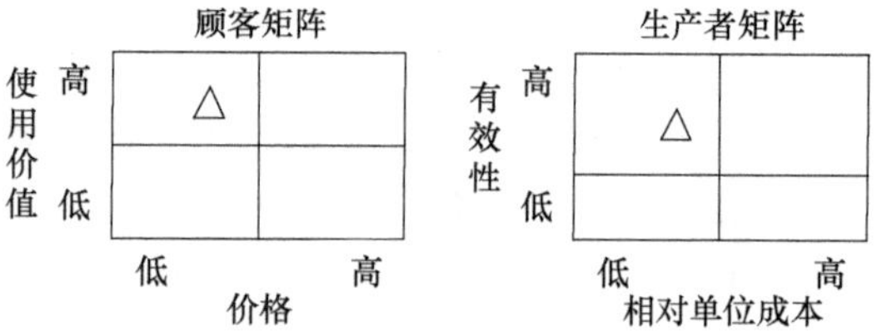

图 5-10　顾客矩阵和生产者矩阵组合 D

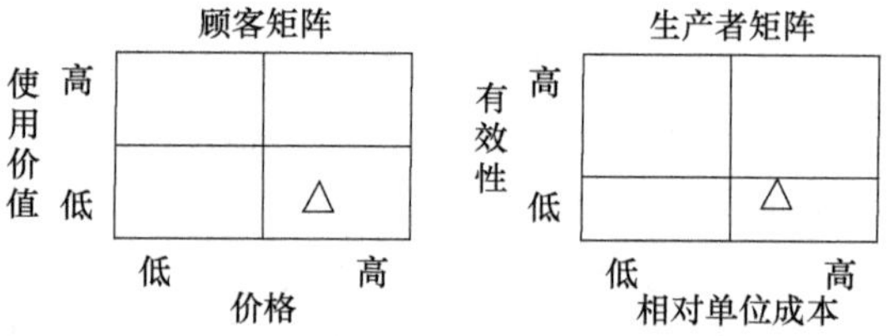

图 5-11　顾客矩阵和生产者矩阵组合 E

复习思考题

1. 在企业战略中，竞争优势的基本来源有哪两个？请解释它们的含义。

2. 列举并解释三种基本竞争战略分别是什么？它们各自适用于哪些情况？优点和缺点是什么？

3. 在企业追求竞争优势时，为什么选择一种基本竞争战略很重要？你认为企业应如何决定选择哪种竞争战略？

4. 你认为在当前快速变化的商业环境中，哪种竞争战略更具优势？为什么？

5. 什么是价值链？它对企业的经营发展有什么重要意义？

6. 企业价值链的战略环节指的是什么？为什么企业在这些环节上的优势对于长期竞争优势至关重要？

7. 什么是顾客矩阵？什么是生产者矩阵？两者之间又有什么关系？

8. 怎样应用顾客矩阵和生产者矩阵的组合判断公司的竞争情况并制定相应的战略对策？

9. 总结顾客矩阵和生产者矩阵中提到的解决方案和战略对策，你认为哪些因素对于公司实现持久竞争优势至关重要？请阐述你的观点。

10. 企业核心能力的含义是什么？有何特点？

第六章　基于产业生命周期的经营战略决策

产业生命周期描述了某个产业从形成、成长、成熟到衰退的全过程。根据产业生命周期的阶段，产业一般可分为新兴产业、成熟产业、衰退产业三类。在新兴阶段，产业具有高增长、创新和市场不稳定的特征，风险与机遇共存。成熟阶段是产业逐渐稳定的时期，市场逐渐饱和，竞争加剧，企业开始注重降低成本和提高效率。衰退阶段是产业市场萎缩的时期，需求减少，企业面临严峻的生存挑战。产业生命周期理论为企业的战略决策提供了重要参考，帮助企业了解其所处的阶段特点，制定相应的经营策略，从而更好地应对外部环境的变化。本章主要阐述新兴产业、成熟产业、衰退产业三类产业中的企业经营决策要点，同时涉及非典型形态产业生命周期的企业战略决策问题。

第一节　新兴产业中的企业经营战略

新兴产业是指在一系列因素变化的情况下全新形成或重新形成的产业。发生变化的因素包括技术创新、相对成本关系的变动、新消费需求的出现，或其他经济及社会方面的变化。这些因素使某种新产品或某项新服务能够获得潜在可行的营业机会，从而形成新兴产业。

一、新兴产业的基本特征

新兴产业的基本特征可归纳为以下六个方面。

（一）技术上的不确定性

在新兴产业内，由于技术不断飞速发展，存在着大量的不确定性。什么样的产品结构是最佳的？哪一种生产技术是最有效的？这些问题存在于产业发展的变化之中，需要随着时间的推移通过市场表现来证明。

（二）风险性

守旧有被淘汰的风险，创新则有受挫或失败的风险。风险性是指企业在信息约束和多种因素变化的干扰下，实际结果和预测发生背离而导致收益损失的可能性。新兴产业中的企业风险性主要来源于三个方面：一是持续创新不足可能会导致技术落后，影响企业的竞争力；二是知识产权保护不充分可能会面临技术被侵权的问题，影响企业利益；三是内部管理运营不规范的经营引发各种风险。新兴产业中充满了曲折和挑战，对于企业而言，持续的创新和适应能力至关重要，能够使企业在竞争中脱颖而出，保持长期成功。

（三）创新的相对优势性

在新兴产业中，勇于和善于创新的企业并不比保守型企业冒更大的风险。创新固然有受挫或失败的风险，但守旧却冒着在竞争中完全被淘汰的风险。创新不仅能给企业带来更高的经济效益，而且是全面加速企业发展的根本动力。创新的相对优势性是指创新活动较之常规活动所具有的多方面积极效应。创新活动对企业人员素质、技术素质及管理素质的提高都是巨大的推动力量。

（四）初始成本虽高但急剧下降

新兴产业中的企业产品在一开始时成本很高，但随着生产过程的改进，工人熟练程度的提高，学习曲线开始发生作用，产品成本就会急剧下降。如果处于产业新兴阶段的技术比最终形成的技术更具有劳动密集型特点，则这种情况就会更突出。

（五）新企业的建立及分裂

新兴产业中新建企业数目增加很快，同时出现两种趋势，即新兴产业中生产规模走向集中化和企业分裂化。一方面，新兴产业集中化趋势有所强化，伴随着新兴产业中的激烈竞争，企业要想在重大开发项目中获得成功，就必须有充足的资金，进而要求生产要素的进一步集中。另一方面，在新兴产业中也同时出现企业分裂化趋势，特别是在高技术产业中，常有某些人离开原有企业而建立他们自己企业的现象。企业分裂的原因有：第一，在迅速发展和可以预见的环境机会中，与在现有公司中的收入相比，参与投资新建企业的收益会更具吸引力；第二，由于科学技术发展迅猛，现有公司的技术人员或职工对技术发展有了新的见解和建议，这些建议因与企业战略方向不吻合而不被采纳，但确实具有潜在收益，技术人员或职工就有可能离开现有企业而组建新企业。新兴产业中有大批小企业存在，由于这些小企业投资少、开发速度快、投资效益好，对市场及技术变化有较强的应变能力，因此新兴产业中小企业起到了科学技术发展突击队的作用。

（六）政府支持

新兴产业往往能得到国家和社会的重视，并易于取得各方面的支持，包括政府补贴、税收减免等。我国政府采取了一系列相关政策以鼓励和支持创新创业的发展：第一，政府提供了创业扶持政策，包括创业资金、场地租金补贴、创业导师指导等，以降低创业门槛，帮助创业者更好地启动和运营他们的初创企业；第二，针对创新创业企业，国家设立了科技创新基金，用于资助初创企业的研发和创新项目，为他们提供了资金和资源的有力支持；第三，政府出台了税收优惠政策，以减轻创新创业企业的负担，包括企业所得税、个人所得税等税收减免政策，为企业创造更加有利的经营环境；第四，政府通过加强知识产权保护，为创新企业提供法律支持，鼓励他们保护和转化创新成果；第五，各地积极推进创新创业示范基地的建设，为初创企业提供优质的孵化环境、创业服务和资源共享，进一步优化了创新创业的氛围和条件。这些政策的实施，不仅有助于培育新兴产业，也为创新创业企业提供了坚实的政策支持，使这些企业能够在新兴产业中更好地发展和创新。

二、新兴产业中企业面临的风险

在新兴产业中，企业面临着多重挑战和风险，包括企业内部因素和外部环境的影响。这些挑战和风险往往源于新兴产业特殊的发展阶段和不确定的竞争环境。

（一）原材料和零配件的供应能力较弱

新技术和新产品的出现，往往要求开辟新的原料供应来源，或要求现有的供应者扩大其规模并改进其供应品的质量，以符合企业的要求。但在新兴产业中，由于供应市场的壮大和发展具有一定的滞后性，企业往往在取得原材料及零配件等方面遇到困难，导致原材料和零部件供应不足或价格上涨。

（二）基础工作薄弱

首先，由于缺乏经验积累，且教育培训领域对市场响应需要一定的时间，企业往往缺乏技术熟练的工人，企业之间的技术协作面临一定的阻碍，服务设施和销售渠道等方面的配合也相对困难。其次，由于缺乏产品及技术标准，原材料、零配件和半成品标准化水平较低，较难实现统一接口，难以相互兼容。最后，新产品一般需要一定时间的技术和市场磨合才能进入质量稳定期，初期的质量波动可能对企业形象造成负面影响。

（三）产品销售困难

从市场角度来看，用户对新产品或新服务了解不多，在购买时往往持观望态度，有的用户要等到产品技术更为成熟、产品基本定型、质量和性能更为稳定、价格有所下降以后才考虑购买。从生产角度来看，在新产品开始生产时，由于前期固定成本的投入导致单位产品平均成本较高，企业尚未达到盈亏平衡状态。另外，在新产品投入市场要替代部分老产品时，也必然面临与老产品竞争的考验。

三、新兴产业中的企业战略决策

新兴产业的战略制定必须与产业发展在这个时期内的不确定性及风险性相适应。竞争较量的规则大部分还没有明确，产业结构动荡不定而且极可能发生变化，竞争者很难加以判别。然而，这些因素的另一面是产业发展的新兴阶段可能是战略自由度最大的时期，也可能是通过良好的战略选择能够产生杠杆作用最强的时期。

在新兴产业中，压倒一切的战略问题是企业使产业结构形成的能力。企业通过其战略选择尽力在产品政策、销售方法、价格策略、促进产业标准化、整顿劣质产品及无信用生产商等方面确定竞争规则。从长期来看，在经济实力的约束下，企业应该以形成其最强有力地位的方式来寻求划定产业内的竞争规则。例如，在新能源汽车产业，特斯拉作为新能源汽车领域的先驱，率先推出了高性能电动汽车，引领了电动汽车技术的发展。其在电池技术、充电基础设施建设以及自动驾驶技术等领域的领先地位，使特斯拉在产业中具备了极强的竞争优势。其他企业在进入新能源汽车领域时，不得不考虑与特斯拉的技术兼容性和市场竞争，从而在产业内形成了特斯拉所主导的竞争规则。特斯拉在新能源汽车领域的技术和市场优势，正是通过划定了产业内的竞争规则而获得的。

新兴产业中的企业战略决策一般应考虑以下三个问题。

1. 选择将要进入的新兴产业

在当前科技发展迅猛的时代，新兴产业层出不穷，企业究竟应当进入哪一个产业，首先要根据企业的内部资源条件及外部环境，初步确定企业有可能进入的几个新兴产业；其次，对每一个新兴产业的五种竞争力量进行分析；再次，根据企业自身条件，评价每一个方案的优劣；最后，确定本企业应当进入的新兴产业。在考虑是否进入一个新兴产业时，不能只是从初始的技术、产品、市场及竞争结构是否有吸引力出发，而是应根据充分发展后的产业结构是否能为企业提供较好的发展机会和较高水平的收益出发。新兴产业的渗透率也是一个重要的考虑因素。渗透率是指一个产业在整体经济或市场中所占的比例，反映了产业在经济中的重要性和普及程度，通常通过收入占比、就业占比、市场份额、消费者使用率等指标进行衡量。参考新兴产业的渗透率可以帮助企业制定适应市场的战略，例如最大限度地利用市场机会、识别潜在风险、合理制订扩张计划、投资研发、合作与收购、调整产品与定位等。

2. 目标市场的选择

在进行市场细分及选择目标市场时，企业主要应考虑以下几个因素。

（1）用户的需求　用户之所以要购买新产品，通常是由于新产品优于其原来使用的产品，能从中得到效益。这里的效益主要表现在两个方面：一是性能上的效益，即新产品性能优于原来使用的产品；二是费用上的效益，即使用新产品的费用支出低于原来使用的产品。新产品的最早购买者通常是那些在性能上获益的用户，因此优先应开发那些对新产品性能感兴趣的用户，然后再扩大到那些在费用上获益的用户。

（2）用户的技术状态　用户能否从早期的新产品中获益，取决于用户应用新产品的技术状态。某些用户仅仅使用新产品的基本功能就获益不小，而另一些用户却需要更复杂的结构和更完善的功能。因此企业要根据用户的技术状态进行市场细分并针对目标用户的技术状态去开发新产品。

（3）转换费用和辅助设施　用户使用新产品会增加一些开支，如重新训练雇员的成本、购买新的辅助设备的成本、变卖旧设备的损失、使用新产品所需的研究开发成本等。企业在开发新产品时应当尽量考虑到上述因素，转换成本越低、需增添的辅助设施越少，新产品就越容易推广。

（4）对技术和产品过时造成损失的态度　部分用户本身就是高科技企业，企业的技术进步非常迅速，所使用的技术和设备也随着行业技术进步而不断更新。这种企业认为只有不断更新技术和设备，才能增强企业竞争力，占领有利的竞争地位；而另一部分用户可能认为新产品的过时或技术的变革是一种威胁和损失。前一种类型的用户会进行早期购买，后一种类型的用户持慎重态度，会进行晚期购买。企业在进行技术创新时应当考虑上述因素，找准目标市场。

（5）使用新产品导致失败的代价和风险　由于系统差异和新产品的用途地位差异，使用新产品对于不同用户意味着不同的风险。如果用户把新产品应用到技术系统中去，一时不能取得预期效果，将导致很大的损失，且用户对该损失的承受能力有限，一般不会进行早期购买。

3. 进入新兴产业的时机选择

企业进入新兴产业的一个重要策略问题是时机选择。在早期就进入新兴产业将会冒较大的风险，但也会得到较大的收益；较晚进入新兴产业，虽然风险较小，但竞争激烈，企业获得的收益有限。

早期进入在下列情况下是有利的：①该产业的用户重视企业名声，早期进入者享有创始者的声誉；②当学习曲线对一个产业能够起显著作用时，较早进入可以较早开始学习过程，而产业经验又不易模仿；③早期进入可以率先取得原材料、零配件供应和抢占销售渠道，因而可以取得成本优势。

早期进入在下列情况下是不利的：①产业早期市场与产业发展后的市场有很大的不同，早期进入者在以后将面临昂贵的调整费用；②开创市场的费用很高（如顾客的宣传教育、法规批准、技术首创等），而市场开创后并不能被本企业专有；③技术的发展很快，使初始创新者的投资成为过时，后进入者却有可能采用最新的技术及工艺。

第二节　成熟产业中的企业竞争战略

成熟期作为产业生命周期的一个重要阶段，企业的竞争环境发生了很大的变化，要求企业在经营战略上做出相应的反应。

一、成熟产业的特征和企业面临的风险

随着时间的推移，新兴产业逐渐发展为成熟产业。成熟产业呈现出一系列特征，不仅带来了市场稳定和规模扩张，也为企业带来了新的挑战和风险。因此，企业需要灵活应对，以保持竞争力并持续创造价值。

（一）产业增长速度下降

进入成熟期后，产业需求量和产量增长速度下降。各企业要保持其增长率就必须扩大市场占有率，从而使产业内的企业间竞争加剧。

（二）买方市场形成

产品供大于求，许多企业只能向重复购买的用户销售产品，而用户的经验和知识都更加丰富，在选购产品上越来越挑剔。由于产业的内在技术和产品都已成熟和定型，因而企业竞争常常在成本、价格和服务等方面展开。

（三）产业盈利能力下降

产业增长速度下降和买方市场的形成，使产业内企业盈利能力下降，中间商的利润也受到影响，但此时企业往往对其在成长期所实行的生产能力和人员规模扩张战略尚未做根本调整，可能出现生产能力和人员方面的冗余，导致企业投资过量，生产设备闲置。

（四）企业各职能策略面临着新的调整

当产业及其产品已经成熟定型时，新产品的开发及产品新用途的开发难度大大增加，企业的产品在技术性能、系列、款式、服务等方面的优化会面临更高的边际成本和风险。此时，企业要认真调整自己的研究与开发策略。企业在生产量上不可能再有急剧的增长，因而要在节约成本、提高质量上下功夫，在市场营销上要进一步在市场渗透和市场开拓方面争取新的突破，同时在销售渠道及促销策略上也要不断创新。总之，产业进入成熟期，企业的各方面策略都必须做出相应的转变和调整，否则就会给企业的生存和发展带来威胁。

（五）国际竞争激烈

由于国内产业处于成熟期，因此企业具有将产品销往国际市场的巨大动力。国际市场环境往往存在诸多挑战，如差异化的政策制度、社会文化、顾客偏好、消费习惯等，打入国际市场有利于促进产业进一步成熟，也将加剧国际竞争。

二、成熟产业中的企业战略决策

当产业进入成熟期时，企业之间争夺市场份额的竞争加剧，产品价格下降，利润减少。企业总的战略思想是：扩大市场占有率；注重成本控制、顾客服务与产品销售；改善老产品重于开发新产品，更多地关注规章制度等细节，减少创新。

（一）对三种通用竞争战略必须做出选择

成熟产业对企业战略的包容力开始下降。企业必须对成本领先战略、差别化战略或专一化战略做出选择。在选择竞争战略时，对各种不同产品的生产规模进行成本分析是十分必要的，由图 6-1 可知，小批量生产（$0 < Q < Q_0$）适合采取产品差异化战略或专一化战略，大批量生产（$Q > Q_0$）适合采取成本领先战略。从图 6-1 中圆圈部分可以看出成本曲线的差异，产品差异化战略或专一化战略建立在少数或特少数特定用户的基础上，即对某一类型顾客或某一地区性市场进行密集经营，使企业能控制一定的产品范围，这样企业的竞争地位就比较稳定；而在产量较小时，采用成本领先战略显然是不划算的。

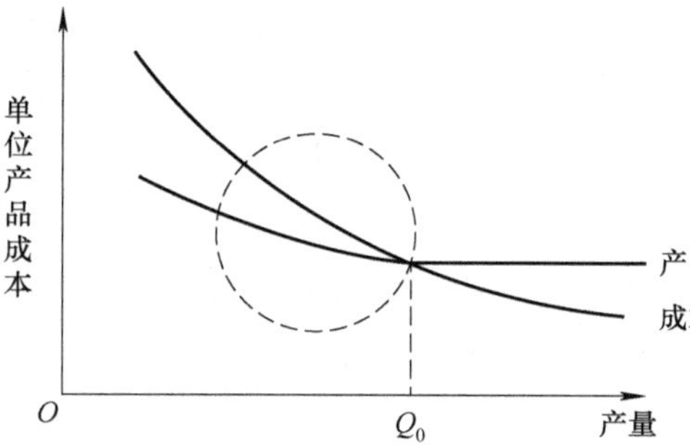

图 6-1　不同战略的选择

（二）产品结构的调整

产业进入成熟期后，产品的特色正在逐渐减少，价格也会逐渐下降，为此就需要进行产品结构分析，淘汰部分亏损和不赚钱的产品，将企业的注意力集中在那些利润较高的、用户急需的项目和产品上，努力使产品结构合理化。实际上，在产业成熟期的前期，企业就应当把注意力放到产品结构调整上，及时开发产品的新系列和新用途，只有这样才能避免企业在产业成熟期的后期陷入被动。

（三）工艺和制造方法的改进与创新

随着产业的逐步成熟，新产品开发越来越困难，因而企业应在工艺和制造方法改进上下功夫以进一步降低成本，在产品销售渠道等方面进行改进以期能获得较多的利润。

（四）用户的选择

在产业进入成熟期后，企业增加销售额比较容易的方法就是使现有用户扩大使用量，这比寻求新用户更有效。因为寻求新用户往往会引起激烈竞争，而对现有用户增加销售可以用提高产品等级、扩展产品系列、提供高质量的服务等方法来实现。企业应当保住一些重点用户，努力满足其需要，争取增加销售额。

（五）开发国际市场

当国内市场趋于饱和后，有条件的企业可开拓国际市场。在国内该产业已进入成熟期，而在其他国家该产业可能处于导入期或刚刚进入成长期，竞争者较少，因而可以获得比较优势，极大地降低进入费用，获得较高的利润。

（六）退出或实行多样化经营

当企业感到继续留在成熟产业中已经仅有微利或无利可图时，可以考虑退出该产业，采取转让、归并等退出战略。当企业经营困难时，可考虑采用多样化经营战略，在其他领域扩展业务进行经营。

（七）购买廉价资产

当产业处于成熟期时，会出现一批经营不善或处境艰难的企业。此时，如果本企业竞争地位较强，可以考虑购买、兼并这些企业，设法使本企业实现规模经济，创造低成本优势，进一步增强本企业的竞争力。同时，通过兼并，可以为其他企业提供退出渠道，减少产业竞争，改善产业的平均盈利水平。

三、成熟产业中企业战略决策应注意的问题

随着产业逐渐进入成熟阶段，企业面临全新的市场格局和竞争环境。在这一阶段，企业的战略决策显得尤为重要，需要充分认识成熟产业的特点和演变趋势，更加精准地应对挑战并抓住机遇。同时，需要警惕可能出现的风险，保持持续增长和领先地位。

（一）要认识到成熟产业竞争特点的变化

处于成熟产业中的企业容易自我感觉良好，仍然陶醉于产业成长期时所取得的经营业绩，甚至并未察觉到产业已经进入成熟期。而实际上，在成熟产业中，用户行为和同行竞争行为都已发生了很大变化。若企业不能适应新的环境变化，不愿在价格、营销手段、生产方法及研究开发等方面做出及时的调整，不习惯在这些领域开展竞争，管理者思想落后于形势，将使企业陷入困境。

（二）避免夹在中间

处于成熟产业中，企业要有鲜明的战略特色，避免夹在中间。部分企业由于不适应环境变化，陷入没有重点的模糊状态之中，既未采用低成本战略，也未形成差异化战略和专一化战略的特色，而是在这三种战略之间徘徊；在规模上陷入中间状态，对于采用差异化战略或专一化战略来讲规模过大，而对于采用成本领先战略来讲又规模过小，外界环境也已经不能允许再扩大规模了。企业处于这种中间状态，产出少、增长慢、效益差，位于如图 6-2 中所示的 M 点附近。企业应尽量避免进入这种状态。

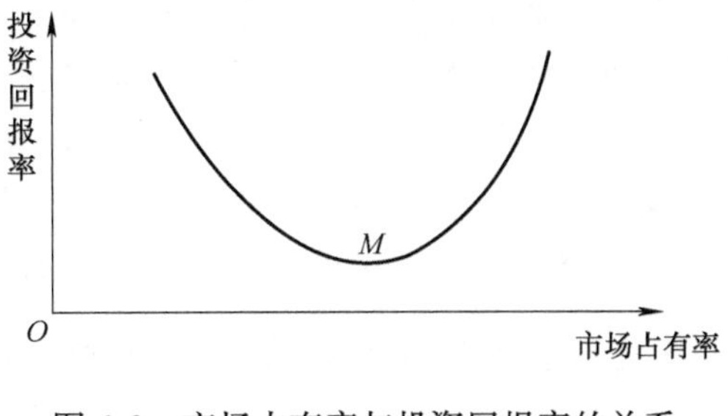

图 6-2　市场占有率与投资回报率的关系

（三）要防止盲目投资

产业进入成熟期，买方市场已经形成，企业扩大市场占有率越来越困难。因此，为保持和扩大市场占有率而追加投资，容易使企业陷入被动，投资回报率下降。

（四）不要为了眼前利益而轻易放弃市场份额

当面临经营困难时，部分企业为了节省开支，有轻易地放弃市场份额或放弃市场活动和研究开发活动来保持盈利率的倾向，这种做法对长期市场地位的损伤较大。当产业进入成熟期的过渡调整阶段，出现一段微利（或亏损）时期是不可避免的，应着眼于长期，防止短期的过度反应。

（五）要重视工艺改革，防止过多强调新产品开发

与处于成长期不同，在产业进入成熟期后，新产品开发困难增大，收益率下降。若企业对此估计不足，依然在新产品开发上投入大量成本，将会使企业陷入被动。此时，企业应更多地注重在产品工艺上进行改革，努力使产品标准化，降低成本，调整价格，以此来提高企业竞争力。与此相联系的是，企业在这一阶段不宜过分强调产品的高质量，因为成熟产业中产品已趋向标准化，产品特色相应减少，用户对质量差异已经不甚敏感，而更注重价格差异。

（六）应避免为利用过剩生产能力而进行的投资

产业进入成熟期，相当多的企业生产能力过剩，给经营者造成压力，为充分利用这些过剩的生产能力，企业可能产生进一步投资行为，最终造成战略上的失败。现实的办法是努力削减或出售过剩的生产能力，将更多的精力用于维持核心能力。

（七）加强企业的财务、成本、人事、营销等基础管理

产业由成长期进入成熟期，产业环境发生巨大的变化，要求企业更加注意严格控制成本，降低一切费用开支，重视对用户的服务，加强市场营销，加强对库存、流动资金及应收账款的控制。企业发展速度降低，增长缓慢，对员工的吸引力及激励减少，同时对员工有更多的纪律约束，因而需要对员工进行重新教育，更新企业文化，调整激励方式，使员工认识战略转变，使组织工作适应环境变化。

第三节　衰退产业中的企业战略决策

衰退产业是指在产业生命周期中处于发展迟缓、停滞乃至萎缩阶段的产业。从时间上看，工业总体结构总是向高级化方向演进，会不断地衍生出衰退产业和新兴产业，这是产业发展的时间相对性。从空间上看，同一产业在不同的工业生产力水平下会处于不同的兴衰阶段，发达国家（地区）的衰退产业可能正是欠发达国家（地区）或不发达国家（地区）的新兴产业，这是产业发展的空间相对性。

一、衰退产业的特征和企业面临的风险

衰退产业的典型特征是产业需求明显下降、市场饱和且竞争激烈，企业面临增长瓶颈

和盈利压力。在这一阶段，企业需要全面认识产业现状，灵活应对市场挑战，通过合理的战略调整，寻求新的增长动力和发展路径，以实现产业持续发展。

（一）产业的需求下降

产业需求下降的原因可能是由于技术进步、新的更好的替代产品的出现使购买本产业产品的顾客规模缩小，也可能是由于政治、经济、社会等条件变化造成需求的改变。企业经营者应当注意研究产业需求下降的过程及特点，包括以下三个方面。

（1）对产业需求下降趋势的估计　如果确信产业需求今后还会有稳定回升的趋势，企业可以继续留在该产业内；如果确信产业需求今后不可能再有回升，企业就需要采取加快从该产业中撤退的战略。

（2）对产业销售量下降速度和下降形势的估计　如果产业销售量下降速度很快，企业有可能来不及做出决策就倒闭了；如果产业销售量下降速度较缓慢，则企业还有较多的回旋余地；如果产业销售量下降速度过缓，不易被企业觉察，企业有可能会因盲目乐观而贻误时机。

（3）对剩余需求的分析　如果在产业需求下降时，还有一部分顾客忠诚于本产业的产品，他们不受替代品的影响且对价格不敏感，这些顾客将是企业继续留在产业的希望，企业应继续服务于剩余顾客市场；如果在产业需求下降时，剩余顾客随之消失，企业应尽早撤出该产业。

（二）存在产业退出壁垒

从衰退产业中退出是一个明智的战略选择，但退出要受产业退出壁垒的约束。产业退出壁垒主要受到以下因素影响。

（1）产业专用和耐用资产越多，退出壁垒越高　如果一个企业的资产是专业化程度较高的设备，当产业衰退时，这些资产由于几乎不存在买主而无法处置，企业要退出产业较为困难；同样，企业若拥有耐用资产，其账面值远高于变卖处置价格，也会阻碍企业退出产业。

（2）企业退出产业时造成的负面影响越大，退出壁垒越高

1）当企业退出某一产业时，它面临着劳动力安置问题、退休职工的安排问题、原有采购和销售合同违约罚款问题、管理者和员工要求重新安排工作或者重新培训等问题，都需要企业付出成本。

2）一旦做出退出产业的决定，企业生产能力将迅速下降。劳动者情绪不稳定，劳动纪律松弛，财务状况急剧恶化，顾客快速撤出，供应商停止原材料的供应，导致退出产业前的管理费用大幅上升。

3）退出产业会导致企业的资信程度下降，降低资本市场对企业的信任，对企业进一步筹资、进入资本市场产生影响。

4）退出产业可能对多元化或一体化的企业造成整体影响。对于多元化经营的企业来说，退出公司的某一部分业务可能对整个公司的其他业务造成关联影响，不利于其他业务的发展。对于纵向一体化的联合企业来说，退出某一个环节可能迫使整个纵向链条最终全部退出。

(3) 管理者精神上的退出障碍越高，退出壁垒越高 使管理者做出退出产业的决策是十分困难的事，尤其当企业拥有悠久的历史和传统时，做出退出决定就更加困难。

综上所述，因为企业在退出产业时要付出相当高的代价，形成退出壁垒，所以企业必须对退出产业所要付出的代价进行权衡。

二、衰退产业中的企业战略决策

衰退产业中的企业战略选择基本可分为以下四种。

(一) 取得领先地位

采取这种战略的出发点是使企业成为产业中保留下来的少数企业之一，甚至是保留下来的唯一企业。抓住其他企业纷纷退出的机会，通过兼并、收购其资产或所有权帮助其降低退出障碍，改善产业结构，加速产业集中，使本企业在产业中处于领先或支配地位。一旦形成这种形势，即使处于衰退产业，企业仍然可以获得较好的回报。需要注意的是，实施该战略要进行一定的投资，具有较大的风险，企业必须经过认真分析才能行动。

(二) 取得适当地位

采取这种战略，企业首先要确认衰退产业中的某一部分仍能有稳定的或者下降很慢的需求，且在这部分需求中还能获得较高的收益。企业可以在这部分市场中建立起自己的地位，而后再视产业的发展情况考虑进一步的对策。采取该战略需要追加一部分投资，但投资规模及风险都较小。

(三) 逐步退出战略

采取这种战略就是尽量多地从衰退产业中回收投资，同时停止一切新的投入，如停止广告宣传，削减设备维修费，停止研究开发等。企业要把过去的投资可能产生的回报尽可能地挖尽，并从现有市场上获取最大收益，实质上是一种有控制的逐步退出战略。这些措施在理论上难度不大，但实际执行起来却不容易，需要管理者对全部市场行为的目标有足够清晰坚定的认知且始终保持理性。

(四) 快速退出战略

这种战略认为尽早迅速退出比缓慢退出产业更有利，因为早期出售要退出的业务通常可以获得较高卖价，保证在退出过程中获得较高收益。一旦产业衰退明朗，产业内外的资产买主就处于极有利的讨价还价位置，固定资产价格将会急剧下降。选择这一战略的企业会在做出退出决策后立即转让固定资产，及早清理相关业务。当然，早期出售固定资产，需要建立在准确预测市场需求的基础上。

三、衰退产业中企业战略决策应注意的问题

在衰退产业中，企业战略决策显得尤为关键。面对市场逐渐饱和、需求减少等挑战，企业应审慎抉择，以确保可持续发展。衰退产业中的企业战略决策涉及多个方面，需要综合考虑不同的因素，以应对复杂的市场环境，从而保护企业自身利益，实现转型和长期发展。

（一）客观地分析衰退产业的形势

企业管理者有时并不能够对产业衰退做出客观、实事求是的估计和预测，一般可能的原因是由于产业长期存在带来的惯性、对替代品的认知存在偏差，或产业存在较高的退出壁垒。接受悲观信息是痛苦的，因而人们天然具有寻找乐观信息的动力和倾向。企业管理者可能根据以往的经验，对衰退产业的复苏有过于乐观的估计，甚至屏蔽悲观信息，这样的倾向和行为具有较高的风险。因此，应客观地分析衰退产业的形势，引入外部专家，尽量在早期发现危机，防止由于管理者的主观判断失误而导致的失败。

（二）应避免打消耗战

如果企业实力较弱，应在发现产业进入衰退期时立即采取迅速退出战略，若与产业内的竞争者一味地竞争下去，不仅不会取得衰退产业中的应有位置，还会给企业带来更大的损失，因此企业应尽量避免打消耗战。

（三）应谨慎采用逐步退出战略

当产业有明显衰退趋势时，实力较弱的企业采用逐步退出战略也存在较大风险。一旦市场或服务状况恶化，或者已有部分企业退出产业，产业环境和市场前景急转直下，用户会快速转移其业务，产品售价可能被迫降低，因此企业要权衡自身实力与管理风险，谨慎采用逐步退出战略。这往往要求企业管理者具有较高的决策水平，且对产业情况变化进行实时跟踪，决策成本较高。

第四节　非典型形态产业生命周期与企业战略决策

非典型形态产业生命周期与企业战略决策密切相关，对企业的战略决策提出了更高的要求。这种类型的产业呈现与传统模式不同的发展轨迹，因此需要企业采取更具灵活性和创新性的战略来适应其特殊性。

一、产业生命周期的非典型形态

传统的产业生命周期模型通常围绕着形成、成长、成熟和衰退四个阶段展开，然而现实中存在一些产业的发展轨迹并不严格遵循这一模式，而呈现独特的非典型形态。非典型形态的产业生命周期主要有倒“S”形生命周期和双重周期生命周期两种类型。

（一）倒“S”形生命周期

在倒“S”形生命周期中，产业一开始的发展速度较为缓慢，然而随后却会突然迎来快速的增长阶段。这种情况可能是由于技术创新、市场需求的意外变化或政策调整等因素引起的。这样的非典型形态需要企业更加敏锐地捕捉增长的机遇，并及时调整战略以适应快速增长所带来的挑战。

（二）双重周期生命周期

某些产业可能会多次经历波动，形成双重周期。这是因为这些产业受到多个因素的影响，如技术创新、市场趋势和政策变化等。在面对这种复杂情况时，企业需要灵活地制定战略，以适应不同周期性波动所带来的影响。同时，针对不同周期阶段的市场需求，企业可以采取差异化的产品和服务策略，以获取更多的市场份额。

二、非典型形态产业生命周期下的企业战略决策

非典型形态产业生命周期的特点要求企业在制定战略决策时更加灵活、创新和富有前瞻性。以下是这类产业战略决策的关键因素。

（一）灵活的创新策略

由于非典型形态产业的发展轨迹难以准确预测，市场和技术的变化更加不确定。因此，企业应采取灵活的创新策略，以应对突发的市场变化。这包括持续调整产品和服务，以满足消费者不断变化的需求；积极投入研发，探索新的技术和新的商业模式，以抢占市场先机。通过持续创新，企业能够更快速地适应市场的变化，增强其竞争力。

（二）多元化的市场开拓

非典型形态产业的发展过程中，市场情况可能会出现频繁变化，甚至不同市场阶段可能需要不同的策略。因此，企业应该具备多元化的市场开拓能力，以降低单一市场波动带来的风险。多元化的市场开拓可以涵盖不同地区、不同客户群体，甚至不同产品应用领域。通过在多个市场中分散风险，企业可以更好地应对市场的不稳定性，确保可持续增长。

（三）强化合作伙伴关系

考虑到非典型形态产业发展的不规律性，企业需要更多地寻求合作伙伴，共同面对市场波动。合作伙伴可以与企业共享资源、分担风险，并帮助企业获得市场信息。企业可以与供应商、客户、科研机构等建立紧密合作，共同推动产业发展。这种合作不仅可以提高企业的抗风险能力，还能够促进知识和经验的共享，加速创新的过程。

非典型形态产业生命周期为企业带来了机遇与挑战，要求企业保持敏捷、创新的战略思维，以适应这些产业特有的发展路径。只有在充分理解和应对这些非典型形态的情况下，企业才能在竞争激烈的商业环境中保持持续的增长和竞争优势。灵活的战略决策和创新思维，使企业可以在非典型形态产业生命周期中不断寻求突破和发展。

复习思考题

1. 什么是产业生命周期？它通常包括哪些阶段？简要描述每个阶段的特点和主要活动。

2. 为什么了解和认识产业生命周期对企业战略决策至关重要？提供一个实际产业的例子，说明在不同阶段如何制定不同的战略以适应市场需求。

3. 新兴产业与传统产业有何不同？列举并解释新兴产业的一些典型特点。

4. 解释新兴产业中存在的某种风险，并提供一些策略建议，帮助企业在风险和回报之间取得平衡。

5. 衰退产业有哪些典型特征？企业在衰退产业中面临的主要挑战是什么？

6. 在衰退产业中，企业可以采取不同的竞争战略。选择其中一种战略（如取得领先地位、取得适当地位、逐步退出、快速退出），解释该战略的核心思想，并举例说明一个企业如何成功地应用了该战略。

7. 为什么非典型形态产业生命周期需要企业具备灵活性和创新策略？通过一个倒“S”形生命周期的案例，说明企业如何通过灵活性和创新策略应对快速增长阶段的挑战。

8. 提供一个双重周期生命周期的实际产业案例，如旅游业，其发展受到季节性和宏观经济波动的影响。在这种情况下，你认为企业应如何制定市场开拓策略，以平衡不同周期阶段的业务需求？如何在不同市场条件下，维持稳定的收入和市场份额？

第七章　基于市场地位和企业规模的战略决策

在行业中，企业由于规模、资本、市场占有率不同而存在竞争实力上的差别，存在实力强的企业和较弱小的企业，形成了梯级市场结构。无序竞争对于行业内的所有企业都没有好处，价格战、广告战等使行业内的每个企业利润减少，甚至损失行业的利润潜力。为此，一个企业与行业中不同地位和规模的其他企业选择什么样的战略关系是极为重要的问题：是友好联合还是采取进攻夺取其市场份额？在什么情况下进攻？采取什么策略？如何保住自己的地位？怎样防御？本章阐述居于行业不同地位和不同规模的企业与其他企业的战略关系，以及相关的战略问题。

第一节　位次竞争战略

随着竞争的激化，企业有必要采取位次竞争战略来取胜。所谓位次竞争战略，是指在梯级市场竞争结构中，明确本企业的竞争地位，对不同位次或地位的竞争对手确立相应的对策。如果在实际竞争中忽视了自己的地位，采取与自己的位次不相称的对策，就会进入价格战、广告战等恶性竞争中，不仅造成行业混乱，也无法实现企业的目标。位次战略的目的就是要排除无序竞争，形成适当和有效的竞争关系。

一、第一位企业的位次竞争战略

在竞争中处于行业第一位的企业，其基本战略是稳定市场，使整个行业在价格、市场占有率、技术、销售等方面尽量不发生激烈竞争，以自身为中心稳定市场。

处于第一位的企业要想保持现有地位，需要在三个方面努力。首先，扩大行业总需求量。由于领先企业占有多数份额，因而具有较大动力去扩大行业总需求量。领先企业一般通过寻求新用户、新用途和促进客户提高使用量等方式来扩大需求量。其次，采用各种措施保护现有的市场领域不受竞争对手侵犯，要破除陈规，不断创新，在新产品开发、顾客服务、提高销售效率、降低成本等方面保持领先地位。最后，在可能的情况下努力提高市场占有率。通常，市场占有率越高，投资收益率越大。因此，许多企业以占据市场第一位或第二位为目标。例如，在光伏逆变器行业，华为自 2009 年进入该领域，经过艰苦卓绝的奋斗，成为行业领导者。华为坚持自主研发，不依赖外部技术，以真正掌握核心竞争力。同时，华为注重与行业合作伙伴的紧密合作，实现共享资源和技术，达到互利共赢。这种开放合作的态度，使华为能够在光伏逆变器领域不断推陈出新。华为的光伏逆变器产品备受认可。目前，华为的光伏逆变器产品广泛应用于国内外的光伏发电项目中，取得了显著的成绩。

处于行业第一位的企业对第二位的企业的策略是，注意与第二位的企业在市场份额上保持差距；对第三位的企业的态度是，要在产品开发上采取容忍的态度，使第三位的企业得以适度发展，以此来牵制第二位的企业；对第四位的企业则应采取产品差别化、市场差别化、突出产品特色的战略，同时还应注意监视市场和第四位企业的动向，防止第四位企业和第二位企业结成同盟来向第一位企业进攻；对第五位的企业则应采取联合战略，让其承担一些特殊加工任务，把其作为一个能迅速而灵活地适应新技术变化的“尖兵”来使用。

总而言之，处于第一位的企业的基本战略主要包括以下几点：稳定市场、稳定竞争、和第二位的企业保持差距。

二、第二位之后的位次竞争战略

在竞争中，处于第二位的企业的基本战略是：在力量用尽时，和第一位的企业休战；注意市场变化，抢在市场变化之前，争取在新领域成为第一名；看准时机向第一位的企业挑战。

处于第三位的企业的基本战略是：和处于第一位的企业结成同盟，向处于第二位的企业挑战，联合第五位以下的企业，谋求提高市场活力；寻找机会超过处于第二位的企业，再以处于第一位的企业为目标。

处于第四位的企业的基本战略是：联合处于第五位以下的企业，创造联盟的条件，以联合的方式来形成能和处于第一位的企业相对等的力量，但基本上是和处于第一位的企业协调，努力稳定市场。

处于第五位的企业的基本战略是：不和高位次的企业竞争，而是和处于第一位的企业共同生存，努力稳定市场，放弃在这个领域成为第一的打算，把资源投到其他领域去。

第二节　后发企业的战略决策

一、后发企业的基本战略

所谓后发企业，是指由于进入市场较晚而市场占有率比较低的企业。在依照经营规模决定胜败的竞争中，后发企业是弱者，经常有很大的负担。根据美国战略研究所和波士顿咨询公司的研究结果，决定总资本利润率的主要因素是市场占有率，市场占有率增长一倍，总资本利润率将提高20%～30%。因而后发企业的发展在市场占有率低的情况下困难重重。在企业之间的竞争中，与领先企业相对的等级差别就是后发企业面临的最大问题。对于后发企业来说，如何从自身地位出发，迅速地适应环境变化就成为首要目标。灵活机动性是有力的武器，预先掌握产业链新环节的出现和旧环节的缩小等变化，是后发企业所面临的机遇。因此，抢在变化之前，确定适合自己经营结构的新产品，并使这个产品取得较大的市场占有率，是后发企业的基本战略。

二、市场细分、重点突破与联合战略

（一）市场细分和重点突破

后发企业尽量不要在本行业的所有领域进行竞争，应考虑今后市场的变化和本企业的经营资源，对整个市场进行细致的划分，选择能够有效发挥本公司优势的细分市场，在有

限的范围中实现领先的目标。因此，后发企业要探索能够取得领先地位的细分市场进行重点投资，避免分散。

由于领先企业是以产品类别的数量、广大的市场区域和市场占有率等优势来压制后发企业的，因此后发企业必须在局部地区集中突破有限的领域，在这个领域花费精力，创造最好的产品。经验表明，很多企业一半以上的利润是从最好的产品上赚得的，因而选择合适的领域做最好的产品是明智之举。细致划分市场，既可以以产品作为细分基础，又可以以顾客、服务、销售渠道和技术情况等作为细分基础。如果走在市场变化之前，发现能够有效地利用本企业优势的细分市场，就容易率先开发出有特色的产品。

（二）联合战略

联合战略是指通过弱者之间的联合来形成与实力强大的企业相抗衡的力量，避免与高位次企业正面竞争，努力稳定行业市场，充分利用联合的有利条件，在产业链特定环节上保持一定地位的战略。企业为了实现战略目标，可从外部寻找稀缺资源，与拥有该资源的企业结为战略联盟。由于企业寻求外部合作时的战略目标不尽相同，战略联盟可分为多种类型，包括技术商业化协议、合作研究小组、联合制造工程协议、合作生产联盟、市场开拓联盟和多层次合作联盟。

（1）技术商业化协议　技术商业化协议是指在大企业与中小企业之间形成协议，由大企业提供资金与营销力量，中小企业提供新产品研制计划，合作进行技术与新产品开发。

（2）合作研究小组　合作研究小组是各方将研究与开发的力量集中起来，提高研发水平，加速研发的进程。

（3）联合制造工程协议　联合制造工程协议是由一方设计产品，另一方设计工艺，联合完成制造工程。

（4）合作生产联盟　合作生产联盟是由各方集资购买设备，共同从事某项生产。联盟可根据不同的需要，在各参与者之间进行劳动力、制造与物流技术、操作技巧等要素的配置，提高加盟各方的生产能力利用率，实时优化产量并能够根据供需情况变化及时迅速地进行产量调整。

（5）市场开拓联盟　市场开拓联盟是加盟方相互利用彼此的市场销售渠道销售自己的产品，实现资源共享，达到销售的规模效益，具体包括特许经营、连锁加盟等形式，使企业销售网点实现低成本迅速增长，更积极、更迅速地占领市场。

（6）多层次合作联盟　多层次合作联盟是上述各种联盟形式的组合，即由加盟各方在若干领域内开展合作业务。企业加入这种联盟可采取渐进方式，从一项业务交流发展到多项合作。

三、进攻战略

企业在向领先者进攻时必须认识到，产业领先者们通常在自我保护方面享有优势，诸如品牌、规模经济、累积的学习经验，以及最佳的供应商或销售渠道。此外，领先者往往有力量对挑战者进行持久且“杀伤力”强的回击。因此，成功的进攻战略必须寻求破坏领先者的竞争优势，同时避免大规模的回击。

（一）进攻战略的条件

1. 拥有一种持久的竞争优势

无论是在成本方面，还是在差异化方面，挑战者必须拥有至少一种超过领先者的、明显的、持久的竞争优势。如果优势是低成本，企业能够靠削价获得相对于领先者的地位改善，或者以行业平均价格赚取更高的利润，使企业能在销售或技术开发上进行再投资；如果优势是某个方面的差异化，则可以通过产品品质或服务优势展开进攻。挑战者所拥有的这两种竞争优势来源必须是持久的，确保挑战者在领先者回击之前有足够长的时间来填补市场份额的空隙。

2. 在持久竞争优势以外的其他方面与领先者程度接近

除了上述持久竞争优势，挑战者还需有能力部分或全部抵消领先者在其他方面的固有优势。例如，如果挑战者采用差异化战略，它还必须能够在一定程度上抵消领先者从规模、率先行动者或其他方面获得的自然成本优势。除非挑战者保持自身成本与领先者接近，否则领先者就可能通过其成本优势抵消（或超过）挑战者的差异化优势。类似地，如果挑战者采用低成本战略，它还必须为消费者创造一个可接受的价值量，否则领先者就能够维持其基于差异化价值的溢价，进而获得进行强有力报复所需的利润。

3. 具备特定防止领先者报复的办法

挑战者拥有特定的削弱领先者报复的办法，使领先者不愿或不能对挑战者实施旷日持久的报复。如果没有防止报复的办法，进攻将促使能压倒挑战者的领先者做出强烈反应。拥有资源和稳固地位的领先者一旦卷入战斗，就可能用进攻性的报复迫使挑战者付出难以承受的经济和组织代价。

满足这三个条件的可能性在很大程度上取决于领先者的战略及其进攻性。如果领先者处在没有竞争优势的进退维谷境地，那么挑战者往往能相当轻松地用低成本战略或差异化战略获得竞争优势。在这种情况下，挑战者只需要确认领先者的脆弱性并且实施利用其脆弱性的战略。相反，当领先者强势追求成本领先战略或差异化战略时，挑战者想成功地进行挑战，就必须具有进行重大战略创新的能力。

（二）进攻领先者的途径

1. 重新组合或革新价值链

重新组合或革新价值链带来竞争优势的方法涉及价值链的各种活动。为了降低成本或扩大差异化优势，挑战者既可以变革单一价值活动，也可以重新组合价值链。

（1）改变产品　挑战者可以通过创造卓越的产品特性或外观来提高竞争力。例如，大疆在 2010 年推出了无人机产品“Phantom”，该产品采用直升机结构，并集成了 GPS、电子罗盘等技术，为用户提供了卓越的空中拍摄体验，因此赢得了市场的高度认可。挑战者也可以通过创新的产品设计改进来获得成本优势。例如，欧洲汽车制造商欧宝报告称，通过 3D 打印零部件方式，公司成功节省了 90% 的组装工具成本，在需要更改时可以轻松打印新的工具变体。相较于传统方法，使用 3D 打印创建新对象的速度和灵活性都获得了显著提高。

（2）改变售后服务与物流活动　挑战者可以通过改变产品支持、售后服务、订单处理程序或物流活动来进攻领先者；可以选择更敏捷的物流系统，提供及时和全面的售后服务，在订单处理服务中履行更多职责，包括管理用户清单，整合零散客户的订单，提高订单处理效率等。挑战者可以为区域内的下游合作伙伴提供信息处理设备，使其能够通过在线订单管理、零散客户订单处理，以及与挑战者的信息分析系统的协同工作，大大提高物流支持系统的效率，成为挑战者进攻不可或缺的重要保障。

（3）营销活动变化　在许多产业中，挑战者利用营销活动创新向领先者发起进攻。营销活动创新主要涉及面向消费和需求的产品或服务设计创新、定价创新、渠道创新和市场沟通创新。随着科技发展和媒体环境变化，营销创新产生了众多新观点和新模式，如直播营销、体验营销、一对一营销、数据化营销等。挑战者应抓住新模式和新思维带来的机会，实现快速崛起。

（4）生产工序变化　改变降低成本、扩大差异化优势的工序价值的活动，为挑战者成功进攻领先者提供了基础。当产业中出现改变加工过程的全新技术或使旧加工技术焕发青春的辅助技术时，挑战者对新技术的快速应用将带来较大的进攻机会。

（5）渠道重组与创新　利用领先者忽视的销售渠道或抢先优选正在崛起的销售渠道，可以成为进攻产业领先者的途径。渠道创新的方法有：开拓新渠道，如茅台与瑞幸联名推出酱香拿铁就是通过渠道创新来实现面向年轻群体的渠道开拓；抢占正在崛起的销售渠道，如布局社交媒体的购物平台；直接销售，如品牌旗舰店在平台开设直播间等方式。

2. 重新确定竞争范围

进攻领先者的第二种主要途径是对竞争范围进行重新确定。拓宽范围可能获得一体化利益，而缩小范围则能集中力量实现特殊目标。挑战者可以用四种方式改变竞争范围。这四种方式代表竞争范围的四种类型。

（1）集中一点　集中一点战略有三种形式：一是用户集中，根据用户的收入、性别、年龄、职业或质量要求等把用户进行分类，集中为特定的用户群提供业务；二是产品集中，缩减产品种类，集中于市场潜力大、效益高的产品；三是销售渠道集中，剔除次要的销售渠道，把精力集中于重要中间商或客户。集中一点战略的优势在于使领先者较难在不损害自身战略的情况下实施报复，可以将领先者的报复行动推迟到挑战者在产业中获得安全位置之后。进攻领先者的集中一点战略可以成为组合战略的一部分。组合战略的制定以局部市场之间存在相互联系为前提，使占据了一个局部市场的企业也能够在其他局部市场上逐渐获得竞争优势。

（2）一体化或退出一体化　挑战者可以利用一体化或退出一体化作为进攻领先者的一种手段。后向一体化或前向一体化可以服务于降低成本或促进差异化。例如，苹果公司通过一体化掌控整个供应链，从设计和生产到销售和售后服务，通过提高控制权使其能够更好地掌握产品质量和成本，并在市场上赢得更大的优势。相反，当需求发生变化时，实行一体化的企业面临对长价值链进行改造的困难，挑战者及时快速退出一体化就可能成为获取优势的手段。

（3）重新确定地域　全球化已经成为汽车、摩托车、手机、自卸卡车、电视机和医疗设备等许多行业中挑战者成功的关键因素。这些挑战者通过在一个特定地区扩大市场份额、降低成本或提供更优质的产品或服务来获得竞争优势。在某些情况下，地区或全球市场上的领先者可能会依靠规模经济性和范围经济性成功地应对地区挑战者。然而，在一些产业中，采用全球策略可能不符合效率要求。这时，领先者可能会遭受来自以不同国家为基地的挑战者的竞争压力。

(4) 横向战略　挑战者可以通过收购或兼并同类产品生产企业来扩大经营规模。横向战略能够提高系统的结构级别，开展与企业当前业务相竞争或相互补充的活动，实现规模经济，降低产品成本，巩固市场地位，提高竞争优势，减少竞争对手。但需要注意的是，在横向战略实施的过程中，企业文化的不同可能会使管理成本增加，难以协调复杂关系，产品质量面临挑战。

重新确定竞争范围的四种模式并不相互排斥，挑战者可以把一个方向的窄范围和另一个方向的宽范围结合起来。例如，挑战者可以在进行全球竞争（地理上的范围）的同时，利用在局部市场（产业内的范围）上集中力量进攻领先者。总之，同时以几种方式重新确定竞争范围已被证明是竞争优势的重要来源。

3. 纯投资

纯投资是挑战者进攻领先者风险最大的方式。借助投资，挑战者寻求获得足够的市场份额、销售量或品牌资产，以便在相对成本地位或产品差异方面领先。利用纯投资，即使挑战者不能在任何方面比领先者做得更好，也可以简单地靠资源或更强烈的投资欲望压倒领先者，但这一行为从长期来看具有较高的风险。当领先者忽略市场竞争、无意在产业内投资或承受较大的现金压力时，挑战者较容易通过熟练地利用财务资源获得纯投资进攻的成功。在领先者规模小且资本不足的产业，纯投资的成功机会较高。这些产业的领先者虽然具有一定的竞争优势，但无力实施足以挫败挑战者的报复。

（三）阻止领先者的报复

要获得成功，挑战者还必须发现或创造阻止领先者报复的方法，削弱领先者的自然优势并降低挑战者进攻的成本。

1. 模仿

挑战者模仿领先者可以抑制领先者的报复能力。挑战者在针对领先者的高质高价产品推出仿制品或低质低价产品时，领先者往往不得不面对市场份额的降低。面对模仿，领先者若做出反应会损害原有战略，若不做出反应则会损失市场份额，面临着品牌价值和市场份额难以兼得的两难境地，从而使挑战者获得一定的市场机会。需要注意的是，模仿行为存在较高的法律风险和道德风险，对挑战者的品牌资产形成也具有一定的负面作用，企业应慎用这种方法。

2. 设置回击壁垒

挑战者可以通过多种方式设置回击壁垒，使领先者难以进行报复。挑战者可以增加回击成本，使领先者由于拥有大的市场份额而无法轻易削价或提供高成本的增值服务；可以采取与领先者不同的财务策略，当领先者希望保持高现金流而不是进行大规模再投资时，就不会采取成本高昂的反击行动；可以利用法律法规，如反垄断法调查、安全标准、环保法规等的限制，削弱领先者的行动能力；可以利用价格策略，如果领先者基于平均成本定价而不是基于特定交易成本定价，那么挑战者就可以通过提供更低的价格来吸引价格敏感的买家。这时领先者可能需要较长时间才能意识到自己的真实成本，从而无法及时调整价格来应对竞争。通过这些方法，挑战者有机会逐渐夺取市场份额，从而防止领先者进行有效反击。

（四）领先者脆弱性的信号

领先者易受攻击的信号可分成两组，即产业信号和领先者自身信号。

1. 产业信号

结构变化能提供领先者可能易受攻击的最强信号。发源于产业外部的结构变化是领先者脆弱性的重要征兆，包括：①突发的技术变革。突发的技术变革增加了战胜领先者竞争优势的可能性。因为变革使领先者的技术优势丧失基础，掌握新技术才能获得竞争优势，这给挑战者带来了机会。②买主需求的变化。买主需求的变化对挑战者意味着差异化、新销售渠道和产业细分带来的新机会。③销售渠道变化。新销售渠道的出现为挑战者改变领先者在现有销售渠道中的支配地位提供了潜在机会。例如，移动互联的普及和社交媒体渠道的出现为挑战者带来新的销售渠道和宣传产品的机会。④投入品的质量或成本变化。重要投入品的质量或成本的变化意味着挑战者利用各种方法获取成本优势的机会，包括采用新生产过程、垄断新原材料来源，以及为减少材料消耗或改变材料构成而进行的产品设计修订等。

2. 领先者自身信号

产业领先者自身的下列特性标志着它的脆弱性：①进退维谷。领先者处在进退维谷境地，即在低成本战略和差异化战略之间左右两难，都无法获得绝对优势，为挑战者提供了进攻的目标。②不满的买主。有不满的买主的领先者往往易受攻击。不满的买主的存在表明领先者在战略实施和具体策略中存在一定的问题，可能导致买主寻找替代品或替代渠道，转向和支持挑战者。③领先者是现行产业技术的开创者。产业技术的开创者可能由于对现行技术的路径依赖和已产生的沉没成本，从而限制其对新技术的接受程度。例如，在汽车工业发展早期，福特公司由于大规模流水线的应用而成为领先者，也由于执着于大规模流水线、缺乏对新需求的适应能力而失去领先者的地位，被通用汽车公司赶超。④高利润率。高利润率的领先者可能为了保持利润而降低报复倾向；长期的利润也可能使领先者出现反应迟钝，对挑战者的进攻威胁失去敏锐认知；总体高利润率还可能掩盖盈利能力有限的业务活动，从而为挑战者实施集中一点战略提供机会。⑤违法违规历史。曾经出现过违法违规的领先者可能受到某种限制而无法实施强烈的报复，如受到反垄断法限制等。

第三节　领先企业的防御战略

对于领先企业来说，为了保持其持久的竞争优势和合理的利润率，必须对挑战者的进攻做出防御安排。进攻来自两类企业——本产业的新进入者和试图改变自己地位的原有竞争者。如果一个领先企业采取“以攻为守”战略，为获取竞争优势而持续投资，改善自己的相对成本地位和差异化形象，那么挑战者就很难成功。然而，即使有了充满活力的“以攻为守”战略，防御战略仍扮演着重要角色。防御战略旨在降低进攻的可能性，把进攻引向威胁更小的方面或者降低进攻的强度。防御战略本质上不是增加企业的竞争优势而是使它更持久。几乎所有有效的防御战略都需要投资，即企业应放弃某些短期盈利以提高持续能力。最成功的竞争战略应把进攻和防御两个方面结合起来。

一、了解挑战者的进攻过程

防御战略必须建立在对挑战者行为逻辑和利润预期的深刻了解上。防御战略的制定必须从理解新、老竞争者进攻的时段序列入手。恰当的防御战略必须根据进攻的全过程来制定，在不同阶段根据挑战者不同的卷入程度和投资水平采取不同的应对措施。挑战者进入或改变地位的过程由四个时期组成。

（一）准进入时期

这是挑战者开始进入之前的时期，在这个时期，挑战者把该产业作为一个进入目标来考察。挑战者在此期间的典型活动局限在市场研究、产品与生产技术开发，以及就相关兼并、收购活动与投资人进行接触等。这是一个侦察阶段，因为挑战者进入产业的打算往往没有确定。作为准进入期的结果，部分潜在进入者决定不进入产业。

（二）进入时期

在这个时期，挑战者投资建立自己在产业中的基本地盘。这一时期，挑战者要进行诸如持续的产品和技术开发、检验市场、国内拓展、蓄积销售能力，以及建厂等活动。挑战者希望在这一时期结束时，能够在产业中获得有利的地位。进入时期可以持续几个月或几年，这取决于建立初始地位所必需的活动需要多长的引入周期。在餐饮这样的服务业中，这一时期可能只有几个月；在自然资源产业中，这一时期可能是五年或更长的时间。

（三）进入持续时期

这一时期挑战者的战略从进入战略向长期目标战略演变。在持续时期，挑战者可能采取诸如扩大产品种类、纵向一体化或拓宽地理范围等行动。这些行动需要向该产业不断投资，其数量超过了为获得立足之地所必需的投资。

（四）后进入时期

这是挑战者已充分进入后的时期。在该阶段，挑战者的投资可能转移到那些为保持自身产业地位所必需的方面去了。

在以上不同阶段中，挑战者对其战略的卷入水平可能差异较大。一般来说，挑战者的卷入程度随着过程的进展而提高，随着进入决策的做出、资源开始使用、时间流逝和战略的进展，卷入的程度不断提高。挑战者的卷入程度对防御战略有关键影响，因为它决定阻止挑战者进攻的难度。随着进攻过程的发展，挑战者的退出障碍也不断增加。高退出障碍的存在给驱逐挑战者带来了困难。随着专门投资的到位、长期合同的签订，以及横向联合战略的实施，退出和收缩障碍将不断提高。认识挑战者退出障碍的程度以及它们将怎样随着时间而变化，对防御战略的制定意义重大。领先者在挑战者决定是否进行实际投资之前采取防御行动，就可能影响挑战者的内部决策过程，增加其感知风险，甚至可能放弃进入产业。因此，防御战略的一个重要原则是尽量在挑战者退出障碍提高之前采取防御行动。

二、防御战术

防御战术的目标是，影响挑战者对进入或改变地位的预期收益计算，从而使挑战者得出进攻行动不会达到预期效果的结论。为此，防御者要研究防御战术。多数防御战术是高成本的，靠减少短期利润来维持企业地位。然而，除非不惜代价，多数企业不能完全消除进攻的威胁。因此，防御者应当把行动目标设定为将威胁降低到可接受程度，权衡相对于防御成本的进攻风险。以下三种类型的防御战术构成所有防御战略的基础。

（一）提高结构性障碍

进入或移动的结构性障碍是挑战者相对于领先企业的竞争劣势的根源。结构性障碍的存在恶化了挑战者从挑战中得到的预期收益，具体战术如下。

1. 填补产品或配置的缺口

当企业填补其产品种类的缺口或优先达到挑战者可能去利用的其他销售目标时，障碍就会提高。这类措施迫使挑战者与防御者正面相对。填补缺口可以采取多种形式，如扩大产品种类以填补产品空位；引进与产品特性相配的商标或引进挑战者拥有的或曾经拥有过的商标，在不损害主要商标地位的情况下提高挑战者障碍；对与竞争者产品系列接近的产品种类实行防御性低价，以阻止竞争者产品系列的扩张；鼓励能建立合作关系的竞争者填补缺口而不威胁企业。

2. 封锁销售渠道入口

当企业使挑战者达到销售渠道入口更困难时，就提高了结构性障碍。防御战略不仅应当指向企业自身的销售渠道，而且应当指向封锁挑战者的销售渠道入口。这些渠道对挑战者进入企业的渠道来说可能是一种替代或跳板。封锁销售渠道的战术包括以下内容：销售渠道的排他性协议；填补产品种类缺口，以便为销售渠道提供充足的产品种类，提高挑战者在获取地盘时的困难程度；扩充产品系列，以包容一种产品的所有尺寸规格和型号，占据销售网点的全部货架或仓库空间；确定攻击性的销售折扣以抑制产业中的新供应者；对本企业产品实施有吸引力的售后服务支持，优先占领那些放弃向个人和团体提供售后服务的销售渠道；为自有品牌渠道商提供产品，以便先于挑战者占领这部分市场的入口。

3. 提高用户的转换成本

企业可以通过提高用户的转换成本来提高障碍，其中常见的方法包括：免费或低成本向用户提供使用和维护本企业产品的培训及专门服务程序，设置程序只适用于本企业产品；邀请用户共同参与产品开发，或对用户提供应用工程辅导，帮助用户将企业产品结合到用户的产品或加工过程中去；建立用户数据库并以此为基础建立长期联系；在用户所在地区设置适当数量的库存以提高对用户的响应速度。

4. 提高消费者试用其他品牌的成本

如果挑战者让消费者试用其产品需要花费较高代价，它就面临较高障碍。要提高这种障碍，要求企业了解那些最可能成为挑战者产品早期试用者和购买者的消费者类型。提高挑战者的用户试用成本有如下步骤：首先，有选择地降低被购买可能性最高的产品价格；其次，向最易于试用新产品的消费者赠送或分发样品；再次，对增加消费者购买量的交易打折扣，延长订货间隔或延长合同期限，阻止挑战者对订货渠道的接近；最后，传播价格变化消息以推迟消费者采取购买新产品的行动。

5. 防御性地增加规模经济

如果规模经济增加，障碍也会提高。在广告和技术开发领域增加规模经济往往是可能的，因为这些领域的规模门槛是由竞争决定的。例如，通过加快技术开发投资速度提高产品开发速度，企业可以增加挑战者必须拥有的技术开发投资，而这些投资将分摊在挑战者相对少的销售量上。在最小规模由竞争性成本水平决定而不是由技术决定的领域，企业可以最有效地增加规模经济。缩短某些产品型号的生命周期也可以提高规模门槛，例如英特尔公司不断推出计算机 CPU 芯片，使竞争对手难以在计算机芯片上立足。

6. 防御性地增加资本需求

如果企业能提高挑战者所必须使用的资本量，挑战者就可能受到阻碍。许多防御战术通过增加开业成本来提高挑战者的资本需求，如增加提供给交易者或买主的资金量、扩大授权范围或放宽收益政策，以及减少产品发送时间或节约配件，促成买主订货或对多余生产能力的需求增加。

7. 排斥挑战者使用其他替代技术

如果企业能排斥挑战者可能采用的其他替代技术，就堵死了挑战者这条进攻路线。排斥其他技术的战术如下：获得产品或加工方面其他替代技术的专利；通过购买许可证、开办采用其他替代技术的实验性工厂、与拥有其他替代技术专家的企业结成联盟或实际生产采用其他替代技术的产品等方式，来保持参与其他替代技术的开发；发放许可证给友善的竞争者或对其进行鼓励，使其采用其他替代技术。

8. 保护专有技术

如果企业能够保护自己在产品、加工或价值链其他环节中的专有技术，就可以提高障碍。在限制专有技术的扩散方面，企业应采取系统的措施，包括严格限制挑战者接近专有技术相关机构和职员；提高专有技术相关生产设备的安保级别；纵向一体化到关键组件，以避免专有技术泄密；减少专有技术相关人员流动以防止泄密；进攻性地获取发明专利；对侵权行为提起诉讼以推迟挑战者进入产业。

9. 控制供应链

如果企业能够排斥或限制挑战者接近原材料、劳动力和其他投入品的供应来源，也会提高障碍。典型战术如下：与优质供应者签订排他性合同；后向一体化到供给商，以切断挑战者的供给来源；收购关键资源供应来源，以免被竞争者抢先占有；签订长期购买合同以控制供应商的生产能力。

10. 提高竞争者的投入成本

如果企业能够提高挑战者的相对投入成本，就会提高进攻障碍。这样做的机会主要是由竞争者（或潜在竞争者）的成本结构差别造成的，这种差别使得特定投入品的价格变化对竞争者的影响比对企业的影响更大。常见战术如下：防止企业主要原料供应商同时为竞争者或潜在竞争者服务，避免企业的规模经济通过供应商转移到竞争者手中；提高挑战者成本构成中占比较高的投入品价格，以增加其投入成本。

（二）增加可预料的报复威胁

防御者必然进行的报复将减少挑战者的收益或提高其成本，降低挑战者预期的盈利水平。这种威胁要能被挑战者觉察，并达到一定的严重程度。可预料的报复威胁可以利用一些战术来增加，这类战术显示企业打算积极地保卫自己的地位，显示企业拥有实施报复的资源或者显示企业实施的报复难以逃避。企业的行为不断影响着潜在挑战者对报复威胁的感知。企业的历史，特别是其对过去挑战者的反应强烈地影响着企业在报复方面的风格。企业必须谨慎地利用自己在实际或潜在竞争者心目中的形象。增加企业可觉察报复威胁的手段如下：

1. 显示防御意图

如果企业始终如一地显示其保护自己的地位的意图，那么它就增加了可预料的报复威胁。显示防御意图的途径有：由董事会宣布保护在本产业中市场份额的意图；发表共同声明，强调某一经营单位对企业的重要性；宣布制订大于需求的生产能力计划。可以通过现存的所有传播渠道对防御意图进行传播，如公开声明、贸易出版物、批发商和用户等，以达到最大的防御效果。

2. 释放障碍信号

多数有效提高结构障碍的战术都要求企业进行重要投资，但有时企业也可以借助释放市场信号或局部投资达到同样的效果。在市场上释放有关计划实施措施或局部投资的信号，目的在于增加企业未来的可预料报复。例如，企业可能宣布或披露有关新一代产品、商标或新加工技术的消息，以增加将要采取实际步骤的挑战者的感知风险。这样的市场信号可以使挑战者推迟未来的卷入，直到能获得足够信息来判断信号是否可靠时为止。

3. 竞争承诺

如果企业致力于竞争和较量，就能提高挑战者对报复的预期。例如，企业要求得到比挑战者更高的价格或其他条件，就有可能打消挑战者通过折价出售获得地位的意图，当企业以公开方式兑现竞争承诺时尤其如此。采用这一方法的前提是，在挑战者眼中，企业必须是有能力兑现竞争承诺的。

4. 提高退出或丢失份额的代价

增加企业保持其市场份额的经济必要性，也就是提高企业的收缩障碍，往往是显示报复程度的简便方法。有效方式包括：建立适当大于需求的生产能力；签订固定量投入品的长期供应合同；扩大纵向一体化；投资建设专用设备；公开增加退出固定成本的合同关系；加强与战略联盟企业的相互联系，且战略联盟企业表示有长期合作意图。增加退出或丢失份额的代价会给企业带来风险，甚至使企业可能真的付出相应的代价。因此，这种做法应谨慎采取。

5. 积累报复资源

如果企业在需要有效报复的领域拥有足够的资源，报复的威胁就会增加。因而可以通过积累相关资源来提高挑战者对报复威胁的感知，如保持足够的现金储备，拥有新型产品或替代产品的储备，拥有进行新技术开发的人力资源等。

6. 建立防御联盟

与其他企业结盟可以影响上述多种方式，可能增加报复的威胁。例如，联盟可能提供单个企业自身不具备的封锁能力或报复资源。

在增加感知报复威胁时需要注意的是，许多方法迫使企业提高其风险水平。这些战术是由于提高了企业的风险，才对挑战者产生重要意义。因此，企业如果希望以这种方式维持地位，就必须做好进行相关投资的准备。

（三）减少进攻的诱因

利润是挑战者向领先企业发起进攻的诱因，因此防御战略的一个基本方面就是决定可持续的现期价格水平和利润水平。企业可以通过做出放弃现期利润的选择而减少进攻的诱因。这种做法意味着要降低价格、增加折扣等。如果企业利润率很高，挑战者会企图越过同样高的障碍，或者准备好应对领先者的报复。例如，尽管产业中有高进入障碍和严阵以待的竞争者，油田服务和药品行业历史上的高利润率依然吸引了许多企业为进入这些产业而进行大量投资。

这三类战术都可以在挑战发生之前和挑战开始进行时使用。一旦挑战开始，企业就不仅要考虑自己相对于挑战者的地位，而且要考虑采取什么样的行为可以遏制挑战者的行动。对防御战术的投资不能也不应当用传统的短期盈利指标来衡量，应重视防御投资的目标，明确阻止挑战者是通过降低短期利润率以确保长期利润率的行动。

在以上三种基础战术的组合下，有以下六种防御战略可供市场主导者选择。

（1）阵地防御　阵地防御就是在现有阵地周围建立防线。这是一种静态的防御，是防御的基本形式。企业如果对自己的技术水平、品牌声誉和营销能力有充分的信心，自信足以承受某些攻击的话，可沉着应战，以静制动，不轻易发动反攻。阵地防御不能作为唯一的防御形式，如果将所有力量都投入这种防御，最后很可能导致失败。对企业来说，单纯采用消极的静态防御，只保卫自己目前的市场和产品，是一种“营销近视症”。

（2）侧翼防御　侧翼防御是指市场主导者除保卫自己的阵地外，还应建立某些辅助性的基地作为防御阵地，或必要时作为反攻基地。特别是注意保卫自己较弱的侧翼，防止对手乘虚而入。

（3）以攻为守　这是一种“先发制人”式的防御，即在竞争者尚未进攻之前，先主动攻击它。这种战略主张预防胜于治疗，事半功倍。具体做法是，当竞争者的市场占有率达到预先设定的阈值时，就对它发动攻击，或者是对市场上的所有竞争者全面攻击，使人人自危。

（4）反击防御　当市场主导者遭到对手发动的降价或促销进攻，或改进产品、占领市场阵地等进攻时，不能只是被动应战，应主动反攻入侵者的主要市场阵地。可实行正面反攻、侧翼反攻，或发动钳形攻势，以切断进攻者的后路。当市场领导者在它的领域遭到进攻时，一种很有效的方法是也进攻挑战者的主要领地，以迫使其撤回部分力量守卫其领地。

（5）运动防御　这种战略不仅防御目前的阵地，而且扩展新的市场阵地，并将其作为未来防御和进攻的中心。市场扩展通过两种方式实现：①市场扩大化，即企业将注意力从目前的产品转到有关该产品的基本需要上，并全面研究与开发有关该项需要的科学技术；②市场多元化，即向无关的其他市场扩展，实行多元化经营。

（6）收缩防御　在所有市场阵地上全面防御有时会得不偿失。在这种情况下，最好是实行战略收缩，即放弃疲软的市场阵地，把力量集中用到主要的市场阵地上去。

第四节 大型企业的战略决策

企业规模不同，其战略决策的侧重点就不同。一般来说，大型企业提供的产品种类繁多，生产规模大，大多把业务分成多种类型，按战略经营单位组织生产经营。这些战略经营单位实行分散经营，每一个经营单位作为利润中心，经营某一类产品或服务，上缴利润，在需要进行投资时提出计划，报请上级部门审批。由于大型企业存在多个经营单位，哪些经营单位应当作为企业的重点予以扶持？应采取什么样的组织结构才能更好地提高各经营单位的积极性和灵活性？各经营单位之间应保持怎样的相互联系，才能更好地发挥协同作用，使整个企业成为一个协调的整体，互相促进，从而形成整个企业竞争优势？这些问题将在本节中讨论。

一、大型企业各经营单位之间的相互联系

大型企业一般由多个经营单位组成，各经营单位虽然业务分工不同，但相互之间仍然存在各种类型的联系，即关联性。这种关联性使各经营单位能够获得某种竞争优势，这种优势是它们作为独立个体无法获得的。经营单位之间存在着三大类型的相互联系：有形的相互联系、无形的相互联系和竞争者的相互联系。三种类型的相互联系对竞争优势都有重要的影响。

（一）有形的相互联系

有形的相互联系是指关联的经营单位在价值链中存在共用的环节与要素。如果这些共同要素或价值链环节可以降低成本或者促进产品差异化，有形的相互联系就能形成竞争优势。例如，共同使用销售力量的经营单位，可能降低其销售成本。为了帮助企业确定有形的相互联系，应当把在实际中出现的各种共用形式以及能创造竞争优势的各种方法进行分类。各经营单位之间的共用形式可分为五种：共用或拥有共同的市场、生产、采购、技术和基本设施等价值环节。

1. 市场的相互联系

市场的相互联系是指对市场价值活动的共用。如果各经营单位的产品有共同的顾客和销售渠道，则可以共用物流系统、订货程序、服务和销售力量，使经营成本更低。不管向共同的顾客出售的产品是替代品还是互补品，都能在共用市场上形成优势。当经营单位所售产品互为替代品时，共用市场能得到的成本优势较少，因为顾客采购的是其中一种产品而不会同时采购两种，但向顾客提供替代品能减少风险，因为一种产品的亏损可由另一种产品来补偿，替代品的联合经营也能促进企业的差异化特色。当经营单位向共同的顾客销售互补品时，共用优势通常比销售无联系的产品和替代品更大，因为互补品常常有相互关联的要求，将促进共用价值活动，如共同的商标、联合广告及包装等方面的有效利用。

2. 生产的相互联系

生产的相互联系包含对内部物流、部件生产、装配、检验等上游价值活动，以及维修等活动的共用。这些共用形式都要求把活动场地设置在一起，以防止由于共同参与活动的经营单位及其供应商或顾客在地理位置上相隔很远而导致的物流成本增加。

3. 采购的相互联系

采购的相互联系包括对各经营单位投入品的共同采购。共同采购可以扩大采购批量，提高与供应商的讨价还价能力，节约采购成本。

4. 技术的相互联系

若各经营单位之间存在共同的技术基础，就可以共同开发技术和产品，取得竞争优势。例如，大数据的应用有助于不同企业之间共享信息，促进合作和创新；区块链技术为供应链管理、智能合同、数字身份验证等领域提供了新的解决方案。区块链的去中心化和不可篡改的特性使其成为保护数据安全和可信的强大工具。多个企业可以共同参与区块链网络，确保数据的透明性和可追溯性，从而降低欺诈和错误的风险，并有助于简化跨企业的交易和合同管理，提高效率，减少成本。

5. 基本设施的相互联系

最后一种相互联系涉及企业基本设施，包括财务、法律、会计和人力资源管理等活动的共用。在多种经营企业，基本设施活动是经常被共用的。最大限度地利用基本设施的共用性，能为企业带来竞争优势。例如，财务的相互联系可以实现联合筹集资本和共同利用资本，有利于解决经营单位的资金问题，当经营单位对资金有反周期和反季度的需求时，财务的相互联系允许将一个经营单位的现金用到另一个经营单位中去。

（二）无形的相互联系

无形的相互联系主要是指各经营单位之间存在可以通用的经营管理经验、技术与方法。许多经营单位在客户的类型、客户购买的形式、所采用的生产过程，以及同政府的关系等方面存在相似性，可以共用管理知识，通过一个经营单位向另一个经营单位转让特定活动的一般管理技术或知识，可以降低活动的成本，或者使之更具有独特性。管理技术可以按任意方向进行转让，例如从现有经营单位转让到一个新的经营单位，或者从一个新的经营单位转回到现有的经营单位。转让管理技术通过改变接收单位的竞争手段而增强其竞争优势。

（三）竞争者的相互联系

竞争者的相互联系是指企业内部经营单位或产品结构的设置常常受竞争对手的影响，即当一个企业与一个多种经营的对手进行竞争时，其内部经营单位的设置往往取决于竞争对手的产品结构或其内部经营单位的设置。一般来说，对抗多种经营企业的办法是采用与对手相似的经营范围。因为多种经营企业的内部单位可能存在有形或无形的相互联系，从而具有低成本或差异化优势。因此，企业相对于一个多种经营对手的竞争优势，部分取决于其内部经营单位所获得的有形或无形的相互联系。

	经营单位 1	经营单位 2	经营单位 3	经营单位 4
竞争者 A	×	×	×	
竞争者 B		×	×	×
竞争者 C		×	×	
竞争者 D			×	×
竞争者 E		×	×	
竞争者 F				×
竞争者 G	×			
竞争者 H		×		

图 7-1 企业竞争者矩阵

可用如图 7-1 所示的企业竞争者矩阵来鉴别现有的多种经营竞争者。对于图 7-1 中的企业说来，竞争者 A、B、C、D、E 是多种经营竞争者，其他竞争者是单点竞争者，但它们是潜在的多种经营竞争者。分析结果表明，经营单位 2、3 处在两个密切相连的产业中，因为四个竞争者都在这两个产业中竞争，说明它们的相互联系相当密切。产业之间的相关性是预测哪些企业最有可能成为潜在多种经营竞争者的线索。假设已知经营单位 2、3 所竞争的两个产业之间的关系，那么 H 竞争者最可能成为潜在的多种经营竞争者。例如，迪士尼公司与时代华纳公司同时在电影制作和图书出版领域竞争。因为两种产品具有共同的技术基础，同时可以共用技术力量与营销方法，从而降低成本。

二、大型企业产品组合管理

大企业一般都具有复杂的产品结构，企业对如此众多的产品如何管理，哪些产品或经营单位应当重点投资，哪些应该收缩或售出，这些都是极为重要的问题。产品组合管理又称 PPM 管理（Product Portfolio Management），是 20 世纪 60 年代以后形成的适应这种需要的管理技术。它的内容是：根据多种产品各不相同的效益性、资金周转特性和发展前景等因素，分别采取不同的对策，求得相互均衡协调，以便实现企业的经营目标。产品组合管理以波士顿矩阵四象限法和通用电气矩阵九象限法为主要内容。

（一）波士顿矩阵四象限法

1. 基本原理

将企业所有产品从销售增长率和市场占有率的角度进行组合，形成坐标图如图 7-2 所示。在坐标图上，以纵轴表示企业销售增长率，横轴表示市场占有率，各以 10% 和 20% 作为区分高、低的中点，将坐标图划分为四个象限，依次为“问题（?）”“明星（★）”“现金牛（¥）”“瘦狗（×）”。在实际应用时，企业可将产品按各自的销售增长率和市场占有率归入不同象限，使企业现有产品组合一目了然，同时便于对处于不同象限的产品做出不同的发展决策。其目的在于通过产品所处的不同象限的划分，使企业采取不同决策，以保证其不断地淘汰无发展前景的产品，保持“问题”“明星”“现金牛”产品的合理组合，实现产品及资源分配结构的良性循环。

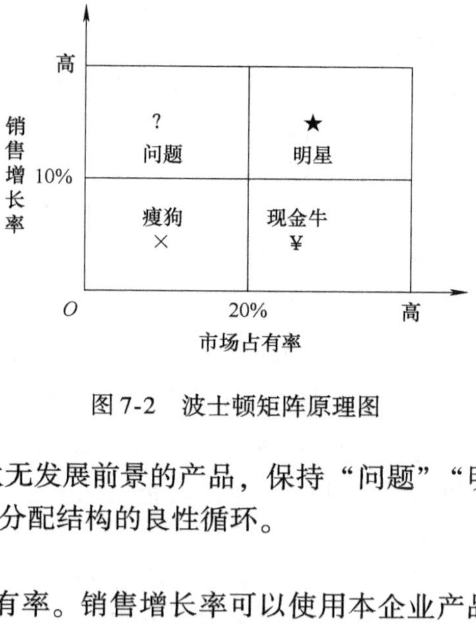

图 7-2　波士顿矩阵原理图

2. 基本步骤

1）核算企业各种产品的销售增长率和市场占有率。销售增长率可以使用本企业产品销售额或销售量进行计算，时间可以是一年或是三年以至更长时间。市场占有率可以用相对市场占有率或绝对占有率，要用最新资料。基本计算公式为

$$本企业某种产品绝对市场占有率=\frac{该产品本企业销售量}{该产品市场销售总量}\times 100\%$$

$$本企业某种产品相对市场占有率=\frac{该产品本企业市场占有率}{该产品市场份额最大者的市场占有率}\times 100\%$$

2）绘制四象限图（见图 7-3）。参照原理图，以 10% 的销售增长率和 20% 的市场占有率为高低标准分界线，将坐标图划分为四个象限。然后把企业全部产品按其销售增长率和市场占有率的大小，在坐标图上标出其相应的位置（圆心）。定位后，按每种产品当年销售额的多少，绘成面积不等的圆圈，按顺序标上不同的数字代号以示区别。定位的结果即将产品划分为四种类型。

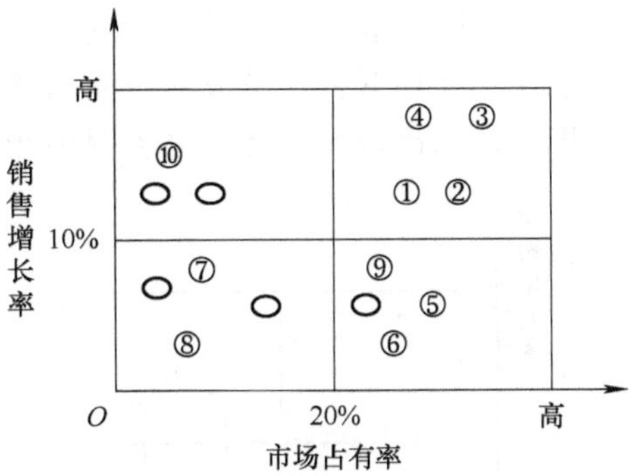

图 7-3　波士顿矩阵四象限图

3. 各象限产品的定义及战略对策

（1）问题类　它是处于高增长率、低市场占有率象限内的产品群。高增长率说明市场机会大，而低市场占有率则说明在市场营销上存在问题，能否取得成功还是个未知数。例如，在产品生命周期中处于导入期，因种种原因未能开拓市场局面的新产品即属此类产品。问题类产品应采取选择性投资战略，对于那些有前途的产品进行重点投资，提高市场占有率，使之转变成“明星产品”，对于那些缺乏前景的产品，应精简或淘汰。

（2）明星类　问题类产品如果经营成功，就会转入明星类，即处于高增长率、高市场占有率象限内的产品群。由于该类产品增长较快而显得资金不足，需要加大投资以支持其迅速发展，因而是使用现金较多的单位。由于任何产品都有其生命周期，这类产品的增长速度会逐渐降低，最后就会转入现金牛类。

（3）现金牛类　现金牛类产品是指处于低增长率、高市场占有率象限内的产品群，这类产品已进入成熟期。这类产品销售量大，产品利润率高，能够源源不断地给企业带来生存发展所必需的现金，因而成为企业回收资金和支持其他产品的后盾，尤其是可以帮助问题类与明星类产品增加投资。这类产品需要投入的现金少、获得的现金多，故称为现金牛类产品。

（4）瘦狗类　瘦狗类产品是处于低增长率、低市场占有率象限内的产品群。这类产品盈利少或处于保本、亏损状态，如同处于饥饿或病痛状态中的瘦狗一样，气息奄奄。对于这类产品应采用撤退战略，减少产量，逐渐退出市场；对那些销售增长率和市场占有率均极低的产品应立即淘汰，将剩余资源向其他产品转移。

如果一个企业中瘦狗类或问题类产品多，明星类和现金牛类产品少，其业务组合是不合理的，应当加以调整。

4. 波士顿矩阵四象限法的应用法则

按照波士顿矩阵四象限法的原理，一方面，产品市场占有率越高，创造利润的能力越大；另一方面，销售增长率越高，为了维持其增长及扩大市场占有率所需的资金越多。因此，合理的产品发展与资金移动应如图 7-4 所示，这样可以使企业的产品结构实现产品间的互相支持，以及资金良性循环的局面。图 7-4 中，实线为产品发展路线，虚线为资金移动路线。按照产品在象限内的位置及移动趋势的划分，形成了波士顿四象限法的基本应用法则。

第一法则：成功的月牙环。企业所从事的事业领域内各种产品的分布若如图 7-5 所示，呈现月牙环形，这是成功企业的象征。成功企业盈利大的产品不止一个，而且这些产品销售收入都比较大，还有诸多明星产品，有一些问题产品，没有瘦狗产品。

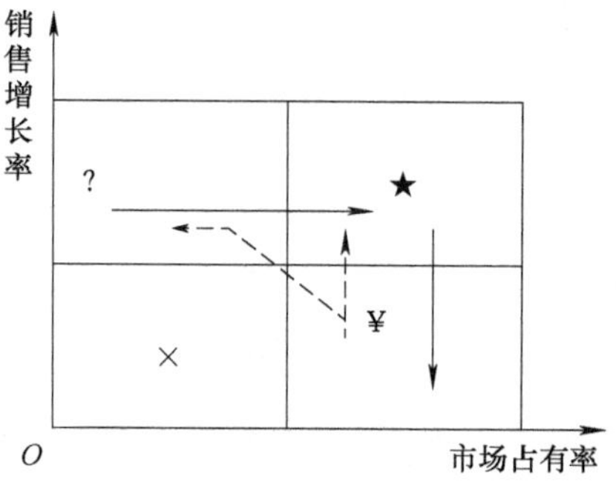

图 7-4　波士顿矩阵产品发展与资金移动

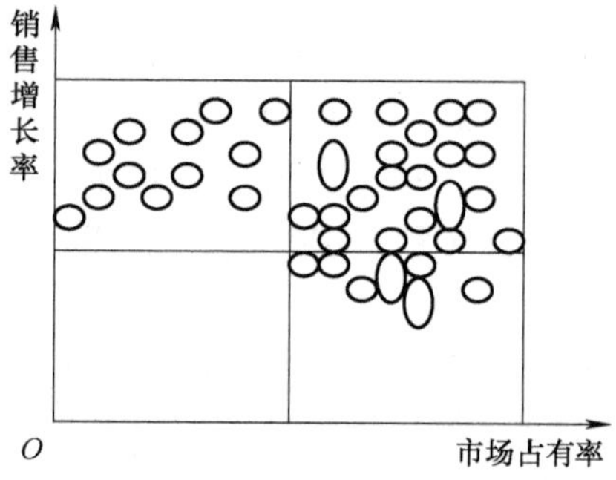

图 7-5　月牙环

若产品结构如图 7-6 呈现散乱分布，说明其事业领域内的产品结构未规划好，企业业绩必然较差。这时就应区别不同产品，采用不同策略。

第二法则：东南失败法则。企业在东南第四象限内一个产品都没有，或者即使有，其销售收入也较少，如图 7-7 所示。这种情况表示企业没有任何盈利大的产品，应当对现有产品结构进行调整，缩减现有产品规模，考虑向其他事业领域渗透，开发新的产品。

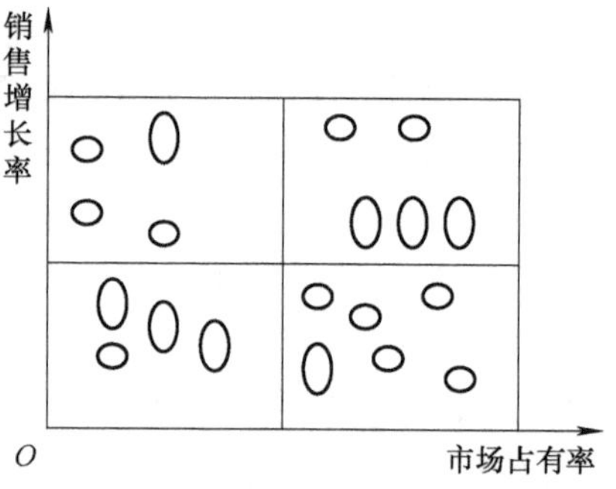

图 7-6　散乱分布

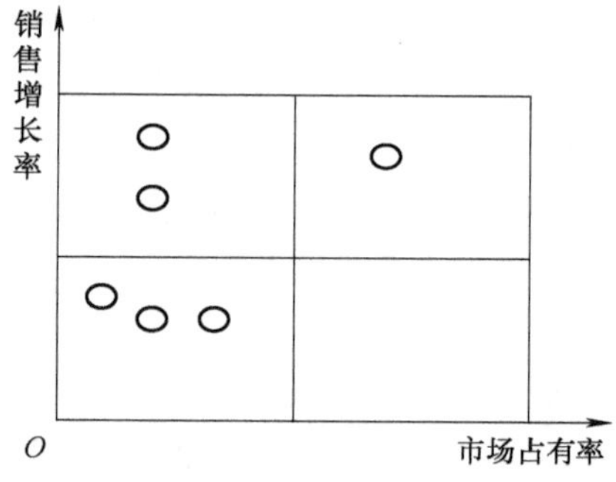

图 7-7　东南失败法则

第三法则：东北方向大吉。一个企业的产品在四个象限中的分布集中于东北方向，表示该企业的产品结构中明星产品多，企业发展潜力大；相反，产品的分布集中在西南方向，说明瘦狗类产品数量大，表明该企业产品结构衰退，经营不成功，如图 7-8 所示。

第四法则：跟踪移动速度法则。从每一个产品的发展过程及趋势看，产品的销售增长率越高，为维持其持续增长所需的资金量就越大；而市场占有率越高，创造利润的能力越强，持续时间也较长。按正常趋势，问题产品经明星产品最后进入现金牛产品阶段，标志了该产品从纯资金耗费到为企业提供效益的发展过程，这一趋势移动速度的快慢影响到其所能提供的收益大小。

如果某一产品从问题产品（包括从瘦狗产品）变成现金牛产品的移动速度快，说明其在高投资与高利润率的明星区域存留时间很短，因此对企业提供利润的可能性及持续时间都不会太长，总的贡献也不会大，如图 7-9 所示。

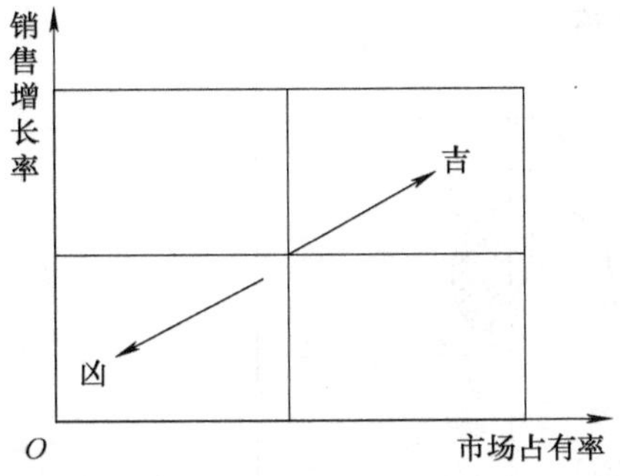

图 7-8　东北方向大吉

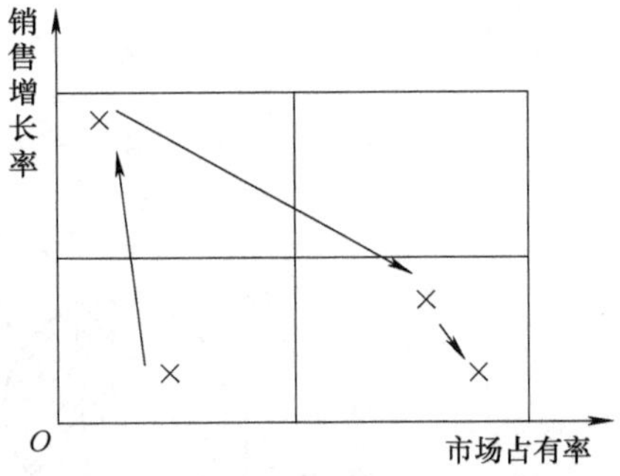

图 7-9　移动速度快的发展过程

如果产品发展过程的移动速度较慢，停留在第一、二象限内的时间过长，则该产品也会很快被淘汰，如图 7-10 所示。

在波士顿矩阵四象限法的应用中，企业可以通过四象限法分析，掌握产品结构的现状并预测未来市场的变化，进而有效地、合理地分配企业的经营资源。在产品结构调整中，企业经营者不是在产品到了瘦狗阶段才考虑如何撤退，而应在现金牛阶段时就考虑如何使产品进入衰退期时造成的损失最小而收益最大。

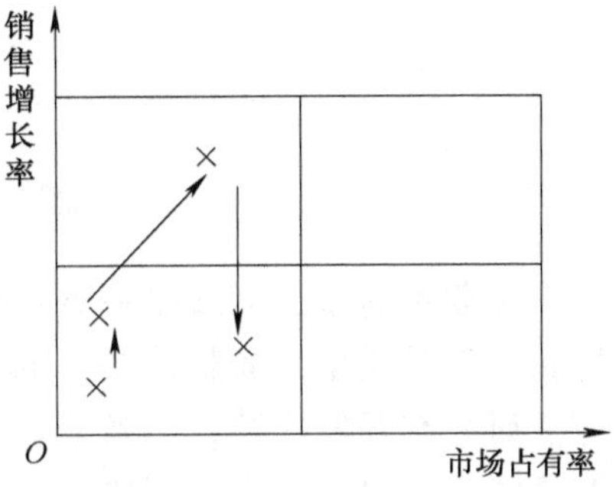

图 7-10　移动速度慢的发展过程

（二）通用电气矩阵九象限法

20 世纪 60 年代中期，美国通用电气公司与波士顿咨询集团通力合作，在波士顿矩阵四象限法的基础上，创造了通用电气矩阵九象限法，并把它作为一项根本的改善措施应用于企业经营实践。

1. 通用电气矩阵九象限法中的战略业务单位

通用电气矩阵九象限法用“多因素投资组合矩阵”来对企业的战略业务单位加以分类和评价，如图 7-11 所示。矩阵图中的七个圆圈代表企业的七个战略业务单位。圆圈大小表示各个单位所在行业（市场）大小，圆圈内的阴影部分表示各个单位的市场占有率。例如，圆圈 D 表示战略业务单位所在行业是一个相当大的行业，其市场占有率也较大（37.5%）；圆圈 B 表示战略业务单位所在行业是中等的，其市场占有率为 25%。

2. 通用电气矩阵九象限法的坐标轴

通用电气公司认为，企业在对其战略业务单位加以分类和评价时，除了要考虑市场增长率和市场占有率之外，还要考虑许多其他因素，这些因素可以分别包含在以下两个主要变量中：

一是行业吸引力，包括市场大小、市场年增长率、历史利润率、竞争强度、技术要求、由通货膨胀引起的脆弱性、能源要求、环境影响，以及社会、政治、法律因素等。矩阵图中的纵坐标代表行业吸引力，以大、中、小概括地表示。

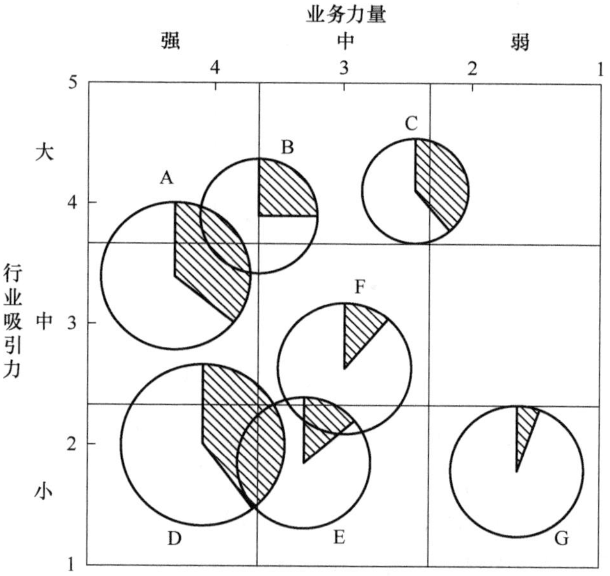

图 7-11　通用电气矩阵九象限法

二是业务力量，即战略业务单位在本行业中的竞争能力，包括市场占有率、市场占有率增长、产品质量、品牌信誉、商业网络、促销能力、生产能力与效率、单位成本、原料供应、研究与开发成绩，以及管理人员等。矩阵图中横坐标代表战略业务单位的业务力量或竞争能力，以强、中、弱概括地表示。如果行业吸引力大，企业的战略业务单位的业务力量又强，显然这种业务是最好的业务。

3. 通用电气矩阵九象限法的象限划分

企业对上述两大变量中的各个因素都要评分（最高分数为 5 分），而且各个因素都要加权，求出各个变量的加权平均分数。

多因素投资组合矩阵图分为三个地带：

1）左上角地带（又叫作“绿色地带”，这个地带的三个小格是“大强”“中强”“大中”）。这个地带的行业吸引力和战略业务单位要“亮绿灯”，采取增加投资和发展的战略。

2）从左下角到右上角的对角线地带（又叫作“黄色地带”，这个地带的三个小格是“小强”“中中”“大弱”）。这个地带的行业吸引力和战略业务单位的业务力量总的说来是“中中”。因此，企业对这个地带的战略业务单位要“亮黄灯”，采取维持原来的投资水平的市场占有率的战略。

3）右下角地带（又叫作“红色地带”，这个地带的三个小格是“小弱”“小中”“中弱”）。总的说来，这个地带的行业吸引力偏小，战略业务单位的业务力量偏弱。因此，企业对这个地带的战略业务单位要“亮红灯”，采取“收割”或“放弃”的战略。

根据上述分类、评价和战略，企业的最高管理层还要绘制出各个战略业务单位的计划位置图，并据此决定各战略业务单位的目标和资源分配预算。各个战略业务单位的最高管理层和市场营销人员的任务就是贯彻执行好高层的决定和计划。

第五节　中小企业的战略选择

一、中小企业的经营特点

（一）所有权与经营权统一

中小企业多属独断独行的个人经营，因此企业的成败主要取决于经营者的个人能力。其特点是在集权的同时，上下级容易沟通，具有机动性，有强烈的开拓精神。

（二）筹资能力限制活动范围

中小企业可利用的资本少，外部资本的筹措能力不强，其活动领域仅限于中小资本可及的范围。中小企业适合从事的行业主要包括三类：一是规模经济效应不明显的行业，如服装、鞋、陶瓷等；二是高度细分的行业，如光学仪器、眼科用品、体育用品等；三是需求分散发生的行业，如服务业等。正因为中小企业的资本弱小，所以在扩大其产业市场时，许多新的竞争对手会参与进来，容易形成过度竞争的局面。

（三）独立性差异较大

有的中小企业保持自由企业、独立企业的性质，有的则成为大企业的从属企业、承包企业。传统中小企业的生产率普遍低，劳动条件不佳，技术水平落后，经营不稳定。很多中小企业的经营者需要与其他企业联合，寻找出路，或运用多品种少批量的方式，在质量、性能和设计上形成差异化，避开价格对抗，实现不完全竞争。与此同时，也存在许多高新技术企业，虽然规模较小，但独立性较高，成长性很好。

二、集中战略

集中战略是根据中小企业规模小、资源有限等特点而制定的一种战略。中小企业实力较弱，往往无法经营多种产品以分散风险，但是可以集中精力，通过选择能使企业发挥自身优势的细分市场进行专业化经营。这就是中小企业的“小而专，小而精”战略。

采用集中战略对于中小企业有两个方面的好处：一是中小企业可以通过扩大生产批量、提高专业化程度和产品质量，增加收益，在市场上站稳脚跟。二是随着需求多样化和专业化程度的提高，大企业普遍更欢迎这些专业化程度高、产品质量好的中小企业为其提供配套产品，从而使中小企业能够逐渐走上以小补大、以小搞活、以专补缺、以专配套、以精取胜、以精发展的良性发展道路。

例如，美国西南航空作为美国航空服务业的后来者，无法与美国航空等领先企业开展全面竞争，其更好的方式是采用集中战略，选择恰当的“突破点”形成竞争优势，从而主导突破点领域成为顾客的首选。不同于美国航空等多舱级运营的企业，美国西南航空在市场竞争中确立了“单一经济舱飞行”的定位，又根据这一定位制定经营战略，形成了一整套独具特色的运营活动。由于这种低廉的经济舱飞行产品适合消费者的短途航线，使美国西南航空在此方面积累了独特优势，最终成为短途飞行之王。

中小企业采用集中战略使其经营目标集中，管理上也比较方便，有利于提高技术，争取有利地位。但需要注意的是，采用集中战略也给中小企业带来了不小的经营风险，因为它们往往过分依赖某种产品或技术，一旦市场变化、需求下降，就会给中小企业的生存带来威胁。因此，为了尽量减少经营风险，采用集中战略的中小企业必须采取以下几项战略措施。

1. 选准目标市场

对于采用集中战略的中小企业来说，选择目标市场是第一个环节，也是至关重要的一个环节。中小企业选择目标市场的正确方法，是将某一特定的细分市场对企业的要求同企业自身素质相比较，通过比较找到能够发挥自己优势的细分市场。目标市场的选择是企业内部条件分析和市场细分两者的结合。

2. 提高企业的产品开发能力，做好产品的更新改造工作

任何产品都有自己的生命周期，因此中小企业要在自己立足的目标市场上占据有利地位，必须不断开发出新产品以满足消费者的需求。中小企业可以依靠社会力量，通过与大专院校、科研机构的联合来开发技术、更新产品。

3. 搞好市场营销

采用集中战略的中小企业一般来说面临的市场或顾客都比较稳定，所以市场营销的重点是：增加销售渠道，寻求新的顾客，采用适当的价格策略等。

三、市场补缺战略

市场补缺战略是根据中小企业机动灵活、适应性较强的特点而制定的一种经营战略。中小企业应根据“人无我有，人有我优”的原则，通过寻找市场上的各种空隙，凭借自己快速灵活的优势，一举进入有空隙的市场，努力取得成功。这就是市场补缺战略。

采用市场补缺战略使中小企业能充分发挥灵活性，企业“钻进空隙”后，进退自如，进可以扩大空隙，向专业化方向发展；退可以在其他企业随后进入空隙时，迅速撤离，寻求新的空隙。

采用市场补缺战略的中小企业所选择的产品一般具有以下特征：第一，产品生命周期较短，只能在一段时间内生产以获取利润；第二，加工工艺简单，生产周期短，所耗资金少；第三，被主要竞争对手忽略；第四，中小企业有能力向空隙市场提供产品。

为了确保战略的有效性，采用市场补缺战略的中小企业在战略实施过程中还要做好以下几点：

1）建立一套高效、灵敏、准确的信息系统，因为市场补缺战略的成功在很大程度上取决于市场信息的准确性和及时性。

2）在组织上要保证战略决策在实施过程中的有效性，以便决策能够以尽可能快的速度转化为企业的生产经营活动。

3）做好市场营销工作，尤其是要搞好企业的传播沟通与推销工作，因为采用市场补缺战略的中小企业所开发的产品往往不被广大消费者熟悉。因此，企业必须花大力气利用

各种手段将产品的有关信息及时传递给消费者。对于中小企业来说，可供选择的传播与沟通手段很多，如做广告、办展销会、线上直播等。中小企业可以根据自己的实际需要加以选择。

作为市场补缺者要完成三个任务：创造补缺市场、扩大补缺市场、保护补缺市场。在选择市场补缺基点时，多重补缺基点比单一补缺基点更能减少风险，增加保险系数。因此，企业通常选择两个或两个以上的补缺基点，以确保企业的生存和发展。总之，只要企业善于经营，中小企业也有许多机会可以在获利的条件下周到地为顾客服务。

另外，企业必须充分认识到，采用市场补缺战略具有较大的不稳定性，经常变更产品，会给管理带来很多不便，给经营带来较大的风险，企业的发展也会受到很大的限制。因此，当采用市场补缺战略的中小企业发展到一定的规模、具有一定的实力之后，就应该考虑实施战略转移，以便能够保持长远的经营优势，摆脱“打一枪换一个地方”的被动局面。

四、差异化战略

差异化是指企业就目标市场消费者广泛重视的某些方面在行业内独树一帜，使企业的产品、服务或形象与众不同，以一种独特的地位满足客户需求，企业往往因其产品独特性而获得溢价。中小企业经营的范围窄，比较容易接近顾客，能够通过使企业的产品或服务具有与众不同的特点来吸引消费者，实施差异化战略。

实现差异化战略的方式有：注重产品特色、性能质量、产品风格、可维修性、产品设计、品牌形象等。理想的情况是企业在产品、服务、人员、营销渠道和形象几个方面都可以实现差异化，以便企业享有品牌溢价所带来的丰厚利润。应当强调，实施差异化战略并不意味着企业可以忽略成本，只是成本并非企业的首要战略目标。

采用差异化战略对中小企业的益处是：经营特色一旦建立起来就具有较强的竞争力，一旦能够博得用户信任，满足用户需求，就能比较长远地建立起优势地位，而不被其他企业替代。当这些经营特色与企业规模没有直接关系时，中小企业就可以在市场上同大企业展开竞争。

对于采用差异化战略的中小企业来说，处理好经营特色与成本之间的关系是战略成功的关键。强调经营特色一般要以成本提高为代价，如增加设计和研究开发费用，使用昂贵的原材料等，而成本提高对中小企业而言无疑是沉重的负担。中小企业正确处理经营特色与成本的关系必须以下面三个因素为基础：一是企业的经营能力，企业是否能够在激烈的市场竞争中长期保持自己的经营特色；二是成本差距，在与其他企业相比由于成本差距较大导致价格过高时，买主就有可能放弃特色而转向低价；三是市场的发展状况，一般来说，当产品达到成熟阶段，消费者对产品经营特色的兴趣降低而对价格的重视程度提高，更倾向于选择具有价格优势的标准产品。

五、联合竞争战略

联合竞争战略是根据单个中小企业资金薄弱、生产技术水平较低、难以利用规模经济效益等特点而制定的经营战略。中小企业在平等互利的基础上，结成较为紧密的联盟，互相取长补短，共同开发市场，从而有利于自身的生存和发展。这就是中小企业的联合竞争战略。

中小企业采用联合竞争战略具有十分明显的优点：第一，每个中小企业都有优点和不可克服的弱点，在市场中会遇到种种困难和危机，如果把这些各具特色的中小企业联合起来，就能取长补短，共渡难关；第二，有利于中小企业利用规模经济效益，采用联合竞争战略的中小企业可以更有效地利用有限的资金和技术力量共同提高产量以降低成本，这是单个企业经营所无法比拟的。

中小企业采用联合竞争战略的联合方式大致有两类：第一类是松散型联合。企业之间的联系仅局限于生产协作或专业化分工，在资金、技术、人员等方面基本没有往来。采用这种联合方式的中小企业彼此约束力不强，比较自由，不能成为命运共同体，对竞争力的提高有限。第二类是紧密型联合。企业之间除了生产协作或专业化分工上的联系之外，还进行资金和销售等多方面的联合，如互相持股、按股分息、互相调剂余缺、建立统一的销售队伍等。参加联合的企业能成为命运共同体，从而显著提高竞争力。中小企业应该视自身具体情况而决定选择哪种联合方式，不能一概而论。

六、承包经营战略

承包经营战略是根据中小企业力量单薄、产品单一的特点而制定的经营战略。中小企业在决定生产方向时，不是着力于开发新产品，而是依附于大企业的生产系统，接受一个或数个大企业的长期订货，成为它们的加工承包单位，这就是承包经营战略。采用承包经营战略的中小企业通常被称为承包企业或外协企业。

中小企业采用承包经营战略的益处是：委托方企业可以为它们的长期生存和发展提供可靠的基础，尤其是对于实力较弱、创办时间不长、有一定的生产能力但尚未形成自身销售网络的中小企业来说，采用承包经营战略可以大大减少经营风险。但需要注意的是，一般来说，采用承包经营战略的中小企业所获得的利润较低，对大企业依赖性较强、比较被动，这会给企业长远发展带来不利影响。因此，中小企业在实施承包经营战略的同时，必须注意解决好以下两个方面的问题。

1. 与大企业的承包条件

承包企业与大企业之间最直接、最重要的关系就是承包关系。对于承包企业来说，一个十分关键的问题就是确定与大企业的承包条件，包括价格、交货期、质量、支付条件等。承包企业在与大企业谈判承包条件的过程中要尽量争取保持自己的地位，以对等的关系来确定承包条件。这一方面需要承包企业注意谈判策略的选用，另一方面还要求承包企业不断增强自己的实力，以争取谈判中的主动权。

2. 企业的长远发展问题

承包企业受大企业制约，独立性较差，利润水平相对较低。因此，当企业发展到一定规模、具备一定的实力之后，就应考虑实施战略转移，以谋求企业的长远发展。这要求承包企业在进行日常生产的同时，必须注意积累和增强开发能力，争取提高产品质量，开发新产品，树立信誉，建立品牌资产，逐渐摆脱大企业的控制而独立地面对市场，使企业获得经营成功。

复习思考题

1. 大型企业各经营单位之间存在哪些相互联系？充分利用这些相互联系，对企业竞争优势有何影响？

2. 分析竞争对手的经营单位之间相互联系对本企业制定战略有何用途？

3. 怎样利用波士顿矩阵四象限法对企业产品结构进行优化管理？

4. 中小企业有何特点？中小企业适合在哪些行业中经营？

5. 企业采取进攻战略时，应具备哪些条件？

6. 市场细分对中小企业制定战略有何意义？

7. 集中战略对于中小企业有何优点？

8. 中小企业采取联合竞争战略有何意义？

9. 什么是承包经营战略？其优缺点是什么？

第八章　目标市场营销

当企业根据其经营战略的要求决定进入某一产品的市场或在某一产品市场进一步发展时，由于不同顾客需求存在差异性，企业难以在一种产品的所有市场上经营。因此，企业需要采取目标市场营销策略，即先将某种产品的市场划分为若干个细分市场，然后从中选择一个或几个细分市场作为企业的目标市场，并根据目标市场的需求特点和企业的竞争优势进行产品定位，以满足目标市场顾客的需求。目标市场营销充分体现了市场营销观念的要求，它从顾客需求分析出发，通过市场细分、目标市场选择、市场定位几个阶段，完成目标市场营销的全过程。

第一节　市场细分

一、市场细分的概念和意义

市场细分是指营销者通过市场调研，依据消费者的需要和欲望、购买行为和购买习惯等方面的差异，把某一产品的市场整体划分为若干消费者群的市场分类过程。每一个消费者群都是一个细分市场，每一个细分市场都是由具有类似需求倾向的消费者构成的群体。

由于市场细分是根据顾客需求的差异性对市场进行划分的，因此市场细分，可以使企业更好地了解不同顾客的需求特点，有利于企业根据不同顾客需求的满足情况找到相应的市场机会，也有利于企业在进入所选的目标市场时制定合适的市场营销组合策略。

在进行市场细分时，要求各细分市场之间的顾客需求具有明显的差异性，而同一细分市场的顾客需求应该具有同一性。但是，由于每个顾客都有自己的不同要求，因此在消费需求方面会或多或少地表现出不同的需求特点。因此，通常在市场细分中，同一细分市场的顾客需求只是大体相同。随着信息技术的发展和市场竞争的加剧，目标市场营销有进一步细化的倾向，个性化市场营销（Personalized Marketing）、定制市场营销（Customized Marketing）已开始盛行，从而要求市场细分越来越细，细分市场的数量不断增加，甚至达到了将每个顾客当作一个细分市场来对待，研究每个顾客的需求特征。

二、市场细分的作用

首先，市场细分有利于企业发现最好的市场机会，提高市场占有率。企业通过营销研究和市场细分，可以了解不同购买者群体的需要情况和目前满足情况，在满足程度较低的子市场上，就可能存在最好的市场机会。

其次，市场细分还可以使企业用最少的经营费用取得最大的经营效益。通过市场细分和目标市场选择，企业可以根据目标市场需求变化，及时、正确地调整产品结构和营销组合，使产品适销对路，扩大销售，还可以集中使用企业资源，以最少的经营费用取得最大的经营效益。

最后，市场细分有利于提高企业的竞争能力。在市场细分后，每一个子市场上竞争者的优势和劣势就明显地暴露出来了。企业只有看准市场机会，利用竞争者的弱点，同时有效地开发本企业的资源优势，才能用相对较少的资源把竞争者的顾客和潜在顾客变为本企业产品的购买者，提高市场占有率，增强竞争能力。

三、市场细分因素

不同产品的市场，反映顾客需求差异的因素差别很大，特别是消费品和生产资料两大类产品，由于顾客特征不同，所以有不同的市场细分因素。

（一）消费品市场细分的因素

为了区别不同顾客的需求特点及需求的差异性，需要研究造成顾客需求差异性的原因，找到能够将市场根据顾客需求差异性进行细分的因素。消费品市场所包含的产品多种多样，能够反映不同产品顾客要求差异性的因素也不一样。因此，对消费品市场进行细分，所涉及的因素也多种多样。目前，在消费品市场细分中，使用较多的细分因素，即主要细分因素，见表8-1。

表8-1　消费品市场的主要细分因素

细分因素类型	主要细分因素
地理因素	地区、城乡、气候、城市规模、地形、人口密度、家庭居住条件
人口因素	年龄、性别、职业、收入、受教育水平、宗教、种族、国籍、家庭规模、家庭生命周期
心理因素	社会阶层、个性、生活方式、购买动机
行为因素	购买时机、追求的利益、使用者情况、使用率、购买前的准备情况、品牌忠诚度、对产品的态度

1. 地理细分

所谓地理细分就是企业按照消费者所在的地理位置以及其他地理因素（包括城市、农村、地形、气候、交通运输等）来细分消费者市场。

地理细分的主要理论根据是：处在不同地理位置的消费者对企业的产品有不同的需要和偏好，他们对企业所采取的营销战略，对企业的产品价格、分销渠道、广告宣传等营销措施也各有不同的反应。市场潜量和成本费用会因市场位置不同而有所不同，企业应选择那些本企业能最好地为之服务、效益较高的地理市场为目标市场。

2. 人口细分

所谓人口细分就是企业按照人口因素（包括年龄、性别、收入、职业、受教育水平、家庭规模、家庭生命周期阶段、宗教、种族、国籍等）来细分消费者市场。人口因素一直是细分消费者市场的重要因素，这主要是因为人口因素比其他因素更容易测量。

某些行业的企业通常用某一人口因素来细分市场，比如服装、化妆品、理发等行业的企业一直按照性别细分市场，而更多的公司通常采取多因素细分。值得注意的是，在利用人口因素进行市场细分时，需要细致地分析、考虑，避免由于模糊性而产生的错误。例如，许多厂商把富有的高端市场作为目标市场。这种策略很有效，因为这些消费者明显有足够的资源花费在昂贵的产品上，厂商往往能够产生较高的利润。然而，把所有有钱的人都划归入这个细分市场是错误的。富有的消费者的兴趣和消费优先次序受许多因素影响，比如获得财富的地点、方式和拥有财富的时间。通常还可以将几种人口因素同时使用进行市场细分，如化妆品除了在性别上需求有较大差异外，同一性别不同年龄的人需求差异也会很大，同一年龄段不同职业的人需求也会不同。

3. 心理细分

所谓心理细分，就是按照消费者的生活方式、个性等心理因素来细分消费者市场。消费者的欲望、需要和购买行为，不仅受人口因素的影响，而且受心理因素的影响，所以还要进行心理细分。

（1）生活方式细分　来自相同的亚文化群、社会阶层、职业的人可能各有不同的生活方式。生活方式不同的消费者对商品各有不同的需要；一个消费者的生活方式一旦发生变化，他就会产生新的需要。越来越多的企业按照消费者的不同生活方式来细分消费者市场，并且按照生活方式不同的消费者群来设计不同的产品和安排营销组合。

企业在进行生活方式细分时，可以借助“AIO”模型（也叫“AIO”尺度）来测量消费者的生活方式，即活动（Activities），如消费者的工作、业余消遣、休假、购物、体育、款待客人等活动；兴趣（Interests），如消费者对服装的式样、食品、娱乐等的兴趣；意见（Opinions），如消费者对社会、政治、经济、产品、文化教育、环境保护等问题的意见。企业可派出调查人员去访问消费者，详细调查消费者的各种活动、兴趣、意见，然后用计算机分析处理调查资料，从而发现生活方式不同的消费者，也就是说，按照生活方式来细分消费者市场。例如，根据对奢侈的态度可以把消费者分为三类：①奢侈是功能。这类消费者会购买那些有恒久价值的东西。他们购物不是因为情感或冲动，而是在大量的购前研究之后做出理性决策。②奢侈是奖励。这类消费者比前一类年轻，但比第三类年长。他们渴望成功并向别人展示的欲望促使他们购买炫耀性的奢侈品，如高档汽车和高级社区中的住宅。他们购买奢侈品以宣告自身成功。③奢侈是沉溺。这类消费者是三类中最年轻的，他们往往是年轻消费者。这些消费者愿意额外花钱购买奢侈品，目的是表达自己的个性并引起别人的注意。他们在购物时比较感性化，比前两类更可能出现冲动购买。

（2）个性细分　企业还按照消费者的不同个性来细分消费者市场。这些企业通过广告宣传，试图赋予其产品与某些消费者的个性相似的品牌个性，树立品牌形象。

4. 行为细分

所谓行为细分就是企业按照消费者购买或使用某种产品的时机、消费者所追求的利益、使用者的情况、消费者对某种产品的使用率、消费者对品牌（或商店）的忠诚程度、消费者待购阶段和消费者对产品的态度等行为因素来细分消费者市场。

（1）时机细分　消费者在不同时机所购买和使用的产品是不同的，这就为企业提供了一种根据时机来细分市场的方法。例如，某种产品或服务项目专门用于满足像春节、中秋节、圣诞节、寒暑假等节假日的需求。在现代营销实践中，许多企业往往通过时机细分，试图扩大消费者使用本企业的产品的范围。

（2）利益细分　消费者往往因为所追求的利益不同而购买不同品牌的产品。例如，有些消费者购买防蛀牙膏，主要是为了防治龋齿；有些消费者购买芳草牙膏，则主要是为了防治口腔溃疡、牙周炎。企业可根据自己的条件，权衡利弊，选择其中某一个追求某种利益的消费者群为目标市场，设计和生产出适合目标市场需要的产品，并且用适当的广告媒体和广告信息，把这种产品的信息传达到追求这种利益的消费者群。

（3）使用者细分　许多商品的市场可以按照使用者情况，如非使用者、曾经使用者、潜在使用者、初次使用者和经常使用者等来细分。大公司资源丰富，市场占有率高，一般都对潜在使用者这类消费者群有兴趣，它们着重吸引潜在使用者，以扩大市场阵地；小企业资源薄弱，往往看重吸引经常使用者。当然，企业对潜在使用者和经常使用者要酌情运用不同营销组合，采取不同的营销措施。

（4）使用率细分　许多商品的市场还可以按照消费者对某种产品的使用率，如少量使用者、中量使用者、大量使用者来细分。这种细分战略又叫作数量细分。大量使用者往往在实际和潜在购买者总数中所占比重不大，但他们所消费的商品数量在商品消费总量中所占比重却很大。研究表明，某种产品的大量使用者往往有某些共同的人格心理特征和广告媒体习惯，企业掌握了这种市场信息，就可以据以合理定价、撰写适当的广告词和选择适当的广告媒体。

（5）忠诚度细分　企业还可以按照消费者对品牌的忠诚度来细分消费者市场。所谓品牌忠诚是指由于价格、质量等诸多因素的吸引力，消费者对某一品牌的产品情有独钟，形成偏爱并长期购买这一品牌产品的行为。按照消费者对品牌的忠诚度这种行为因素来细分，可以把所有的消费者细分为四类不同的消费者，包括坚定品牌忠诚者、有限品牌忠诚者、游移忠诚者和非忠诚者。

1）坚定品牌忠诚者。假设有 A、B、C、D、E 五种品牌，这类消费者在任何时候都只购买某一种品牌，一贯忠诚于某一种品牌，如只购买 A 品牌。

2）有限品牌忠诚者。这类消费者忠诚于两三种品牌，如同时购买 A 品牌和 B 品牌。

3）游移忠诚者。这类消费者从忠诚于某一种品牌转移到忠诚于另一种品牌，如先购买 A 品牌而后转向购买 B 品牌。

4）非忠诚者。这类消费者购买各种品牌，并不忠诚于某一种品牌，如会同时购买 A、B、C、D、E 五种品牌。

每一个市场都包含不同数量的上述四种类型的消费者。坚定品牌忠诚者为数众多、比重大的市场叫作品牌忠诚市场。显然，某些企业要想进入这一市场是困难的。即使已进入，要想提高市场占有率也不容易。企业通过分析研究上述四种类型的消费者，可以发现问题，以便采取适当措施，改进营销工作。不过，企业在分析研究上述四种类型的消费者时必须持慎重态度。

假设某些消费者连续购买品牌 B，从表面现象看，这类消费者似乎一贯忠诚于 B 品牌，是坚定品牌忠诚者，但是如果深入分析研究就会发现，他们之所以会这样，是因为这种品牌的价格偏低，或者是因为没有其他替代品，这些消费者不得不购买 B 品牌，所以这种购买类型并不能说明这些消费者是坚定品牌忠诚者。

假设某些消费者的购买类型是先购买 B 品牌而后转向购买 A 品牌，从表面现象看，这些消费者似乎是游移忠诚者，但是如果深入分析研究就会发现，这些消费者之所以会这样，是因为有些商店一向经营的 B 品牌暂时断档脱销，或者是因为 A 品牌降价促销，所以这些消费者转向购买 A 品牌。在分析研究上述四种类型的消费者时必须持慎重态度，不要被其表面现象所迷惑，要深入分析研究。

（6）待购阶段细分　在任何时候，人们都处于购买某种产品的不同阶段。在某种产品的潜在市场上，有些消费者根本不知道有这种产品；有些消费者知道有这种产品；有些消费者已得到信息；有些消费者已发生兴趣；有些消费者想购买；有些消费者正决定购买。企业之所以要按照消费者待购阶段来细分消费者市场，是因为企业对处在不同待购阶段的消费者，必须酌情运用适当的营销组合，采取适当的营销措施，才能促进销售，提高经营效益。

（7）态度细分　企业还可以按照消费者对产品的态度来细分消费者市场。消费者对某企业的产品的态度有五种：热爱的、肯定的、不感兴趣的、否定的和敌对的。企业对这些持不同态度的消费者，也应当酌情分别采取不同的营销措施。例如，企业对那些不感兴趣的消费者，要通过适当的广告渠道，大力宣传介绍本企业的产品，使他们转变为感兴趣的消费者。

（二）生产资料市场细分的因素

生产资料市场细分的因素，有一些与消费者市场细分的因素相同，如追求的利益、使用者情况、使用程度、品牌忠诚度、购买前的准备情况、对产品的态度等。此外，生产资料市场细分的常见因素还有最终用户、顾客规模、地理位置、采购方式等。

1. 最终用户

在生产资料市场上，不同的最终用户对同一种产业用品的营销组合往往有不同的要求。例如，计算机制造商采购产品时最重视的是产品质量、性能和服务，价格并不是要考虑的最主要因素；飞机制造商所需要的轮胎必须达到的安全标准比农用拖拉机制造商所需轮胎必须达到的安全标准高得多；豪华汽车制造商比一般汽车制造商需要更优质的轮胎。因此，企业对不同的最终用户要相应地运用不同的营销组合，采取不同的营销策略，以满足其需求，促进销售。

2. 顾客规模

顾客规模也是细分生产资料市场的一个重要因素。在现代营销实践中，许多公司建立适当的制度来分别与大客户和小客户打交道。例如，一家办公用品制造企业按照顾客规模将其顾客细分为两类顾客：一类是大客户，由该公司的全国客户经理负责联系；另一类是小客户，由外勤推销人员负责联系。

3. 地理位置

顾客的地理位置也是细分生产资料市场的有效方法。在国内，顾客的地理位置会影响销售和分销成本，如果在某些地区有特别强势的竞争对手，竞争激烈程度会大大提高。随着日益提高的对采购“碳足迹”的关注，一些企业将尽可能地把供应商集中在当地。例如，一些领先的绿色超市制定了尽可能在当地采购新鲜食品的政策。产品的需求也会呈现多样化——工厂在操作冷却设备时对软化水的化学品的需求，会随着当地水质条件的不同而有所差异。在国际市场中，顾客的产品偏好则会由于地理位置的不同而变化。

4. 采购方式

客户采用的不同采购方式，也为生产资料市场细分提供了信息。例如，可以将企业客户细分为想要租赁产品的企业和想要购买产品的企业，有积极采购行为政策的企业和受价格因素支配的企业，想要单一供应源的企业和想要双重供应源的企业，必须招标采购的公共事业部门或类似组织和倾向于通过谈判确定价格的组织。事实上，在以谋求供应商与客户之间建立伙伴关系为特点的组织市场中，以上述采购方式要求作为细分基础颇为有效。

5. 其他因素

许多公司实际上不是用一个因素，而是用几个因素，甚至用一系列因素来细分生产资料市场的。现以某家铝制品公司为例来说明企业如何用多因素来细分生产资料市场。

首先，这家铝制品公司进行宏观细分，包括三个步骤：第一步，公司按照最终用户这个因素把铝制品市场细分为汽车制造业、住宅建筑业和饮料容器制造业这三个子市场，然后决定选择其中一个本公司能服务得最好的子市场为目标市场。假设这家公司选择住宅建筑业为目标市场。第二步，按照产品应用这个因素进一步细分为半制原料（半制成品）、建筑部件和铝制活动房屋三个子市场，然后选择其中一个为目标市场。假设这家公司选择建筑部件市场为目标市场。第三步，按顾客规模这个因素把建筑部件市场进一步细分为大客户、中客户和小客户三个子市场。假设这家公司选择大客户为目标市场。

其次，这家铝制品公司还要在大客户建筑部件市场的范围内进行微观细分，进一步按照大客户的不同要求（如产品质量、价格、服务等）来细分市场。假设这家公司决定倾全力重视产品质量的子市场，那么经过按照一系列因素来逐步细分铝制品市场，这家公司的目标市场就很具体了（见图 8-1）。

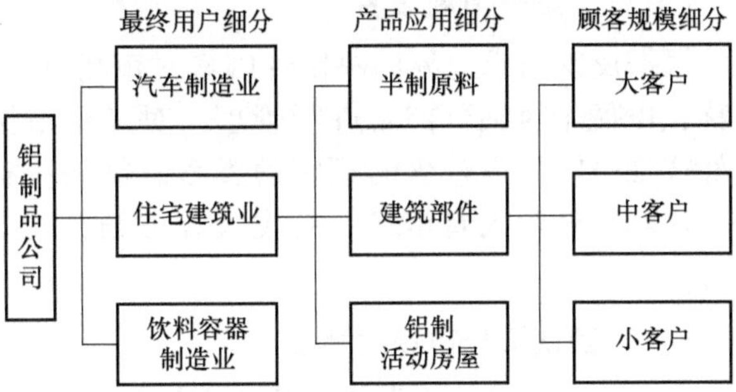

图 8-1　多因素细分产业市场

四、市场细分的步骤

市场细分的成功与否对企业制定市场营销策略具有重要的影响。为保证市场细分的科学性，市场细分应按以下步骤进行：

（一）确定产品的市场范围

产品的市场范围是指产品所能满足的需求的范围。一种产品往往可以满足不同的需求，这些不同的需求就构成了产品的市场范围。例如，小汽车可以作为家庭交通工具，也可以作为出租车，成为一种劳动工具，还可以作为小型的运输工具，用于运送小件物品。小汽车所能满足的这些不同需求，就构成了小汽车的市场范围。

（二）列出潜在顾客的需求

在了解了产品的市场范围以后，必须对不同市场范围的顾客的具体需求进行分析，以了解不同顾客的需求特征。例如，对于小汽车，作为小型运输工具，要求必须有一定的放置物品的空间，并且要求装卸方便；作为出租车，要求小汽车必须节省燃料；作为家庭交通工具，必须坐着安全舒适，并且方便驾驶等。

（三）定义具体的产品市场

具有同种需求的顾客可能会有不同的需求特点，根据不同的需求特点可以将一种需求划分为若干部分，形成次一级的细分市场。例如，对于家庭用小汽车，除了对小汽车基本的要求外，不同的家庭还会有其他不同的要求，如年轻人希望样式新颖，一些地位较高的人喜欢豪华气派，低收入的人要求价格低等。这样就会在家庭用小汽车市场形成新的具体的细分市场。

（四）找出反映需求差异的决定性因素

市场细分的基础是顾客需求的差异性，找到了反映需求差异性的决定性因素，市场细分工作就完成了一大半。因此，在市场细分过程中，不同细分市场的共同需求特征并不重要，重要的是不同细分市场的差异及决定这些差异的关键因素。例如，家庭用小汽车市场，不同的人有共同需求的一面，也有需求差异的一面，这些需求差异是由什么决定的呢？可能是年龄、收入、社会地位等。这些因素可能就是家庭用小汽车市场细分的决定性因素。

（五）为细分市场命名

根据反映需求差异的决定性因素对市场进行细分后，需要给所细分的市场确定一个名称，以便于对细分市场进行管理。对细分市场命名，一般是根据细分市场内的共同偏好或细分市场内包含的顾客的类型。例如，家庭用小汽车的细分市场可以命名为年轻人市场、低收入者市场、高收入者市场等，也可命名为时髦型、豪华型、经济型市场等。

（六）确认细分市场的特点

企业为了对每一细分市场制定对应的市场营销策略，需要进一步确认各个细分市场的特点，以明确不同细分市场的需求特征。例如，豪华型家庭用小汽车市场，可能要求车体要大、外观要气派、各方面的装潢要体现个性等。对不同细分市场特点的确认，也是对前面细分的情况进行进一步验证，如果所有细分市场的需求特征类似或某一细分市场的需求特征不易准确描述，就应对已细分的市场进行合并或再细分。

（七）估算各细分市场的规模

市场细分的目的之一是寻找企业的市场机会，市场机会的大小与市场规模的大小直接相关。因此，对市场进行细分后，必须了解各细分市场的规模。

对细分市场规模的估算，实际就是要估算具有类似需求特点的顾客的数量和这些顾客对产品的需求量。具体估算时要结合相关的人口因素，如对于家庭用小汽车，根据年龄分布就可知道每一年龄段的人口数量，再结合收入因素，就可估算出每一细分市场的规模。

以上市场细分的步骤，实际是将一种产品的市场逐步细分化，形成不同的细分市场的一个过程。在进行市场细分时，通常按照上述步骤进行。

五、有效市场细分的条件

为了保证所细分的市场的有效性，细分市场必须满足以下条件。

（一）可衡量性

可衡量性即所细分的每一细分市场的需求量或购买力的大小必须可以衡量，否则对市场机会的大小和企业进入细分市场需要投入的资源无法决定。

（二）可接近性

可接近性即企业在正常条件下可以通过制定某种市场营销组合策略进入所细分的市场。如果企业无法到达所细分的市场，这种市场细分就失去了意义。

（三）可行动性

可行动性即企业能够制定出进入某一个或几个细分市场的市场营销规划，并且企业有能力进入相应的细分市场。如果企业无法进入所细分的市场，细分的市场显然是不可行的。

（四）规模性

规模性即所细分的每一细分市场必须有一定的规模，值得一个企业进入。如果细分市场的规模太小，企业进入后看不到获利的机会，这样的细分市场对企业就失去了吸引力。

（五）差异性

差异性即所细分的每个细分市场必须具有明显的需求差异，以便于企业根据这种需求差异制定相应的市场营销组合策略。如果所细分的市场没有明显的差异，这样的细分市场要么是同质需求的市场，要么是企业的市场细分不正确。

对市场进行细分是为了更好地满足顾客的需求，并使企业能够获得更多的利益，因而细分市场的有效性在市场细分过程中必须时时考虑。

第二节　目标市场选择

对市场进行细分以后，企业接下来面临的任务是选择目标市场。在目标市场选择中，首先要对细分市场进行评价，其次是选择适合企业的细分市场作为企业的目标市场，最后还要根据所选的目标市场确定企业的目标市场营销策略。

一、细分市场评估

在对细分市场进行评估时，一般应评估以下三个方面的内容。

（一）细分市场的规模和发展潜力

在评估细分市场的规模及潜力时，必须结合企业的实际，从所细分的市场中找到适合企业要求的规模和发展潜力的细分市场。对市场进行细分以后，各细分市场的规模和发展潜力会有一定的差异。规模和发展潜力大的细分市场，往往是行业内实力强大的企业角逐的阵地。实力较小的企业应选择规模和发展潜力较小的细分市场，以免选择规模大的细分市场与实力强大的企业发生正面竞争，对自身发展造成不良影响。

（二）细分市场的吸引力

细分市场的吸引力大小除了与细分市场的规模和发展潜力有关外，还与细分市场面临的各方面的竞争威胁有关。

一个细分市场面临的竞争威胁包括五个方面：细分市场内的竞争威胁、新进入者的竞争威胁、替代产品的竞争威胁、供应商的竞争威胁、顾客的威胁。这五个方面如果对细分市场的竞争威胁大，细分市场吸引力就小；反之，细分市场吸引力就大。因此，企业在对细分市场进行评价时，必须充分考虑可能面临的各方面的竞争威胁，以使企业进入某一细分市场后可能面临的威胁变小，使企业经营的风险降低。

（三）企业的目标和资源

企业的目标决定着企业的经营方向，对细分市场的选择有一定的要求。在企业目标的约束下，只有符合企业目标要求的细分市场，才可以作为企业的目标市场，那些虽具有吸引力但不符合企业目标的细分市场必须放弃。例如，生产高档产品的企业，即使在低档产品细分市场有市场机会，也不应该进入，否则会带来企业目标与形象的混乱。

每一细分市场的进入都需要一定的资源条件。企业在选择目标市场时，必须考虑企业的资源条件能否满足所选的细分市场成功经营必备的条件。如果企业资源不能满足所需的条件，企业就不宜选择这样的细分市场作为目标市场，如一个小企业要进入高档摩托车市场，显然难以取得成功。

二、目标市场选择

市场细分的目的在于有效地选择并进入目标市场。所谓目标市场就是企业拟满足其需求，为之服务的具有相似需求的顾客群。在市场细分的基础上正确选择目标市场，是目标营销成败的关键环节。企业在决定为哪些子市场服务，即确定其目标市场涵盖战略时，有三种选择。

（一）无差异营销

无差异营销是指企业在市场细分之后，不考虑各子市场的特性，而只注重子市场的共性，决定只推出单一产品，运用单一的营销组合，力求满足尽可能多的顾客的需求（见图 8-2）。这种战略的优点是产品的品种、规格、款式简单统一，有利于标准化及大规模生产，有利于降低生产、存货、运输、研发、促销等成本费用。其主要缺点是单一产品要以同样的方式广泛销售并让所有购买者都满意是不可能的。特别是当同行业中有几家企业都实行无差异营销时，在较大的子市场中的竞争将会日益激烈，而在较小的子市场中的需求却得不到满足。由于较大的子市场内的竞争异常激烈，因而往往是子市场越大，利润越小。这种追求最大子市场的倾向叫作“多数谬误”。企业充分认识这一谬误的严重性，能够增加进入较小子市场的兴趣。

（二）差异营销

差异营销是指企业决定同时为几个子市场服务，设计不同的产品，并在渠道、促销和定价方面都加以相应的改变，以适应各个子市场的需要（见图 8-3）。企业的产品种类如果同时在几个子市场都占有优势，就会提高消费者对企业的信任感，进而提高重复购买率，而且通过多样化的渠道和产品线进行销售，通常会使总销售额增加。差异营销的主要缺点是会使企业的生产成本和营销费用（如产品改进成本、生产成本、管理费用、存货成本、促销成本等）增加。有些企业曾实行超细分战略，即许多市场被过度地细分，导致产品价格不断上涨，影响产销数量和利润。于是，一种被称为反市场细分的战略应运而生。反市场细分战略并不反对市场细分，而是将多个过于狭小的子市场组合起来，以便能以较低的价格去满足这一市场的需求。

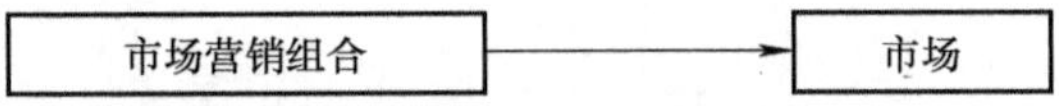

图 8-2　无差异营销

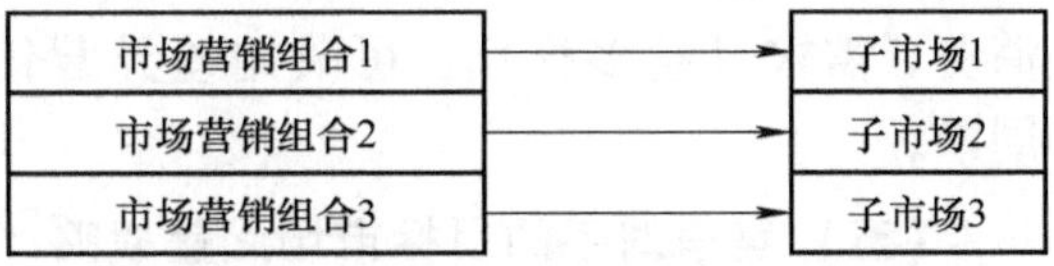

图 8-3　差异营销

（三）集中营销

集中营销是指企业集中所有力量，以一个或少数几个性质相似的子市场作为目标市场，试图在较少的子市场上实现较高的市场占有率（见图 8-4）。实行集中营销的企业，一般是资源有限的中小企业，或是初次进入新市场的大企业。由于服务对象比较集中，对一个或几个特定子市场有较深入的了解，而且在生产和营销方面实行专业化，因此可以比较容易地在这一特定市场取得有利的地位。如果子市场选择得当，企业可以获得较高的投资收益率。但是，实行集中营销有较大的风险，因为目标市场范围比较狭窄，一旦市场情况突变、竞争加剧或消费偏好改变，企业可能陷入困境。

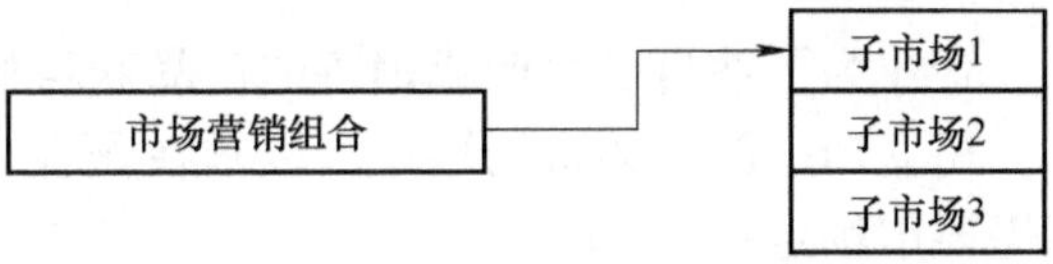

图 8-4　集中营销

三、选择目标市场战略需要考虑的因素

上述三种目标市场战略各有利弊，企业在选择时需要考虑五个方面的主要因素，即企业资源、产品同质性、市场同质性、产品所处的生命周期阶段、竞争对手的目标市场涵盖战略等。

（一）企业资源

如果企业资源雄厚，可以考虑实行差异营销；否则，最好实行无差异营销或集中营销。倘若企业试图通过单一产品获得很大的市场份额，则在资源雄厚的条件下也应采用无差异营销。

（二）产品同质性

产品同质性是指产品在性能、特点等方面的差异的大小。对于同质产品或需求上共性较大的产品，一般宜实行无差异营销；反之，对于异质产品，则应实行差异营销或集中营销。

（三）市场同质性

如果市场上所有顾客在同一时期偏好相同，购买的数量相同，并且对营销刺激的反应相同，则可视为同质市场，宜实行无差异营销；反之，如果市场需求的差异较大，则为异质市场，宜采用差异营销或集中营销。

（四）产品所处的生命周期阶段

对于处在导入期和成长期的新产品，营销重点是启发和巩固消费者的偏好，最好实行无差异营销或针对某一特定子市场实行集中营销。当产品进入成熟期时，市场竞争激烈，消费者需求日益多样化，可改用差异营销以开拓新市场，满足新需求，延长产品生命周期。

（五）竞争对手的目标市场涵盖战略

一般来说，企业的目标市场战略应与竞争者有所区别，反其道而行之。如果强大的竞争对手实行的是无差异营销，企业则应实行集中营销或更深一层的差异营销；如果企业面临的是较弱的竞争者，必要时可采取与之相同的战略，凭借实力击败竞争对手。

第三节　市场定位

企业为了使自己生产或销售的产品获得稳定的销路，要从各个方面赋予产品一定的特色，树立产品鲜明的市场形象，以求在顾客心目中形成一种稳定的认知和特殊的偏爱，这就需要市场定位。

一、市场定位的概念

市场定位是指企业针对潜在顾客的心理进行营销设计，创立产品、品牌或企业在目标顾客心目中的某种形象或个性特征，保留深刻的印象和独特的位置，从而取得竞争优势。

市场定位的实质是取得目标市场的竞争优势，确定产品在顾客心目中的适当位置并留下深刻的印象，以便吸引更多的顾客。因此，市场定位是营销战略体系中的重要组成部分，它对于树立企业及产品的鲜明特色，满足顾客的需求偏好，从而提高企业的市场竞争力具有重要的意义。如果企业的产品在顾客心目中不能形成明确的定位，顾客在购买产品时就很难想到企业的产品；如果企业的市场定位不当，选择了不具有竞争优势的因素或顾客不关心的定位因素，产品也很难在市场上建立竞争地位。

二、市场定位的步骤

市场定位的关键是企业要塑造自己的产品比竞争者更具有竞争优势的特性。竞争优势一般有两种基本类型：一是价格竞争优势，即在同等质量的条件下比竞争品价格更低；二是偏好竞争优势，即能提供确定的特色来满足顾客的特定偏好。因此，企业市场定位的全过程可以通过以下三大步骤来完成，即确认本企业的竞争优势、准确地选择相对竞争优势和明确显示独特的竞争优势。

（一）确认本企业的竞争优势

这一步骤的中心任务是要回答以下三大问题：①竞争对手的产品定位如何；②目标市场上足够数量的顾客欲望满足程度如何，以及还需要什么；③针对竞争者的市场定位和潜在顾客真正需要的利益要求，企业应该做什么和能够做什么。要回答这三个问题，企业营销人员必须通过一切调研手段，系统地设计、搜索、分析并报告有关上述问题的资料和研究结果。通过回答上述三个问题，企业就可以从中确定自己的竞争优势。

（二）准确地选择相对竞争优势

相对竞争优势表明企业能够胜过竞争者的现实和潜在能力。准确地选择相对竞争优势是一个企业各个方面实力与竞争者的实力相比较的过程。通常的方法是分析、比较企业与竞争者在下列七个方面的优势与劣势来准确地选择相对竞争优势。

1）经营管理方面，主要考察领导能力、决策水平、计划能力、组织能力以及个人应变的经验等指标。

2）技术开发方面，主要分析技术资源（如专利、技术诀窍等）、技术手段、技术人员能力和资金来源是否充足等指标。

3）采购方面，主要分析采购方法、物流配送系统、供应商合作，以及采购人员能力等指标。

4）生产方面，主要分析生产能力、技术装备、生产过程控制，以及职工素质等指标。

5）营销方面，主要分析销售能力、分销网络、市场研究、服务与销售战略、广告及营销人员的能力等指标。

6）财务方面，主要考察长期资金和短期资金的来源及资金成本、支付能力、现金流量，以及财务制度与人员素质等指标。

7）产品方面，主要考察可利用的特色、价格、质量、支付条件、包装、服务、市场占有率、信誉等指标。

（三）明确显示独特的竞争优势

这一步骤的主要任务是企业要通过一系列的宣传促销活动，将其独特的竞争优势准确传播给潜在顾客，并在顾客心目中留下深刻的印象。为此，企业首先应使目标顾客了解、知道、熟悉、认同、喜欢和偏爱本企业的市场定位，在顾客心目中建立与该定位一致的形象。其次，企业通过一切努力保持对目标顾客的了解，稳定目标顾客的态度和加深目标顾客的感情来巩固与市场定位一致的形象。最后，企业应注意目标顾客对其市场定位理解出现的偏差或由于企业市场定位宣传上的失误而造成的目标顾客模糊、混乱和误会，及时修正与市场定位不一致的形象。

三、市场定位的依据和方法

（一）市场定位的依据

在营销实践中，企业可以根据产品的属性、利益、价格、质量、用途、使用者、产品档次、竞争局势等多种因素或其组合进行市场定位。具体来讲，市场定位的主要依据如下：

（1）产品属性定位　突出具体产品特色，如某企业推出酒味浓醇、苦味适度的啤酒，用来满足那些不喜欢又苦又涩的啤酒的消费者的需要。

（2）顾客利益定位　突出产品能给予顾客某一方面更多的利益，如一些连锁超市强调“天天平价”，吸引了很多精于计算的顾客。

（3）使用者定位　针对不同的产品使用者进行定位，从而把产品引导给某一特定顾客群。例如，有的企业将性质温和的婴儿洗发露推荐给留长发而且天天洗头的年轻人。

（4）使用场合定位　一些产品可以有多种不同的使用场合，如小苏打可以作为冰箱除臭剂，也可以作为调味汁和卤肉的配料，不同的企业可以据此进行不同的定位。

（5）竞争局势定位　突出本企业产品与竞争者同档产品的不同特点，通过评估选择，确定对本企业最有利的竞争优势加以开发。

（二）市场定位的方法

企业开展市场定位的主要思维方式和常用方法有以下几种：

（1）初次定位　初次定位是指新企业初入市场，企业新产品投入市场，或产品进入新市场时，企业必须从零开始，运用所有的营销组合，使产品特色确定符合所选择的目标市场。但是，企业要进入目标市场时，往往是竞争者的产品已经上市或形成了一定的市场格局。这时，企业就应认真研究同一产品竞争对手在目标市场的位置，从而确定本企业产品的有利位置。

（2）重新定位　重新定位是指企业变更产品特色，改变目标顾客对其原有的印象，使目标顾客对其产品形象有一个重新认识的过程。市场重新定位对于企业适应市场环境、调整营销战略是必不可少的。企业产品在市场上的定位即使很恰当，但在出现下列情况时也需要考虑重新定位：一是竞争者推出的市场定位在本企业产品的附近，侵占了本企业品牌的部分市场，使本企业品牌的市场占有率有所下降；二是消费者偏好发生变化，从喜爱本企业某品牌转移到喜爱竞争对手的某品牌。

企业在重新定位前，尚需考虑两个主要因素：一是企业将自己的品牌定位从一个子市场转移到另一个子市场时的全部费用；二是企业将自己的品牌定在新位置上的收入有多少，而收入多少又取决于该子市场上的购买者和竞争者情况，取决于在该子市场上销售价格能定多高等。

（3）对峙定位　对峙定位是指企业选择靠近现有竞争者或与现有竞争者重合的市场位置，争夺同一个顾客群体，彼此在产品、价格、分销及促销等各个方面差别不大。

（4）避强定位　避强定位是指企业避开目标市场上强有力的竞争对手，将其位置定于市场“空白点”，开发并销售目标市场上还没有的某种特色产品或服务，开拓新的市场领域。

复习思考题

1. 名词解释

（1）目标市场　（2）市场细分　（3）市场定位　（4）无差异营销　（5）避强定位

2. 生产资料市场的市场细分因素有哪些？

3. 市场细分的作用是什么？
4. 有效市场细分应满足什么条件？
5. 企业开展市场定位的主要思维方式和常用方法有哪几种？
6. 目标市场选择策略有哪几种？不同策略选择的条件是什么？
7. 差异营销的优点与不足？
8. 市场定位的步骤是什么？
9. 企业在选择竞争优势时，应当从哪些方面开展与竞争者的比较分析？
10. 企业常用的市场定位依据有哪些？

第九章　产品策略

产品是市场营销组合中最重要的因素。任何企业在制定市场营销策略时，总是先从确定向目标市场提供什么产品开始，然后才会涉及定价、促销、分销等方面的决策。所以，产品策略是市场营销组合策略的基础。

第一节　产品组合策略

一、产品整体概念

产品是指能提供给市场，用于满足人们某种欲望和需要的任何事物，包括实物、服务、场所、组织、思想等。产品整体概念包括三个基本层次。

（一）核心产品

核心产品是指消费者购买某种产品时所追求的利益，是顾客真正要买的东西，因而在产品整体概念中也是最基本、最主要的部分。消费者购买某种产品，并不是为了占有或获得产品本身，而是为了获得能满足某种需要的效用或利益。

例如，一个喜欢自己动手的人在安装书架时，会用到好几种工具。其中之一可能是钻头，用来在墙上打洞，以便用螺丝把支架固定在墙上，然后在上面安放书架。实际上这个人需要的并不是一个1/4英寸（1英寸=2.54cm）的钻头，而是一个1/4英寸的洞。使用钻头只不过是带来这种利益（洞）的一种手段，是在没有其他更好的解决办法时用于实现基本需要的方法。同样，一个园丁需要的并不是剪草机，而是1英寸高的草。因此，一种能生长出既耐磨又不高于1英寸的草的人造草坪，或无草坪式时尚花园设计，都将给剪草机生产商带来巨大的竞争压力。

（二）有形产品

有形产品是指核心产品的载体，即向市场提供的实体和服务的可识别的形象表现。如果有形产品是实体物品，则它在市场上通常表现为产品质量水平、外观特色、式样、品牌名称和包装等。产品的基本效用必须通过某些具体的形式才能得以实现。营销者应首先着眼于顾客购买产品时所追求的利益，以求更完美地满足顾客需要，从这一点出发再去寻求利益得以实现的形式，进行产品设计。

（三）附加产品

附加产品是指顾客购买有形产品时所获得的全部附加服务和利益，包括提供信贷、免费送货、保证、安装、售后服务等。附加产品的概念源于对市场需要的深入认识。因为购买者的目的是满足某种需要，因而他们希望得到与满足该项需要有关的一切。美国学者西奥多·莱维特曾经指出，新的竞争不是发生在各个公司的工厂生产什么产品，而是发生在其产品能提供何种附加利益（如包装、服务、广告、顾客咨询、融资、送货、仓储及具有其他价值的形式）。

二、产品组合的宽度、长度、深度和关联性

为了更好地满足市场需求，大多数企业生产和销售多种产品。产品组合是指某一企业所生产或销售的全部产品大类、产品项目的组合。产品大类又称产品线，是指产品类别中具有密切关系（或经由同种商业网点销售，或同属于一个价格幅度）的一组产品项目。产品项目又称产品品种，是指某一品牌或产品大类内由价格、外观及其他属性来区别的具体产品。

产品组合有一定的宽度、长度、深度和关联性。产品组合的宽度是指一个企业有多少产品大类。产品组合的长度是指一个企业的产品组合中所包含的产品项目的总数。产品组合的深度是指产品大类中有多少种不同花色、品种、规格的产品项目。产品组合的关联性是指一个企业的各个产品大类在最终使用、生产条件、分销渠道等方面的密切相关程度。

产品组合的宽度、长度、深度和关联性在营销战略上具有重要意义。企业增加产品组合的宽度（增加产品大类，扩大经营范围，甚至跨行业经营，实行多元化经营），可以充分发挥企业的特长，使企业尤其是大企业的资源、技术得到充分利用，提高经营效益。此外，实行多元化经营还可以减少风险。企业增加产品组合的长度和深度（增加产品项目，增加产品的花色、式样、规格等），可以迎合广大消费者的不同需要和爱好，以吸引更多顾客。企业增加产品组合的关联性，可以提高企业在某一地区、某一行业的市场地位，充分发挥企业的技术、生产和销售能力。

三、产品组合的优化和调整

企业在优化和调整产品组合时，依据不同的情况，可选择如下策略。

（一）扩大产品组合

扩大产品组合包括拓展产品组合的宽度和增加产品组合的长度。前者是在原产品组合中增加一个或几个产品大类，扩大产品范围；后者是在原有产品大类内增加新的产品项目。当企业预测现有产品大类的销售额和利润额在未来一段时间内有可能下降时，就应考虑在现行产品组合中增加新的产品大类，或加强其中有发展潜力的产品大类。当企业打算增加产品特色，或为更多的子市场提供产品时，则可选择在原有产品大类内增加新的产品项目。一般而言，扩大产品组合，可使企业充分地配置资源，分散风险，增强市场应变能力和竞争能力。

（二）缩减产品组合

当市场不景气或原料、能源供应紧张时，缩减产品组合反而可能使总利润上升。这是因为从产品组合中剔除了那些获利很小甚至亏损的产品大类或产品项目，使企业可集中力量发展获利多的产品大类和产品项目。通常情况下，企业的产品大类有不断延伸的趋势，其原因主要有：生产能力过剩迫使产品大类经理开发新的产品项目；中间商和销售人员要求增加产品项目，以满足顾客的需要；产品大类经理为了追求更高的销售和利润而增加产

品项目。

但是，随着产品大类的延伸，设计、工程、仓储、运输、促销等营销费用也随之增加，最终将会减少企业的利润。在这种情况下，需要对产品大类的发展进行相应的遏制，删除那些得不偿失的产品项目，使产品大类缩减，提高经济效益。

（三）产品延伸

1. 产品延伸的主要方式

每一个企业的产品都有其特定的市场定位。产品延伸策略是指全部或部分地改变原有产品的市场定位，具体做法有向下延伸、向上延伸和双向延伸三种。

（1）向下延伸　向下延伸是指企业原来生产高档产品，后来决定增加低档品。企业采取这种策略的主要原因在于：①企业发现其高档产品的销售增长缓慢，因此不得不将其产品大类向下延伸；②企业的高档产品受到激烈的竞争，必须用侵入低档产品市场的方式来反击竞争者；③企业当初生产高档产品是为了建立起质量形象，然后再向下延伸；④企业增加低档产品是为了填补空隙，不让竞争者有机可乘。

（2）向上延伸　向上延伸是指企业原来生产低档产品，后来决定增加高档产品。采取这种策略的主要原因是：①高档产品畅销，销售增长较快，利润率高；②企业估计高档产品市场上的竞争者较弱，容易被击败；③企业想使自己成为产品种类齐全的企业。

（3）双向延伸　双向延伸即定位于中档产品市场的企业具有市场优势以后，决定向产品大类的上下两个方向延伸，一方面增加高档产品，另一方面增加低档产品，扩大市场阵地。

2. 产品延伸的优点

（1）满足更多消费者的需求　消费者市场具有差异性、替代性以及非专业性等特点。这种情况下，产品大类延伸得越长，机会越多，可以更多地满足不同消费者的购买需求。

（2）迎合消费者求异求变的心理　随着市场竞争的加剧，消费者难以对某一品牌绝对忠诚，越来越多的消费者转换品牌，尝试未曾使用过的产品。产品延伸就是通过提供同一品牌下的一系列不同商品来尽量满足顾客这种求异心理。企业希望产品延伸成为一条既满足消费者愿望，又能保持他们对本企业的品牌忠诚的两全之策。

（3）减少新产品开发的风险　产品延伸所需要的时间和成本比开发新产品更加容易控制。在美国，产品延伸所需的成本与费用仅仅是推出一个成功的新产品的成本与费用的1/6。

3. 产品延伸的风险

虽然产品延伸具有上述优点，然而它也会带来一些负面作用。

（1）品牌忠诚度降低　品牌忠诚是顾客对某品牌产品的重复购买行为。当企业通过产品延伸增加产品品种时，就要冒打破顾客原来的定位认知、购买方式以及使用习惯的风险。这种风险往往会降低品牌忠诚度，使消费者重新考虑购买决定。此外，尽管产品延伸使得某一品牌能够满足消费者的各种需要，但也将促使消费者追求新变化，从而导致品牌转换。

（2）产品项目的角色难以区分　产品延伸可能会导致市场过度细分，同一产品大类上各项目的角色混乱，每个产品项目所针对的子市场过小以致难以区分，或各子市场之间的特征交叉太多。企业应该能够用一句话说明某一项目在产品大类上的角色，消费者应该能够对该产品项目是否适合自己做出快速反应，否则企业和消费者均会感觉混乱。

（3）产品延伸引起成本增加　产品延伸会引起一系列的成本增加。由此而产生的市场研究、产品包装、生产的费用是比较明显的，也便于掌握。但下列因素可能被忽视：频繁的产品大类变动使生产的复杂程度提高；研究和开发人员不能将精力集中于真正的新产品开发；产品延伸品种越多，营销投入就越大。

（四）产品大类现代化

在某些情况下，虽然产品组合的宽度、长度都很恰当，但产品大类的生产形式却可能已经过时，这就必须对产品大类实施现代化改造。如果企业决定对现有产品大类进行改造，产品大类现代化策略就会面临这样的问题：是逐步实现技术改造，还是以最快的速度用全新设备更换原有产品大类？逐步现代化可以减少资金耗费，但缺点是竞争者很快就会察觉，并有充足的时间重新设计它们的产品大类。快速现代化虽然在短时期内耗费资金较多，却可以出其不意，击败竞争对手。

第二节　产品生命周期

产品生命周期是指产品从进入市场到退出市场所经历的市场生命循环过程。产品只有经过研究开发、试销，然后进入市场，它的市场生命周期才算开始。产品退出市场，标志着生命周期的结束。在现代市场经济条件下，企业不能只埋头生产和销售现有产品，而必须随着产品生命周期的发展变化，灵活调整营销方案，并且重视新产品开发，及时用新产品代替衰落的老产品。

一、产品生命周期的阶段

典型的产品生命周期一般可分为四个阶段，即导入期、成长期、成熟期和衰退期，如图 9-1所示。

（一）导入期

新产品投入市场，便进入导入期。此时，顾客对产品还不了解，只有少数追求新奇的顾客可能购买，销售量很小。在这一阶段，由于市场及技术方面的原因，产品不能大批量生产，因而成本高，销售额增长缓慢，企业不但得不到利润，反而可能亏损。

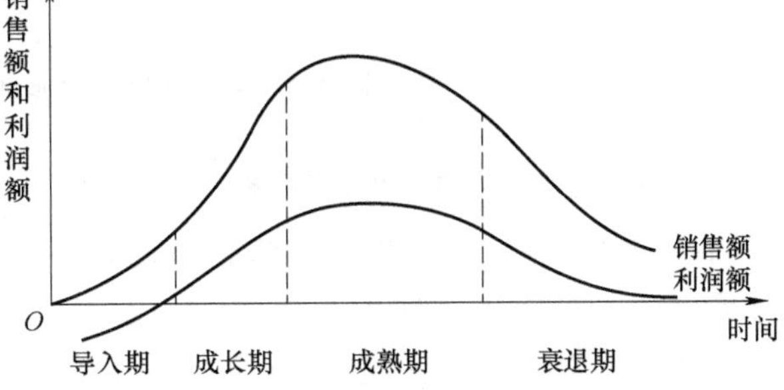

图 9-1　典型的产品生命周期

（二）成长期

当产品在导入期的销售取得成功以后，便进入成长期。这时顾客对产品已经熟悉，大量的新顾客开始购买，市场逐步扩大。产品已具备大批量生产的条件，生产成本相对降低，企业的销售额迅速上升，利润也迅速增长。在这一阶段，竞争者看到有利可图，将纷纷进入市场参与竞争，使同类产品供给量增加。而同时期需求的迅速增长，使产品价格维持不变或略有下降，市场竞争逐渐加剧。

（三）成熟期

经过成长期以后，市场需求趋向饱和，潜在的顾客已经很少，销售额增长缓慢直至转而下降，标志着产品进入了成熟期。这个阶段的持续期一般长于前两个阶段，并给营销管理层带来最难应对的挑战。大多数产品处于生命周期的成熟阶段。成熟阶段还可分为三个时期：成长时期、稳定时期和衰退时期。第一个时期是成长中的成熟，此时由于分销饱和而造成销售增长率开始下降，销售额增长缓慢；第二个时期是稳定中的成熟，市场已经饱和，大多数潜在消费者已经试用过该产品，竞争空前激烈，未来的销售受到人口增长的制约；第三个时期是衰退中的成熟，此时销售的绝对水平开始下降，顾客开始转向其他产品或替代品。

（四）衰退期

随着科学技术的发展，新产品或新的替代品出现，将使顾客的消费习惯发生改变，转向其他产品，从而使原来产品的销售额和利润额迅速下降。于是，产品又进入了衰退期。

二、产品生命周期的非典型形态

并非所有的产品都呈现钟形产品生命周期，另外两种常见的非典型产品生命周期，如图 9-2 所示。

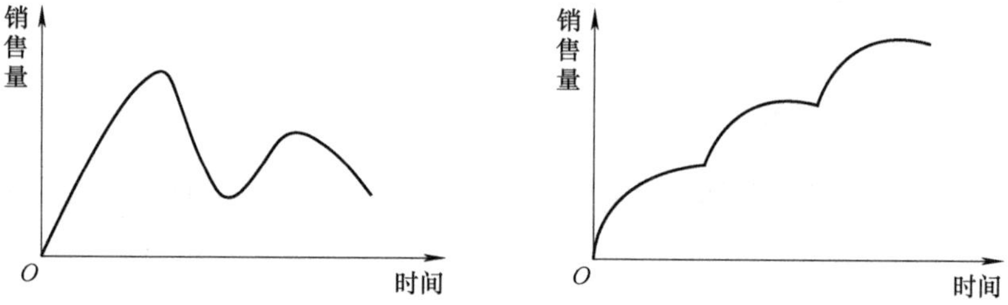

a）循环—再循环　　b）扇形

图 9-2　两种常见的非典型产品生命周期

（一）产品生命周期的循环形态

当一种产品进入衰退期，销售量出现大幅下滑时，企业为了延长产品的寿命，引入新技术增添产品特色或加大营销力度，采用更具吸引力的营销手段，以吸引、维护原有顾客继续使用，使产品进入一个新的循环周期（通常规模和持续期都低于第一周期），见图 9-2a，此形态常常可以说明一些新药品、饮料等的销售。

（二）产品生命周期的扇形形态

图 9-2b 显示的是另一种常见的产品生命周期形态——扇形，它基于产品新的特征、用途或用户的不断发现，使得产品的销售量不断呈波浪式上升。例如，尼龙的销售就显示了这

种扇形特征，因为尼龙的许多新的用途——降落伞、袜子、衬衫、地毯，一个接一个地被发现。

（三）产品生命周期的其他形态

在社会生活中，还有三种互有区别的产品生命周期类型——风格型、时尚型和热潮型，如图 9-3 所示。

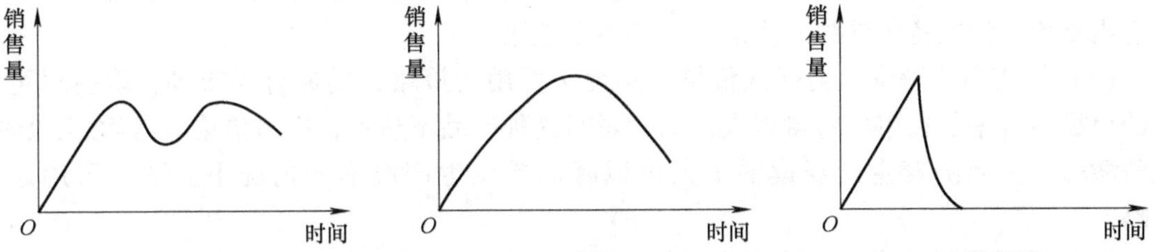

a）风格型　　b）时尚型　　c）热潮型

图 9-3　风格型、时尚型和热潮型产品生命周期

风格是人们活动的某一领域中所出现的一种主要的和独特的表现方式，例如衣着的正式、休闲或奇装异服。一种风格一旦成型会延续很长时间，在此期间时而风行，时而衰落。由于人们对风格兴趣的反复，使之生命周期呈现循环形态。

时尚是在既定的领域里被广为接受的一种风格。时尚的发展要经过四个阶段，即导入阶段、模仿阶段、风行阶段和衰退阶段。由于时尚一般不能满足广泛的需求，因而生命力较弱。真正的营销赢家是那些较早地认识时尚并能把它们应用到产品中去，使其发挥持久力量的人。

热潮是那些迅速进入公众视线的时尚，它们被狂热采用，很快地达到高峰然后迅速衰退。曾经一度风行的“呼啦圈”就属此类产品。

三、产品生命周期的营销策略

（一）导入期的营销策略

导入期开始于新产品首次在市场上普遍销售之时。新产品进入导入期以前，需要经历开发、研制、试销等过程。进入导入期的产品的市场特点是：产品销量少，促销费用高，制造成本高，销售利润常常很低甚至为负值。在这一阶段，促销费用很高，支付费用的目的是要建立完善的分销渠道。促销活动的主要目的是介绍产品，吸引消费者试用。

在产品的导入期，一般可由价格、促销、地点等因素组合成各种不同的营销策略。若仅考虑促销和价格两个因素，则至少有以下四种策略，如图 9-4 所示。

		促销水平	
		高	低
价格水平	高	快速撇脂策略	缓慢撇脂策略
	低	快速渗透策略	缓慢渗透策略

图 9-4　基于促销和价格因素的产品生命周期导入期的营销策略

（1）快速撇脂策略　这种策略采用高价格、高促销费用，以求迅速扩大销售量，取得较高的市场占有率。采取这种策略必须有一定的市场环境，如大多数潜在消费者还不了解这种新产品；已经了解这种新产品的人急于求购，并且愿意按价购买；企业面临潜在竞争者的威胁。在这种情况下，应该迅速使消费者建立对自己产品的偏好。

（2）缓慢撇脂策略　这种策略以高价格、低促销费用的形式进行经营，以求得到更多的利润。这种策略可以在市场面比较小，市场上大多数消费者已熟悉该新产品，购买者愿意出高价，潜在竞争威胁不大的市场环境下使用。

（3）快速渗透策略　实行低价格、高促销费用的策略，迅速打入市场，取得尽可能高的市场占有率。在市场容量很大，消费者对这种产品不熟悉，但对价格非常敏感，潜在竞争激烈，企业随着生产规模的扩大可以降低单位生产成本的情况下，适合采用这种策略。

（4）缓慢渗透策略　这种策略以低价格、低促销费用来推出新产品，适用于市场容量很大，消费者熟悉这种产品但对价格反应敏感，并且存在潜在竞争者的市场环境。

（二）成长期的营销策略

新产品经过市场导入期以后，消费者对该产品已经熟悉，消费习惯已经形成，销售量迅速增长，这种新产品就进入了成长期。进入成长期以后，老顾客重复购买，并且带来了新的顾客，销售量激增，企业利润迅速增长。在这一阶段，企业利润达到高峰。随着销售量的增大，企业生产规模也逐步扩大，产品成本逐步降低，新的竞争者会加入竞争。随着竞争的加剧，新的产品特性开始出现，产品市场开始细分，分销渠道增加。企业为维持市场的继续成长，需要保持或稍微增加促销费用，但由于销量增加，平均促销费用有所下降。

针对成长期的特点，企业为维持其市场增长率，延长获取最大利润的时间，可以采取下面几种策略。

（1）改善产品品质　如增加新的功能，改变产品款式等。对产品进行改进，可以提高产品的竞争能力，满足顾客更广泛的需求，吸引更多的顾客。

（2）寻找新的子市场　通过市场细分，找到新的尚未满足的子市场，根据其需要组织生产，迅速进入这一新的市场。

（3）改变广告宣传的重点　把广告宣传的重点从介绍产品转到建立产品形象上来，树立产品品牌，维系老顾客，吸引新顾客，使产品形象深入顾客心中。

（4）采取降价策略　在适当的时机，可以采取降价策略，以激发那些对价格比较敏感的消费者产生购买动机和采取购买行动。

（三）成熟期的营销策略

产品经过成长期的一段时间以后，销售量和利润的增长会缓慢下来，这表明产品已开始走向成熟期。进入成熟期以后，产品的销售量增长缓慢，逐步达到最高峰，然后缓慢下降；产品的销售利润也逐步达到最高峰，并从最高点开始下降；市场竞争非常激烈，各种品牌、各种款式的同类产品不断出现。

对成熟期的产品，应当采取主动出击的策略，使成熟期延长，或使产品生命周期出现再循环。为此，可以采取以下三种策略。

(1) 调整市场　这种策略不是要调整产品本身，而是发现产品的新用途或改变推销方式等，以使产品销售量得以扩大。

(2) 调整产品　这种策略是以产品自身的调整来满足顾客的不同需要，吸引有不同需求的顾客。整体产品概念的任何一个层次的调整都可视为产品再推出。

(3) 调整营销组合　调整营销组合即通过对产品、定价、渠道、促销四个营销组合因素加以综合调整，刺激销售量的回升。例如，在提高产品质量、改变产品性能、增加产品花色品种的同时，通过特价、早期购买折扣、补贴运费、延期付款等方法来降价让利；扩展分销渠道、广设分销网点、调整广告媒体组合、变换广告时间和频率、增加人员推销、开展公共宣传，多管齐下进行市场渗透，扩大企业及产品的影响，争取更多的顾客。

(四) 衰退期的营销策略

在成熟期，产品的销售量从缓慢增加达到顶峰后，会发展为缓慢下降，进入衰退期。衰退期的主要特点是：产品销售量急剧下降，企业从这种产品中获得的利润很低甚至为零，大量的竞争者退出市场，消费者的消费习惯已发生改变等。面对处于衰退期的产品，企业需要进行认真的研究分析，决定采取什么策略，在什么时间退出市场。通常有以下几种策略可供选择。

(1) 继续策略　继续沿用过去的策略，仍按照原来的子市场，使用相同的分销渠道、定价及促销方式，直到这种产品完全退出市场为止。

(2) 集中策略　把企业能力和资源集中在最有利的子市场和分销渠道上，从中获取利润。这样有利于缩短产品退出市场的时间，同时又能为企业创造更多的利润。

(3) 收缩策略　大幅度降低促销水平，尽量降低促销费用，以增加目前的利润。这样可能导致产品在市场上的衰退加速，但也能从忠实于这种产品的顾客中得到利润。

(4) 放弃策略　对于衰退比较迅速的产品，应该当机立断，放弃经营。可以采取完全放弃的形式，如把产品完全转移出去或立即停止生产，也可采取逐步放弃的方式，使其所占用的资源逐步转向其他产品。

第三节　产品商标与包装

一、商标的含义、产品命名的要求及商标的作用

商标是产品文字名称、图案记号，或两者相结合的一种设计，向有关部门注册登记后，经批准享有其专用权的标志。在我国，国务院工商行政管理部门商标局主管全国商标注册和管理工作，商标一经商标局核准即为注册商标，商标注册人享有商标专用权，受法律保护。假冒商标、仿冒商标、抢先注册都构成商标的侵权。

(一) 注册商标与非注册商标

我国习惯上对一切品牌无论其注册与否，统称商标，而另有“注册商标”与“非注册商标”之分。《中华人民共和国商标法》（以下简称《商标法》）规定，注册商标是指

受法律保护、所有者享有专用权的商标。非注册商标是指未办理注册手续、不受法律保护的商标。国家规定必须使用注册商标的商品，必须申请商标注册，未经核准注册的，不得在市场上销售。商标使用人应对其使用商标的商品质量负责。各级市场监督管理局应通过商标管理，监督商品质量，制止欺骗消费者的行为。

在《商标法》的保护下，卖者对使用品牌名称享有永久性独占的权利。这和专利、版权等其他有终期的资产不同。

（二）产品命名的基本要求

一般来说，一个好的产品名称，从形式上应具有如下特性：

（1）独特性　容易辨识并能够与其他企业或商品的名称相区别。

（2）简洁性　简洁明快的名称可降低商品标记的成本，并便于写成醒目的文字做广告宣传。

（3）便利性　名称应易拼、易读、易记。

从内容上来说，产品命名不但要符合销售地点的法律法规要求，还要符合当地的风俗习惯，以赢得目标市场中消费群体的喜爱。一个响亮的名字对企业参与市场竞争，尤其是打开国际市场大有好处。国内一些企业，由于不注意自己的名称和商标，结果给企业参与市场竞争尤其是走向国际市场埋下了“祸根”。例如，在国内著名的“白象”牌电池，在欧美国家却受到了冷落，其原因并不在于产品本身的质量，而仅仅是因为欧美人常把白象（White Elephant）看作蠢笨、废物的化身。

（三）商标的作用

一般来说，现代企业及其产品都有自己的商标。虽然这会使企业增加成本费用，但也可以使卖主得到以下好处：便于管理订货；有助于企业细分市场；有助于树立良好的企业形象；有利于吸引更多的品牌忠诚者；注册商标可使企业的产品特色得到法律保护，防止别人模仿。由此可见，商标是现代企业市场竞争中一个强有力的工具和手段。

二、商标管理上的误区

在商标管理方面存在的误区主要如下。

（一）商标设计具有随意性

商标设计本来是一项复杂的工程，通常应由专业人员来完成。但不少企业为了节省商标设计费用，自己进行商标设计，以致设计出的商标很不理想。

（二）商标不注册

有些企业虽然给其产品起了名字，设计了标志，并且名字比较理想，标志的规范性、技术性和视觉冲击力也比较强，甚至创出了名牌，却没有注册，从而不受法律保护（我国对商标权的保护实行的是注册制度）。另外，有些企业只在国内进行商标注册，不重视商标的国际注册，从而在进军国际市场时吃到“闭门羹”。

（三）商标注册范围过于狭窄

目前，我国商标注册采用的是国际上通用的商标分类法，即把商品分成 34 个大类，服务行业分成11个大类。这样，每一商标都有45个类别可以申请注册。但是，我国不少企业的商标注册范围却过于狭窄，即一件商标仅仅在某一类甚至某一种商品上注册，从而为其他企业以同样商标在其他类别的商品上注册留下了余地，制约了企业创立名牌和事业领域的扩展。

（四）商标不续展

续展，本应是商标保护中的一个细枝末节，但我国每年都有不少商标因没有及时续展而被注销。目前，我国注册商标的有效期为10年。注册商标有效期满后需要继续使用的，应当在期满前的6个月内申请续展注册。在此期间未能提出申请的，还有6个月的宽展期。在宽展期内仍未提出申请的，期满后商标局将予以注销。

（五）商标不防御

商标是企业的无形资产，驰名商标更是企业的巨大财富。曾有一段时间，商标抢先注册、抢占他人无形资产的行为愈演愈烈，许多企业因此损失严重。然而企业在警惕商标抢注的同时，却忽视了另一种倾向，这就是“类似商标注册”。为了防止被“搭便车”分享无形资产，红豆集团采取的商标防御策略是把与“红豆”中文发音相同的、含义相近的文字注册，如“虹豆”“相思豆”。

三、产品包装的构成、作用及策略

大多数物质产品在从生产领域流转到消费领域的过程中，都需要有适当的包装。包装工作是整个商品生产的一个重要组成部分。包装工作是指设计并生产容器或包装物将产品盛放或包裹起来的一系列操作过程。

（一）产品包装的构成

营销学认为，产品包装一般包括以下三个部分。

1）首要包装，即产品的直接包装，如牙膏皮、啤酒瓶等都是这种包装。

2）次要包装，即保护首要包装的包装物，如包装一定数量牙膏的纸盒或纸板箱。

3）装运包装，即为了便于储运、识别某些产品的外包装。

此外，在产品包装上还有标签，这是为了说明产品而贴在产品上的招贴或印在产品包装上的文字、图案等。在标签上一般都印有包装内容和产品所包含的主要成分、品牌标志、产品质量等级、生产厂家、生产日期和有效期、使用方法等，有些标签上还印有彩色图案或实物照片，以促进销售。

（二）产品包装的作用

产品包装对企业营销可起到如下作用。

（1）保护产品　良好的包装可以使产品在营销管理过程中，在消费者保存产品期间，不致损坏、变质、散落，保护产品的使用价值。

（2）促进销售　特别是在实行顾客自我服务的情况下，更需要利用产品包装来向广大顾客宣传介绍产品，吸引顾客的注意力。

（3）增加价值　由于收入水平和生活水平的提高，消费者一般愿意为良好的包装带来的方便、美感、可靠性和声望多付些钱。

（三）产品包装的策略

符合设计要求的包装固然是良好的包装，但良好的包装只有同包装策略结合起来才能发挥应有的作用。可供企业选择的包装策略有以下几种。

1）相似包装策略，即企业生产的各种产品，在包装上采用相似的图案、颜色，体现共同的特征。其优点在于能节约设计和印刷成本，树立企业形象，有利于新产品促销。但有时也会因为个别产品质量下降而影响其他产品的销路。

2）差异包装策略，即企业的各种产品都有自己独特的包装，在设计上采用不同的风格、色调和材料。这种策略能够避免由于某一商品推销失败而影响其他商品的声誉。但也相应地会增加包装设计费用和新产品促销费用。

3）相关包装策略，即将多种相关的产品配套放在同一包装物内出售。例如，系列化妆品包装。这种策略可以方便顾客购买和使用，有利于新产品的销售。

4）复用包装策略或多用途包装策略，即包装内产品用过之后，包装物本身还可作其他用，如奶粉包装铁盒。这种策略的目的是通过给消费者额外利益而扩大产品销售。

5）分等级包装策略，即对同一种商品采用不同等级的包装，以适应不同的购买力水平。例如，送礼商品和自用商品采用不同档次的包装。

6）附赠品包装策略，即在包装上或包装内附赠奖券或实物，以吸引消费者购买。

7）改变包装策略。当某种产品销路不畅或长期使用一种包装时，企业可以改变包装设计、包装材料，使用新的包装。这可以使顾客产生新鲜感，从而扩大产品销售。

第四节　新产品开发

根据产品生命周期理论，能否卓有成效地开发新产品，不断地向市场推出新产品，已经是关系企业生存和发展的关键因素。因而帮助企业识别新的市场需求和市场机会，提出合适和有效的新产品开发方案，也是营销部门极为重要的责任。

一、新产品的概念和分类

从市场营销学的观点看来，新产品是一个含义很广泛的概念，它与一般科技开发上的新产品含义并不完全相同。在这里，所谓“新”是相对的，新发明创造的产品固然是新产品，而对市场上现有的产品进行改进，采用了本企业的商标的也是新产品，在企业现有产品系列中增加新的品种也可认为是新产品，等等。而且由于判定新产品的标准因范围不同而各异，从国际上来看可能并不是新产品，因为该产品在一些国家可能早已出现了，但对某一个国家来说该产品就是新产品，因为在该国是第一次出现。新产品是指与旧产品相比，具有新功能、新结构和新用途，能在某方面满足顾客新需求的产品，大体包括以下三类。

（一）全新产品

全新产品是指应用新原理、新技术、新材料和新结构等研制成功的前所未有的新产品。例如，蒸汽机、电灯、电话、飞机、电视机、电冰箱、计算机，以及抗生素、化学纤维的研制成功并投入使用，就属于全新产品。这类产品的问世往往缘于科学技术在某个方面所产生的重大突破，而它们的普及使用将极大地改善人们的生活。不过，它要求消费者必须进行相关知识的学习，彻底改变原有消费模式。全新产品的推出十分困难，绝大多数企业难以做到。

(二) 换代产品

这种新产品是指在原有产品的基础上，采用或部分采用新技术、新材料、新结构制造出来的产品。与原有产品相比，换代产品往往在产品外观、性能或者功能等方面有较大改进，从而为顾客带来了新的利益。一般而言，这种产品要求顾客对原有消费模式有所改变。随着科技的迅猛发展，产品更新换代呈现越来越快的趋势。换代产品出现后，将逐渐取代老产品并导致其被市场淘汰。

(三) 改进产品

改进产品是指在原有产品的基础上适当地加以改进，使得产品在质量、性能、结构、造型等方面有所改善。这类新产品与原有产品差别不大，改进的难度不高。顾客购买改进产品后，可以按原来的方式使用。

企业之所以要大力开发新产品，主要是由于以下原因：

1）产品生命周期的客观存在要求企业不断开发新产品。企业同产品一样，也存在生命周期。如果企业不开发新产品，则当产品走向衰落时，企业也同样走到了生命周期的终点。一般而言，当一种产品被投放市场时，企业就应当着手设计新产品，使企业在任何时期都有不同的产品处在周期的各个阶段，从而保证企业利润的稳定增长。

2）消费需求的变化需要不断开发新产品。随着生产的发展和人们生活水平的提高，消费需求也在发生很大的变化。这一方面给企业带来了威胁，使之不得不淘汰难以适应消费需求的老产品；另一方面也给企业提供了开发新产品、适应市场变化的机会。

3）科技的发展推动企业不断开发新产品。科学技术的发展促使许多高科技新型产品出现，加快了产品更新换代的速度，有力地满足了人民群众日益增长的美好生活需要。例如，光导纤维的出现，对电话、互联网终端等信息处理设备的更新换代起到了巨大的推动作用。

4）市场竞争的加剧迫使企业不断开发新产品。在市场竞争日趋激烈的今天，企业要想在市场上保持优势，必须不断创新，开发新产品。另外，企业定期推出新产品，可以提高企业在市场上的信誉和地位，并促进新产品的市场销售。

二、新产品开发策略选择

企业的新产品开发策略，依据其资源及所处市场竞争地位可以有两种选择：领先型新产品开发策略和跟随型新产品开发策略。

(一) 领先型新产品开发策略

领先型新产品开发策略是指企业研制、开发新产品，并率先将产品投入市场，从而在行业中确立技术领先和产品领先的策略。

领先型新产品开发策略具有以下两个方面的优点：

1）成功的新产品开发，使企业对新技术成果享有独占权，能够较早地建立起现实及潜在竞争对手进入市场的技术壁垒，并在新产品市场上处于主动地位。在这一阶段，企业不存在竞争者威胁，一方面可以凭技术领先、理念领先等优势树立企业及产品的品牌形象；另一方面可以占有尽可能多的市场份额，并采取撇脂定价策略，赚取高额市场利润。

2）企业在新产品生产、管理方面拥有的丰富经验和不断扩张的市场需求，有利于企业扩大生产规模，提高产品质量，降低生产成本，取得对后进入市场者的竞争优势。此外，企业还可以在必要时，采取出售产品生产许可证的方式，从技术转让中获利。

领先型新产品开发策略中所面临的风险，主要是投入大、成本高、开发周期长。由于市场的瞬息万变和研发的高风险性，新产品开发的结果难以预料。一旦开发失败，则往往会给企业造成巨大的损失，同时带来员工士气的损伤。

（二）跟随型新产品开发策略

跟随型新产品开发策略是指企业密切关注市场上刚出现的新产品，一旦发现新产品获得成功，便立即组织力量通过某种方式生产类似产品以进入这一市场的策略。

跟随型新产品开发策略具有以下几个方面的优点：

1）风险较小。由于采用领先型新产品开发策略的企业，已经解决了产品创新过程中一系列的技术难题，特别是实践证明，市场对这一新产品具有较好的反应，因此跟随企业就可以大大减少技术开发与市场开发中的失误和风险，避免可能出现的巨额损失。

2）投资少，成本低。跟随企业在跟进新产品时，新产品概念开发方面的成本已经由领先企业承担，跟随企业可以享受领先企业开辟市场所产生的外部效益。同时，跟随企业可以通过观察领先企业的创新行为进行技术方面的学习和模仿，不需要进行耗费巨大的技术探索研究，因此其新产品开发比领先企业投资少，开发周期短，生产成本较低。

3）开发的产品可能更具竞争力。领先企业开发的新产品，通过消费者的使用，一定会体现出一些有待改进之处。跟随企业可以在充分了解消费者需求和期望的基础上，对领先企业的产品在若干方面予以修正、改进，从而生产出更具竞争力的产品，获得良好的市场反应。

跟随型新产品开发策略的主要缺点是跟随型企业几乎在同一时期进入市场，面临的市场竞争比较激烈，因此跟随型企业的产品必须比已有产品的性能和品质更高一些，或者营销实力更为雄厚，否则很难取得市场份额。

三、新产品开发的过程

由于开发新产品要承担很大的投资风险，为了减少失误，把有限的人力、财力、物力用在刀刃上，把新产品开发的风险降至最低，要按照一定的科学程序来开发新产品。开发新产品是一个从寻求新产品构思开始，一直到把某个构思转变为商业上取得成功的新产品为止的前后连续的过程。这个过程包括以下八个阶段：

（一）搜集构思

开发新产品首先需要有创造性构思（也称创意、设想，俗称点子），搜集的新产品构思越多，则从中选出最合适、最有发展希望的构思的可能性越大。新产品构思的来源是多方面的，如在市场上倾听顾客的意见，利用竞争者的产品设计，供应商及经销商的反应，企业销售和生产等单位人员的建议，企业高层管理者的建议，以及大专院校、科研机构、营销咨询公司、工业顾问、专利机构、国内外情报资料等。其中，调查和搜集消费者与用户对新产品的要求，是新产品构思的主要来源。实践证明，在此基础上发展起来的新产品成功率最高。据有关调查数字显示，除军用产品外，美国成功的技术革新和新产品有60%～80%来自用户的建议，或用户使用中提出的改进意见。

能否搜集到丰富的新产品构思，不在于意外的发现和偶然的机会，关键在于企业必须具有鼓励人们提建议、出创意的制度，以及建立一种系统的程序，使寻求来的任何新产品构思都能和产品开发部门直接沟通起来。

（二）筛选构思

构思对于开发新产品是必需的。筛选构思的目的有两个：一是剔除那些与企业战略目标或资源不协调的新产品构思；二是优先发展好的创意。因为在后面几个阶段，产品开发成本提高得非常快，所以企业应尽早地发现和放弃错误的创意。筛选过程分为两个阶段：第一阶段要求做出迅速和正确的判断，判别新产品构思是否适合企业的发展规划、技术专长和财务能力，以剔除那些明显不合适的建议，从而使宝贵的资源不至于浪费在复审不切实际的提案上。这种判断应由有见识的经理和有经验的专家做出。筛选的第二阶段是对通过了第一阶段的筛选的产品构思进行更细致的审查，分出等级。因为一个企业往往不可能同时发展每一个好的创意。常用的方法是利用新产品构思加权评分表评出等级。具体做法是，根据企业目前所处的内外部环境以及产品的特点，列出影响产品成功的必要因素，再由企业管理层针对这些因素的相对重要性给出相应的权数，接下来是在每个因素上对企业的能力做出0.0～1.0的评价，最后把每个成功因素的权数和本公司的能力水平相乘，得到公司成功地把这种产品引入市场的能力总评分。新产品构思加权评分表见表9-1。

表9-1　新产品构思加权评分表

产品成功的必要因素	权数(A)	企业的能力水平(B)	评分(A×B)
产品的独特优点	0.40	0.8	0.32
高的绩效成本比	0.20	0.6	0.12
高的营销资金支持	0.20	0.7	0.14
公司素质和信誉	0.05	0.6	0.03
采购与供应	0.05	0.6	0.03
较少的强力竞争	0.10	0.5	0.05
总计	1.00		0.69

评分等级：0.00～0.30为差，0.31～0.60为较好，0.61～0.80为好。最低接受标准为：0.61。

在评出产品创意的总评分之后，按一定的标准（如0.00～0.30为差，0.31～0.60为较好，0.61～0.80为好）将该构思划分等级，并根据得分的高低进行取舍。从表9-1中可见，本例中产品的总评分为0.69。根据评分等级本产品构思处于好的创意水平。值得注意的是该评分表设定的最低接受标准为 0.61，即能通过筛选的构思的最低得分应为 0.61，否则都应放弃，以减少风险。

（三）形成产品概念

有研究表明，新产品成功的关键因素之一是界定明确的产品概念优先于新产品开发。根据产品概念，企业可在开发之前认真地定义和预估目标市场、产品需求和利益。因此，这是开发新产品过程中最关键的阶段，目的在于把产品构思转变为使用时安全、能增进消费者利益、制造上经济的、具有被顾客乐于接受的物质特性的实际产品。

任何一个产品构思都可以发展为几种不同的产品概念。例如，一家大型食品加工厂获得了一个新产品构思，即生产粉末状牛奶添加剂，以提升牛奶的营养价值和口味。这仅仅是一个构思，如果从如下三个方面加以具体化：第一，谁使用这一产品（可以以婴儿、儿童、少年、青年、中年或老年人为目标消费者）；第二，该产品为消费者提供的主要利益是什么（可以是口味、营养、提神或能量等）；第三，该产品在什么环境下使用（早餐、早餐后、中餐、晚餐、临睡前等），就可以组合成许多不同的产品概念。

企业对发展出来的每一个产品概念都要进行市场定位，以便具体分析该产品与市场上哪些现有产品发生竞争，并据此制定产品或品牌定位策略。

概念测试一般需要和合适的消费者小组一起测试这些产品概念，然后收集消费者的反应。这些概念可以用符号或实物来展示。但通常是采用概念说明书的方式，说明新产品的功能、特性、规格、包装、售价等，印发给部分可能的消费者，有时说明书还可附有图片或模型。现在越来越多的公司在计算机上设计互换实物产品，例如汽车制造商在计算机上设计出汽车，消费者可以操纵计算机上的模拟汽车。有的公司应用模拟现实软件来测试产品概念。例如，一个橱柜设计商使用虚拟现实程序，帮助顾客“看到”计算机是怎样重组他或她的厨房间的。一般完成实验后，参与者会被要求就类似如下的一些问题提出意见：①新产品概念是否描述清楚？②您是否发现本产品的特殊优点？③在许多同类产品中，您是否较喜欢本产品？④本产品向市场推出时，您是否会购买它？⑤本产品是否符合您的需要？⑥您是否有改良本产品的建议？

概念测试所获得的信息将使企业进一步充实产品概念，使之更适合顾客需要。概念测试也可分项进行以期获得更明确的信息。概念测试的结果一方面形成新产品的市场营销计划，包括产品的质量特性、特色款式、包装、商标、定价、销售渠道、促销措施等，另一方面作为下一步新产品设计、研制的根据。

（四）制定营销策略

新产品主管人员必须为通过产品概念发展和测试的新产品概念拟定相应的营销策略的初步计划，以便将它们引入市场。营销策略计划将在以后的各个开发阶段得到进一步的完善。

营销策略计划由三部分组成：第一部分描述目标市场的规模、结构和行为，计划产品的定位，以及预期在开始几年内的销售额、市场占有率和利润目标。第二部分概述产品第一年的预定价格、配销策略与营销预算。第三部分描述预计今后的长期销售额、利润目标和不同营销组合策略。

（五）商业分析

当新产品开发的管理部门开发出新产品概念和相应的营销策略计划后，就可以评价新产品方案的商业吸引力了。商业分析也称为效益分析，就是考察新产品的预计销售量、成本和利润，以判断它们是否满足企业的目标。如果满足，产品概念就能进入产品开发阶段。所以商业分析的目的是在发生进一步开发费用之前，剔除不能盈利的新产品概念。由于大部分不适用的新产品构思及新产品概念在筛选和测试阶段已经被淘汰，因此进行效益分析时常常集中于为数不多的几个新产品方案上。

新产品效益分析的方法有多种，下面介绍几种常用的方法。

（1）盈亏平衡销售量法　盈亏平衡分析是最简单的效益评价方法。盈亏平衡销售量（Q）是为弥补新产品的固定成本和变动成本而必须销售的产品数量，可由下式求得

$$Q = \frac{F}{P - V}$$

式中　Q——盈亏平衡销售量；

F——年总固定成本；

P——单位产品售价；

V——单位产品变动成本。

新产品的盈亏平衡销售量一经计算出来，即可与该产品预测销售量进行比较。预测销售量超出盈亏平衡销售量的部分越大，意味着可能的盈利越多，具有最大超出量的新产品方案就是最佳的方案。盈亏平衡分析法假定单位产品售价和单位产品变动成本是固定不变的，但是实际上这两者在整个产品生命周期内具有变化的趋向。这个不足之处可以应用投资回收期法来解决。

（2）投资回收期法　投资回收期也称清偿年限，是指一个新产品以所获净收益来偿还其初始投资所需要的年限。对企业来说，投资回收期越短越好，较短的偿还年限意味着较快为企业提供盈利，也意味着风险较小。计算出来的投资回收期要和本行业的基准投资回收期相比较，只有当前者小于后者时，才被认为是可行的。其表达式是

$$\sum_{i=0}^{P_t} (CI_t - CO_t) = 0$$

式中　CI_t——第 t 年的现金流入量；

CO_t——第 t 年的现金流出量；

$(CI_t - CO_t)$——第 t 年的净现金流量；

P_t——投资回收期。

在实际工作中，更为实用的公式是

$$P_t = T - 1 + \frac{\text{上年累计净现金流量的绝对值}}{\text{当年净现金流量}}$$

式中　T——累计净现金流量开始出现正值的年份。

投资回收期法的不足之处在于没有考虑资金的时间价值；只考虑了回收期内的现金流量，没有考虑投资回收期以后的现金流量等。因此，两个新产品项目可能具有相同的偿还期，但是投资额和潜在利润量却可以有很大的差别。

(3) 投资回报率法　投资回报率（Return on Investment，ROI）法是评价新产品经济效益最常用的方法。此法使各新产品方案之间的对比大为简化，而且可以使各新产品的收益和企业资金的机会成本相核对。投资回报率的计算，由于对折旧、税金和投资的不同处理而有多种方法。最常用的方法是求出年平均收入（纳税和折旧后）对年平均投资的百分数，即

$$\mathrm{ROI}=\frac{E}{I}\times 100\%$$

式中　E——年平均收入；

I——年平均投资。

应用这个方法时要求估计出产品的预期生命周期、可能的年销售量，以及年成本总额。例如，某新产品的税后平均收入每年估计为10000元，年平均投资为75000元，则

$$\mathrm{ROI}=\frac{10000\text{元}}{75000\text{元}}\times 100\%=13.3\%$$

投资回报率法简便易行，而且它考虑了产品整个生命期的现金活动。但是它的缺点是仍未反映资金的时间价值。两个方案可以具有相同的投资回报率，但各自得到的利润和所需的投资在时间上可能有很大的差别。如甲方案需要高额的最初投资，而在产品生命周期快要结束时，才能取得可观的利润。乙方案需要一系列小额投资，而大部分利润在该产品进入导入期时就能立刻产生出来。尽管两者的投资回报率相同，但是企业当然乐于采用乙方案。在新产品经济效益评价中，如果需要考虑资金的时间价值，常常采用净现值评价方法。

(4) 净现值法　净现值是指将新产品投资项目在整个生命周期（包括投资期和生产期）内每年的净现金流量按企业所期望的收益率折现到项目建设期初的现值之和。它反映新产品项目的盈利能力。其计算公式为

$$\text{净现值(NPV)}=\sum_{t=1}^{n}(CI_t-CO_t)(1+r)^{-t}$$

式中　CI_t——第t年现金流入量；

CO_t——第t年现金流出量；

(CI_t-CO_t)——第t年净现金流量；

r——企业期望的收益率（或折现率）；

t——距离建设期初的年份；

n——新产品项目的生命周期。

计算结果，如果NPV≥0，意味着收益水平不仅达到了企业期望的收益水平，而且有超额盈余；如果NPV=0，表明新产品的收益水平正好达到企业期望的收益水平；如果NPV<0，意味着收益水平达不到企业所期望的收益水平。所以，应采用NPV≥0的项目。

上面介绍的几种用于分析新产品效益的方法，由于实用上各有优缺点，企业需要根据具体情况加以选用，有时也被同时采用，使效益分析更为全面。

(六) 产品开发

如果新产品概念通过了商业分析，就可以进入研究开发部门或工程技术部门，以开发

成为实际产品。到现在为止，所谓新产品还只是以文字描述、图样或粗略的模型表现出来，只有进入本阶段，新产品概念才真正转变为实际的产品。因此，在本阶段所需的投资将比以前几个阶段要多得多。

本阶段优先应解决的问题，是产品概念能否转变为技术上和商业上可行的产品。如果不能通过可行性分析，即使已在该产品构思的开发上花了可观的费用，也只能果断地放弃，以免造成更大的损失。

产品概念通过可行性分析后，研究开发部门就可以据以进行新产品的研制工作，制造出少量的实体模型作为样品。对这些样品，还必须进行严格的检验。它包括功能试验和消费者试验两个方面。功能试验在实验室或现场进行，主要是检查产品是否符合有关技术条件、质量特性；消费者试验是请消费者加以试用，征集他们对产品的意见。两种试验的目的都在于对样品做进一步的改进。

只有当试制出来的样品经过改进后达到以下三点要求：①消费者认为该样品已具备产品概念中所描述的主要属性；②在正常使用情况下，该产品能安全地发挥作用；③该产品能在预计的生产成本范围内创造出来，才可以认为研制取得了成功，可准备投入批量生产。

（七）市场试销

市场试销也称市场检验，是指把根据选定的产品概念制造出来的产品，投放到经过挑选的、有代表性的小型市场范围内进行销售试验，以检验在正式销售条件下顾客的反应。并不是开发任何新产品，都必须经过试销。是否需要进行试销，基本上取决于产品开发者对该产品是否有足够的信心。如果企业在发展与试验阶段已经通过各种方式收集了用户对该产品的意见和建议，对产品做出改进，并且了解到该产品已具有相当多的潜在顾客时，就可以不必进行试销，直接加入企业的产品目录中，纳入企业的销售渠道向市场推出。价格昂贵并且非大量销售的工业品和高档消费品，通常不经过试销阶段。

（八）批量上市

批量上市也称为商业化阶段，这个阶段使该产品成为企业的正式产品，向市场全面推出。

新产品在商业化前要求企业做好三个方面的工作：

1）新产品经过开发、试验和试销等阶段，产品的功能特性、包装、商标及售价等需要做出适合市场需要的改进，对产品和制造工艺加以定型。

2）投资购买新设备，形成大量生产的能力。

3）制订一套适当的广告和销售促进计划、销售渠道计划、推销人员和中间商的培训和激励计划等。

商业化阶段是新产品开发过程中耗资最大的阶段。通常商业化的第一年销售费用将占销售收入的一半以上，获利的可能性很小。因此，除非经过试销后企业对新产品销售量有确实的把握，或者发现竞争者即将进入同一市场，企业可以立刻以全速向市场推进外，一般情况下企业常采取分阶段逐步进入市场的策略。首先向主要市场或地区推出，然后扩大到全国市场或国外市场。逐步进入市场可以避免太大的损失，但同时也限制了企业的收益。

第五节　新产品的采用及扩散

一、新产品的采用过程

所谓新产品的采用过程，是指消费者个人由接受创新产品到成为重复购买者的各个心理阶段。迄今为止，有关采用过程的研究当首推美国著名学者埃弗雷特·罗杰斯的研究成果。他在1962年出版的《创新扩散》一书中，把采用过程看作创新决策过程，并据此建立了创新决策过程模型。他认为，创新决策过程包括五个阶段，即认识阶段、说服阶段、决策阶段、实施阶段和证实阶段。这五个阶段又受到一系列变量的影响，它们不同程度地促进或延缓了创新决策过程。

（一）认识阶段

在认识阶段，消费者要受个人因素（如个人的性格特征、社会地位、经济收入、性别年龄、文化水平等）、社会因素（如文化、经济、社会、政治、科技等）和沟通行为因素的影响。他们逐步认识创新产品，并学会使用这种产品，掌握其新的功能。研究表明，较早意识到创新的消费者同较晚意识到创新的消费者有着明显的区别。一般地，前者较后者有着较高的文化水平和社会地位，他们广泛地参与社交活动，能及时、迅速地收集到有关新产品的信息资料。

（二）说服阶段

有时，消费者尽管认识了创新产品并知道如何使用，但一直没有产生喜爱和占有该种产品的愿望。一旦产生这种愿望，决策行为就进入了说服阶段。在认识阶段，消费者的心理活动尚停留在感性认识上，而在说服阶段，其心理活动就具备影响力了。消费者常常要亲自操作新产品，以避免购买风险。不过，即使如此也并不能促使消费者立即购买，除非营销部门能让消费者充分认识到新产品的特性。这包括以下几点：

1）相对优势，即创新产品被认为比原有产品好。创新产品在功能性、可靠性、便利性、新颖性等方面比原有产品的优势越大，就越容易让消费者采用。应该着重指出的是，相对优势是指消费者个人对创新产品的认识程度，而不是产品的实际情况。在某些情况下，一个确实属于创新的产品若不被消费者认识，便失去了其相对优势。

2）适用性，即创新产品与消费者行为及观念的吻合程度。当创新产品与消费者的需求结构、价值观、信仰和经验相适应或较为接近时，就较容易被迅速采用。

3）复杂性，即认识创新产品的困难程度。创新产品越是难以理解和使用，其采用率就越低。这就要求企业在新产品设计、整体结构、使用维修和保养方法等方面与目标市场的认知程度相接近，尽可能设计出简单易懂、方便使用的产品。

4）可试性，即创新产品在一定条件下可以试用。汽车的测试、免费赠送样品等都是为了方便消费者对新产品的试用，减少购买风险，提高采用率。

5）明确性，是指创新产品在使用时，是否容易被人们观察和描述，是否容易被说明和示范。创新产品的消费行为越容易被感知，其明确性就越强，采用率也就越高。总之，在说服阶段，消费者对创新产品将有确定性认识，他们会多次在脑海中“尝试”使用创新产品，看看它究竟是否适合自己的情况。企业的广告宣传和人员推销将会使消费者提高对产品的认知程度。

（三）决策阶段

通过对产品特性的分析和认识，消费者开始决策，即决定采用还是拒绝采用此创新产品。他们可能决定拒绝采用，此后又有两种可能：

1）改变态度接受了这种创新产品。

2）继续拒绝采用这种产品。

他们也许决定采用创新产品，此后也有两种可能：

1）在使用之后觉得效果不错，继续使用下去。

2）使用之后发现令人失望，便中断使用，可能改用别的品牌，也可能干脆不使用这类产品。

（四）实施阶段

当消费者开始使用创新产品时，就进入了实施阶段。在决策阶段，消费者只是在心里盘算究竟是使用该产品还是仅仅试用一下，并没有完全确定。到了实施阶段，消费者就考虑以下问题了：“我怎样使用该产品？”和“我如何解决操作难题？”这时，营销人员就要积极主动地向消费者进行介绍和示范，并提出自己的建议。

（五）证实阶段

人类行为的一个显著特征是，人们在做出某项重要决策之后总是要寻找额外的信息，来证明自己决策的英明和果断。消费者购买决策也不例外。为了说明问题，这里借用一下不和谐理论中的“认识不和谐”的概念。

认识不和谐是指两种或两种以上的认识互不一致或者其中某种认识与一个人的行为相抵触所产生的紧张不安的心理状态。这些认识包括人们对周围事物所持的观念、情感和价值取向等。只要这些认识相互不一致，或者某种认识与一个人的行为不相吻合，不和谐就产生了。不和谐是一种心理不平衡状态，它会造成心理紧张，而心理紧张又促使人们去努力消除这种紧张，从而使心理状态由不平衡（或不和谐）转向平衡（或和谐）。

在创新决策之后存在的不和谐，称为决策后不和谐。由于消费者面临多种选择方案，而每一种方案又都有其优点和缺点，所以只要消费者选择其中的一个方案，不和谐就会发生。在决策之后，消费者总是要评价其选择行为的正确与否。在决策后的最初一段时间内，消费者常常觉得有些后悔，会发现所选方案存在很多缺陷，而认为未选方案有不少优点。事实上，如果再给一次机会，他就会选择其他方案。不过，后悔阶段持续时间不长便被不和谐减弱阶段所代替。此时，消费者认为已选方案仍然较为适宜。

在整个创新决策过程中，证实阶段包括了决策后不和谐、后悔和不和谐减弱三种情况。消费者往往会告诉朋友们自己采用创新产品的明智之处，倘若他无法说明采用决策是正确的，就可能中断采用。

二、新产品的扩散过程

所谓新产品扩散，是指新产品上市后随着时间的推移不断地被越来越多的消费者所采用的过程。也就是说，新产品上市后逐渐扩散到其潜在市场的各个部分。扩散与采用的区别，仅仅在于看问题的角度不同。采用过程是从微观角度考察消费者个人由接受创新产品到成为重复购买者的各个心理阶段，而扩散过程则是从宏观角度分析创新产品如何在市场上传播并被市场所采用的更为广泛的问题。

（一）新产品采用者的类型

在新产品的市场扩散过程中，由于个人性格、文化背景、受教育程度和社会地位等因素的影响，不同的消费者对新产品接受的快慢程度不同。罗杰斯根据这种接受快慢的差异，把采用者划分成五种类型，即创新采用者（简称为“创用者”）、早期采用者、早期大众、晚期大众和落后采用者。同时，从新产品上市算起，采用者的采用时间大体服从统计学中的正态分布，约有68%的采用者（早期大众和晚期大众）落入平均采用时间加减一个标准差的区域内，其他采用者的情况类推。尽管这种划分并非精确，但它对于研究扩散过程有着重要意义。

（1）创新采用者　该类采用者处于距离平均采用时间两个标准差以左的区域内，占全部潜在采用者的2.5%。任何新产品都是由少数创新采用者率先使用，因此他们具备如下特征：①极富冒险精神；②收入水平、社会地位和受教育程度较高；③一般是年轻人，交际广泛且信息灵通。

营销人员在向市场推出新产品时，应把促销手段和传播工具集中在创新采用者身上。如果他们采用效果较好，就会大肆宣传，影响后面的使用者。不过，找出创新采用者并非易事，因为很多创新采用者在某些方面倾向于创新，而在其他方面可能是落后采用者。

（2）早期采用者　早期采用者是第二类采用创新的群体，占全部潜在采用者的13.5%。他们大多是某个群体中具有很高威信的人，受到周围朋友的拥护和爱戴。正因如此，他们常常去收集有关新产品的各种信息资料，成为某些领域的意见领袖。这类采用者多在产品的导入期和成长期采用新产品，并对后面的采用者影响较大。所以，他们对创新扩散有着决定性的影响。

（3）早期大众　这类采用者的采用时间较平均采用时间要早，占全部潜在采用者的34%。其特征是：①深思熟虑，态度谨慎；②决策时间较长；③受过一定的教育；④有较好的工作环境和固定收入；⑤对意见领袖的消费行为有较强的模仿心理。他们虽然也希望在一般人之前接受新产品，但是在经过早期采用者认可后才购买，从而成为赶时髦者。由于该类采用者和晚期大众占全部潜在采用者的68%，因而研究其消费心理和消费习惯对于加速创新产品扩散有着重要意义。

（4）晚期大众　这类采用者的采用时间较平均采用时间稍晚，占全部潜在采用者的34%，其基本特征是多疑。他们的信息多来自周围的同事或朋友，很少借助宣传媒体收集所需要的信息，其受教育程度和收入状况相对较差，所以他们从不主动采用或接受新产品，直到多数人采用且反映良好时才行动。显然，对这类采用者进行市场扩散是困难的。

(5) 落后采用者　这类采用者是采用创新的落伍者，占全部潜在采用者的16%。他们思想保守，拘泥于传统的消费行为模式。他们与其他的落后采用者关系密切，极少接触宣传媒体，其社会地位和收入水平最低。因此，他们在产品进入成熟期后期乃至进入衰退期时才会采用。与一般人相比较，他们在社会经济地位、个人因素和沟通行为三个方面存在着差异。这种比较为新产品扩散提供了重要依据，对企业营销沟通具有指导意义。

(二) 新产品的扩散过程管理

新产品的扩散过程管理是指企业通过采取措施使新产品扩散过程符合既定营销目标的一系列活动。企业之所以能对扩散过程进行管理，是因为扩散过程除受到外部不可控制因素（如竞争者行为、消费者行为、经济形势等）的影响外，还受到企业营销活动（产品质量、人员推销、广告水平、价格策略等）的制约。企业进行新产品扩散过程管理的主要目标如下：

1) 导入期销售额迅速起飞。

2) 成长期销售额快速增长。

3) 成熟期产品渗透最大化。

4) 尽可能维持一定水平的销售额。

然而，新产品扩散的实际过程却不是这样。根据产品生命周期曲线，典型的产品扩散模式通常是导入期销售额增长缓慢，成长期的增长率也较低，而且产品进入成熟期不久后，销售额就开始下降。为了使产品扩散过程达到其管理目标，要求企业营销管理部门采取一些措施和策略。

1) 实现迅速起飞，需要：①派出销售队伍，主动加强推销；②开展广告攻势，使目标市场很快熟悉创新产品；③开展促销活动，鼓励消费者试用新产品。

2) 实现快速增长，需要：①保证产品质量，促进口头沟通；②继续加强广告攻势，影响后期采用者；③推销人员向中间商提供各种支持；④创造性地运用促销手段使消费者重复购买。

3) 实现渗透最大化，需要：①继续采用快速增长的各种策略；②更新产品设计和广告策略，以适应后期采用者的需要。

4) 要想长时间维持一定水平的销售额，需要：①使处于衰退期的产品继续满足市场需要；②扩展分销渠道；③加强广告推销。

(三) 意见领袖和口头传播对扩散的影响

前面提出，扩散过程就是创新产品不断地被更多消费者采用的过程。对于企业而言，总是希望产品扩散越快越好，消费者接受得越快越好。因此，缩短消费者由不熟悉新产品到采用新产品所花费的时间就成为企业营销的目标之一。前面对采用和扩散过程的分析不同程度地解决了这个问题，这里再从信息沟通的角度进行研究。

(1) 信息沟通与新产品扩散　在新产品扩散过程中，有关信息和影响是怎样从营销人员那里传递到目标市场的呢？最初，人们认为信息和影响是借助宣传媒体的力量直接传递到消费者那里，这就是一级流动过程，即从宣传媒体到消费者。后来，研究者们发现，信息的流动并非经过一级，而是两级。他们认为，新产品常常是从宣传媒体传递到意见领袖，然后再从意见领袖流向追随者，追随者受意见领袖的影响远远超过宣传媒体的影响。这叫作两级流动模型。在这里，宣传媒体是主要的信息源，追随者是信息受众，而意见领袖则对信息受众接受信息有着重要作用，他们依靠自身的威信和所处的位置加速了信息的流动。

（2）意见领袖的作用　在新产品扩散过程中，意见领袖具有以下作用：①告知他人（追随者）有关新产品的信息；②提供建议以降低别人的购买风险；③向购买者提供积极的反馈或证实其决策。所以，意见领袖是一个告知者、说服者和证实者。不过，意见领袖只是一个或几个消费领域的领袖，他们仅仅在这一个或几个消费领域施加自身的影响，离开这些领域，他们就不再是领袖，也就没有影响了。

（3）意见领袖与其追随者　每一个社会阶层都有意见领袖。大多数情况下，信息是在每一个阶层内水平流动的，而不是在阶层之间垂直流动的。意见领袖同其追随者有着明显的不同特征：①意见领袖交际广泛，同宣传媒体和各种交易中间商联系紧密；②意见领袖容易被接触，并有机会、有能力影响他人；③具有高于其追随者的社会经济地位，但不能高出太多，否则，二者就难以沟通；④乐于创新，尤其当整个社会倡导创新时。

复习思考题

1. 什么是产品整体概念？
2. 产品整体概念对市场营销活动具有什么意义？
3. 什么是产品生命周期？产品生命周期的各阶段具有什么特点？
4. 对处于生命周期不同阶段的产品，企业应有的营销策略是什么？
5. 企业为什么要缩减产品组合？
6. 什么是新产品？新产品可分为哪些类型？
7. 开发新产品要经过哪些阶段？
8. 什么是产品组合？什么是产品组合的宽度、长度、深度和一致性？
9. 什么是跟随型新产品开发策略？其优点是什么？
10. 领先型新产品开发策略的优缺点是什么？
11. 企业为什么要大力开发新产品？
12. 适当的产品包装能起到哪些积极作用？
13. 产品延伸的风险是什么？
14. 产品命名的基本要求是什么？
15. 简述产品采用过程。
16. 产品采用者类型中早期大众的特征是什么？
17. 意见领袖的作用是什么？

第十章　定价策略

价格是企业市场营销组合中较易控制的营销因素，也是顾客在购买过程中敏感性很强的一个因素。因此，必须根据影响定价的相关因素，谨慎对企业的产品进行定价。

第一节　影响定价的因素分析

影响定价的因素是多方面的，包括定价目标、产品成本、市场需求、竞争者的产品和价格等。

一、定价目标

任何企业都不能孤立地确定价格，而必须按照企业的目标市场战略及市场定位战略的要求来进行。此外，企业管理人员还要确定一些具体的经营目标，如利润额、销售额、市场占有率等，这些都对企业定价具有重要影响。企业的每一种定价对其利润、收入、市场占有率均有不同的影响，企业定价目标主要有以下几种。

（一）维持生存

如果企业产量过剩，或面临激烈竞争，或试图改变消费者需求，则需要把维持生存作为定价的主要目标。为了确保工厂持续运行和存货出手，企业必须确定较低的价格，并希望市场是价格敏感型的。因为利润与生存相比次要得多。因此，许多企业通过大规模的价格折扣以维持企业生存。可以说，只要其价格能弥补变动成本和一些固定成本，企业的生存便可得以维持。

（二）当期利润最大化

有些企业希望确定一个能使当期利润最大化的价格。它们通过估计需求和成本，并据此选择一种价格，使之能产生最大的当期利润、现金流量或投资报酬率。假定企业对其产品的需求函数和成本函数有充分的了解，则借助需求函数和成本函数便可制定确保当期利润最大化的价格。

（三）市场占有率最大化

有些企业想通过定价来赢得控制市场的地位，也就是使市场占有率最大化。因为企业确信赢得最高的市场占有率之后将享有最低的成本和最高的长期利润，所以企业便以尽可能低的价格来追求市场占有率领先。当具备下述条件之一时，企业就可考虑通过低价来提高市场占有率。

1）市场对价格高度敏感，因此低价能刺激需求的快速增长。

2）生产与分销的单位成本会随着生产经验的积累而下降。

3）低价能吓退现有的和潜在的竞争者。

（四）产品质量最优化

企业也可以考虑产品质量领先这样的目标，并在生产和营销过程中始终贯彻产品质量最优化的指导思想。这就要求用高价格来弥补高质量和研究开发的高成本。企业在保证产品优质优价的同时，还应辅以相应的优质服务。

二、产品成本

任何企业都不能随心所欲地制定价格。某种产品的最高价格取决于市场需求，最低价格取决于生产这种产品的成本费用。从长远看，任何产品的销售价格都必须高于成本费用，只有这样，才能以销售收入来抵偿生产成本和经营费用，否则就无法经营。因此，企业在确定价格时必须估算成本。

企业产品的成本函数取决于产品的生产函数和投入要素的价格。生产函数表明投入与产出之间的技术关系。这种技术关系与投入要素的价格相结合，就决定了产品的成本函数。成本函数可以分为两种：短期成本函数和长期成本函数。按照经济学的解释，这里所说的短期与长期具有特定的含义。短期是指在这个时期内，企业不能自由调整生产要素的投入和组合，不能选择各种可能的生产规模。因此，短期成本可以分为固定成本与变动成本。长期是指在这个时期内，企业可以自由调整生产要素的投入和组合，可以选择最有利的生产规模。在这个时期内，一切生产要素都是可以变动的。因此，长期成本中没有固定成本，一切成本都是变动成本。

在短期竞争条件下，有两种价格是非常重要的。一种是价格收入仍能弥补成本支出的最低价格，即价格等于最低总平均成本。另一种是价格等于最低平均变动成本，这种价格的总收入不能弥补总成本支出，但却可以弥补企业的变动成本支出。尽管产品一旦卖出，就会发生亏损，不过由于固定成本在期初已经投入，此时企业的销售收入仍可维持日常经营。任何低于最低平均变动成本的价格都会导致企业较难维持日常运营，因此，企业制定的价格必须等于或高于平均变动成本。

三、市场需求

市场需求对企业定价有着重要影响，而需求又受价格和收入变动的影响。因价格与收入等因素而引起相应需求的变动率，就叫作需求弹性。需求弹性分为需求的收入弹性、需求的价格弹性和需求的交叉弹性。

（一）需求的收入弹性

需求的收入弹性是指因收入变动而引起相应需求的变动率。有些产品的需求收入弹性大，这意味着消费者货币收入的增加导致该产品的需求量有更大幅度的增加。一般来说，高档食品、耐用消费品、娱乐支出的情况即是如此。有些产品的需求收入弹性较小，这意味着消费者货币收入的增加导致该产品的需求量的增加幅度较小。一般来说，生活必需品的情况即是如此。也有的产品的需求收入弹性是负值，这意味着消费者货币收入的增加将导致该产品需求量下降。例如，某些低档食品、低档服装就有负的需求收入弹性，因为消费者收入增加后，对这类产品的需求量将减少，甚至不再购买这些低档产品，而转向高档产品。

（二）需求的价格弹性

价格会影响市场需求。在正常情况下，市场需求会按照与价格相反的方向变动。价格提高，市场需求就会减少；价格降低，市场需求就会增加。所以，需求曲线是向下倾斜的。这是需求法则发生作用的表现。但是也有例外情况。例如，香水提价后，其销售量却有可能增加。当然，如果香水的价格提得太高，其需求和销售将会减少。

需求的价格弹性反映需求量对价格的敏感程度，以需求量变动的百分比与价格变动的百分比之比值来计算，即价格变动百分之一会使需求量变动百分之几。在以下情况下，需求可能缺乏弹性：

1）市场上没有替代品或者没有竞争者。

2）购买者对较高价格不在意。

3）购买者改变购买习惯较慢，也不积极寻找较便宜的东西。

4）购买者认为产品质量有所提高，或者认为存在通货膨胀等，价格较高是应该的。

如果某种产品不具备上述条件，那么这种产品的需求就富有弹性。在这种情况下，企业应考虑适当降价，以刺激需求、促进销售，增加销售收入。

（三）需求的交叉弹性

在为产品大类定价时还必须考虑各产品项目之间相互影响的程度。产品大类中的某一个产品项目，很可能是其他产品的替代品或互补品。同时，一项产品的价格变动往往会影响其他产品项目销售量的变动，两者之间存在需求的交叉弹性。交叉弹性可以是正值，也可以是负值。如果为正值，则此两项产品为替代品，表明一旦产品 Y 的价格上涨，则产品 X 的需求量必然增加。相反，如果交叉弹性为负值，则此两项产品为互补品，也就是说，当产品 Y 的价格上涨时，产品 X 的需求量会下降。

四、竞争者的产品和价格

在最高价格和最低价格之间，企业能把价格定得多高，取决于竞争者提供同类产品的价格水平。因此，企业必须采取适当方式，了解竞争者所提供的产品质量和价格。企业获得这方面的信息后，就可以与竞争产品比质比价，更准确地制定本企业产品的价格。如果两者质量大体一致，则两者价格也应不相上下，否则本企业产品可能卖不出去；如果本企业产品质量较好，则产品价格也可以定得较高；如果本企业产品质量较差，那么产品价格就应定得低一些。企业还应看到，竞争者也可能随机应变，针对企业的产品价格而调整其价格，也可能不调整价格，而调整营销组合的其他变量，与企业争夺顾客。当然，对竞争者的价格变动，企业也要及时掌握有关信息，并做出明智的选择。

第二节　定价方法

企业产品价格的高低受市场需求、成本费用和竞争情况等因素的影响和制约，企业制定价格时理应全面考虑这些因素。但是，在实际定价工作中企业往往只侧重某一个方面的因素。大体上，企业定价有三种导向，即成本导向、需求导向和竞争导向。

一、成本导向定价法

这类方法是以成本作为定价的基础。产品成本包括固定成本和变动成本。根据定价时依据的成本不同，成本导向定价法有以下两种。

（一）成本加成定价法

所谓成本加成定价法就是在单位产品成本的基础上，加上一定的加成额，作为企业产品价格的一种定价方法。成本加成定价法是最常用的一种定价方法，其价格的计算方法有两种：第一种是在单位产品成本上附加一个对成本而言的百分数，作为产品的销售价格。其计算式为

$$单位产品售价 = 单位产品成本 \times (1 + 加成率)$$

例如，生产某种产品的企业，其单位成本为 120 元，售价由单位成本加成 20% 来确定，则其产品售价 = 120 元 ×（1 + 20%）= 144 元。

第二种是指售价中包含了一定的加成率作为企业的收益，其计算公式为

$$单位产品售价 = 单位产品成本 /(1 - 加成率)$$

如上例中的某产品生产企业，要想在产品售价中包含 20% 的利润率，则产品售价应为 120 元/(1 − 20%) = 150 元。

上述两种计算方法的区别在于，对加成率的确定方式不同。第一种是以成本为基础的加成率，叫作成本加成率，即加成率 = 加成金额/单位成本；第二种是以售价为基础的加成率，叫作销售加成率，即加成率 = 加成金额/产品售价。

最适加成与需求价格弹性反向变动。如果某品牌的需求价格弹性高，最适加成就应相对低些。如果某品牌的需求价格弹性低，最适加成则应相对高些。而且，当需求价格弹性保持不变时，加成也应保持相对稳定，以确定最适价格。

成本加成定价法之所以受到企业欢迎，主要是由于：①成本的不确定性一般比需求少，将价格盯住单位成本，可以大大简化企业定价程序，而不必根据需求情况的瞬息万变做调整；②只要行业中所有企业都采取这种定价方法，则价格在成本与加成相似的情况下也大致相当，价格竞争也会因此降至最低限度；③许多人认为成本加成法对买方和卖方讲都比较公平，当买方需求强烈时，卖方不会利用这一有利条件谋取额外利益，并且能获得公平的投资报酬。

（二）目标利润率定价法

这种定价法的要点是使产品的售价能保证企业达到预期的目标利润率。目标利润率定价法和成本加成定价法的区别在于前者着眼于产品的总成本，而后者着眼于产品的单位成本。现举例说明如下：

假如某企业某产品的生产能力为年产 100 万件，在生产能力范围内。无论产量多少，其固定成本都是 600 万元，单位变动成本为 5 元。现预测下一年度的销售量为 80 万件，该企业要求达到 20% 的目标利润率，其产品应如何定价？

固定成本在产量为零至 100 万件时都是 600 万元，预计的销售量为 80 万件，那么总成本（*TC*）应为：600 万元 + 5 × 80 万元，即 1000 万元；当产量为 80 万件时，总成本为

1000 万元，按企业 20% 的目标利润率，则企业的目标利润就是 200 万元；而利润 = 总收入 - 总成本，即 $200 = 80P - 1000$，求解得到价格（P）应为 15 元。

只有在预测的销售量和估算的总成本都比较准确的情况下，目标利润率定价法才能保证达到预期的目标利润率。但是，销售量在很大程度上受需求价格弹性和竞争对手价格的影响，因此，目标利润率定价法存在着和成本加成定价法类似的缺点，即为确定总成本而预测销售量时，并未明确是在何种价格水平下的销售量，应该说这是不合逻辑的。为弥补这一缺陷，采用目标利润率定价法的企业，应做出两个方面的改进：一方面企业应考虑几个不同的价格，以测算价格变动对销售量和利润可能发生的影响，据此可对所定价格进行适当的调整，如对需求弹性大的产品，适当降低售价以使销售量增加，利润也会增长，这样就能达到甚至超过目标利润率；另一方面，生产企业应努力降低其固定成本和变动成本，以降低产品的损益平衡销售量，为保证实现目标利润率创造有利条件。

二、需求导向定价法

需求导向定价法是指根据顾客的不同需求决定产品价格的一种定价方法。需求导向定价法主要有以下两种。

（一）感受价值定价法

所谓感受价值定价法就是企业根据购买者对产品的感受价值来确定价格的方法。感受价值定价法与现代市场定位观念一致。企业在为其目标市场开发新产品时，在质量、价格、服务等各方面都需要体现特定的市场定位观念。因此，首先，企业要决定所提供的价值及价格；其次，企业要估计在此价格下所能销售的数量，再根据这一销售量决定所需要的产能、投资及单位成本；再次，管理人员还要计算在此价格和成本下能否获得满意的利润；最后，如果能获得满意的利润，则继续开发这一新产品，否则，就要放弃这一新产品。

感受价值定价法的关键，在于准确地计算产品所提供的全部市场感受价值。企业如果过高地估计感受价值，便会定出偏高的价格；如果过低地估计感受价值，则会定出偏低的价格。为准确把握市场感受价值，必须进行营销研究。

（二）反向定价法

所谓反向定价法是指企业依据消费者能够接受的最终销售价格，计算自己从事经营的成本和利润后，逆向推算出产品的批发价和零售价。这种定价方法不以实际成本为主要依据，而是以市场需求为定价出发点，力求使价格为消费者所接受。分销渠道中的批发商和零售商多采取这种定价方法。

三、竞争导向定价法

竞争导向定价是指主要根据市场竞争的需要，以竞争对手的价格作为定价基础的定价方法。常用的竞争导向定价方法有以下三种。

（一）随行就市定价

所谓随行就市定价，就是企业使自己的产品价格跟随同行业的平均水准。这种方法主要适用于同质产品，如粮食、钢材、水泥和化肥等。这类产品无论是哪家企业生产，只要规格、型号相同，产品的质量符合要求，就都可以看作同质产品。

在完全竞争市场上，经营同质产品的企业对产品的定价，除了按市场水准定价，或者说遵从供求关系决定的价格外，可以说没有其他的选择余地。因为在这种市场上，价格是由市场竞争形成的，单个企业如果把价格定得高于现行市场价，就会失去顾客，出现产品积压；同时，企业也没有必要把价格定得低于市场价格，因为在现有的市场价格下，企业可以把产品都销售出去。因此，在完全竞争的市场上，企业是一个价格的接受者，价格只能随行就市。企业在这种情况下，唯一的竞争手段是努力降低成本，以便在现有的价格水平下取得更多的利润。

随行就市定价并不意味着在任何情况下都是和竞争者的价格相同，生产非同质产品（产品的质量会因制造者的不同而出现很大差异）的企业就会有很大的定价空间，它们可以把价格定得高于行业平均水平，但必须使顾客相信它们的产品具有更好的质量或更优的服务；企业也可以把价格定得比平均价格低一些，以便使企业的产品具有价格竞争力。但是，定价的高低是以平均价格为基础的，应保持一个大致不变的水平，久而久之，在市场上就会形成具有不同经营特点的企业。

（二）渗透定价

“渗透”是打入市场的意思。渗透定价法是把价格定得很低，目的是打入市场，或者扩大市场占有率。由于价格定得很低，竞争者无多大利益可赚，也阻止了潜在的竞争者进入此领域。如果企业研制出了一种新产品，目标是先占领市场，或者进入现有的市场中去，采用渗透定价法较好。

渗透定价一般适用于以下情况：

1）需求价格弹性大，低价能吸引大量新的顾客。

2）规模经济明显，大量生产能使成本大幅下降。

3）需要用低价来阻止竞争对手进入市场，或者需要用低价吸引大量顾客来扩大市场份额。

4）由于竞争或地理位置的原因，需要尽快地占领市场，以求在同行中处于领先地位。

一旦企业向市场渗透的目的达到之后，它就会逐渐地提高价格。所以，渗透定价法是一种为了实现长期目标而谨慎牺牲短期利益的定价方法。

（三）投标定价

投标定价在需要通过投标方式购买产品和取得承包工程合同的场合已被广泛采用。投标价格是指企业以竞争者可能的报价为基础，兼顾本身应有的利润所确定的价格。

企业确定投标价格是以既能取得承包合同，又能得到尽可能大的利润为目标的。但这两个方面是矛盾的：为了取得承包合同，报价必须低于所有竞争者，但又不能太低，如果低于成本，企业将得不到利润反而受到损失，即使取得合同也将失去意义；为了取得利润，报价必须尽可能提高，但也不能太高，定价太高，可能的利润将增加，而取得合同的机会必将减少，如果失去中标的机会，则报价再高也毫无意义。

综合考虑以上两方面的矛盾，实际中企业常通过计算期望利润的办法来确定投标价格。所谓期望利润，即某一投标价格所能取得的利润与估计中标的可能性的乘积。期望利润最大的投标价格，就是企业最佳的投标报价。

例如，有一投标项目，某企业估算在各种投标价格时的期望利润见表10-1。

表10-1　不同投标价格的期望利润　　（单位：万元）

投标价格 (1)	企业利润 (2)	估计的中标概率 (3)	期望利润 (4)=(2)×(3)
150	10	0.8	8
200	60	0.35	21
250	110	0.08	8.8
300	160	0.01	1.6

如果投标价格为150万元，则估计中标的可能性高达0.8，即有80%的可能性中标，但企业只能获得10万元的利润，因此这个报价的期望利润就是8万元（10万元×0.8=8万元）。如果投标报价提高到300万元，则将获利160万元，但是中标的可能性仅为0.01，因而期望利润也只有1.6万元。能够产生最大期望利润的投标价格就是最佳投标报价，本例中期望利润最高为21万元，所以企业应报的投标价格为200万元。

以期望利润作为定价标准的方法，适用于经常有机会参加投标的大型企业。如果只是偶尔参加投标，或者急需取得合同以维持开工的企业，则应以中标概率作为定价的标准，上例中可选中标概率最高的150万元为投标价格。

第三节　定价技巧

选择某种定价方法定出的价格，只是为实现某种定价目标而制定的基本价格，但基本价格通常并不是最终价格。企业为了提高所定价格对顾客的吸引力，还需要在基本价格的基础上，运用一定的定价技巧，对基本价格加以调整。

一、心理定价策略

（一）声望定价

声望定价是指企业利用消费者仰慕名牌商品或名店声望的心理来确定商品的价格，故意把价格定成整数或高价。质量不易鉴别的商品的定价最适宜采用此法，因为消费者有崇尚名牌的心理，往往以价格判断质量，认为高价代表高质量。但这种价格也不能高得离谱，否则消费者将不能接受。

（二）尾数定价

尾数定价，又称奇数定价，即利用消费者对数字认知的特殊心理制定带有零头的价格，使消费者产生价格较廉的感觉，还能使消费者产生卖主定价认真的印象，认为有尾数的价格是经过认真的成本核算才得出的结果。这样就容易使消费者对定价产生信任感。

（三）招徕定价

零售商利用部分顾客求廉的心理，特意将某几种商品的价格定得较低以吸引顾客。某些商店随机推出降价商品，每天、每时都有一至多种商品降价出售，吸引顾客经常来采购廉价商品，但同时会选购其他正常价格的商品。

二、折扣与折让定价

折扣定价就是企业根据选定的定价方法，先定出正式的价格，然后配以折扣和折让，以吸引经销商和顾客购买。折扣和折让的类型主要有以下几种。

（一）现金折扣

现金折扣是指根据顾客付款的期限不同给予的价格折扣。例如，规定 2 个月必须付清货款，如果 1 个月付清，给予一定的价格折扣。现金折扣包括三个因素：①现金折扣率；②给予现金折扣的期限；③付清货款的期限。现金折扣定价的好处是增加企业的变现能力，减少付款风险损失。

（二）数量折扣

数量折扣是指根据一定时间内（或一次）购买量的大小给予的一种价格折扣。数量折扣的幅度一般不宜超过因大量销售而节省的成本，包括销售费用、存货成本，以及运输成本。数量折扣的目的是鼓励顾客向同一销售者集中购买，而不要分散地向其他销售者购买。

（三）中间商折扣

中间商折扣是生产商给予批发商和零售商的折扣。这种折扣一般是根据中间商为企业承担的营销责任确定。如果中间商承担较多的独立促销或其他责任，企业会给中间商一定的价格折扣。

（四）季节折扣

季节折扣是根据产品销售的淡旺季不同给予的价格折扣。季节折扣适用于季节性强的产品，生产商利用这种折扣鼓励批发商、零售商早期购货，以减少自己的资金负担和仓储费用，保证企业的正常经营。

（五）折让或津贴

折让或津贴是一种减价形式，如抵换折让，即顾客以旧货折价抵换购买同类新货时，销售者在新产品价格上给予的减让。抵换折让多在一些耐用品的交易中使用。如一些电视机、洗衣机、手表等产品的生产企业，都不同程度使用过折让或津贴。

三、差别定价策略

这种定价法的要点是对某种产品，根据其需求强度的不同定出不同的价格。需求强度是指对某种产品需求的迫切程度，即产品的需求价格弹性，它反映了市场或消费者对该产品的依赖程度：需求强度大，需求弹性就小；需求强度小，需求弹性就大。

需求差别价格的形式主要有以下几种。

（一）顾客差别定价

企业按照不同的价格把同一种产品或服务卖给不同的顾客。这种价格歧视表明，顾客的需求强度和商品知识有所不同。

（二）产品形式差别定价

企业对不同型号或形式的产品分别制定不同的价格，但是不同型号或形式的产品的价格之间的差额和成本费用之间的差额并不成比例。

（三）产品部位差别定价

企业对于处在不同位置的产品或服务分别制定不同的价格，即使这些产品或服务的成本费用没有任何差异。例如，剧院，虽然不同座位的成本费用都一样，但是不同座位的票价有所不同，这是因为人们对剧院的不同座位的偏好有所不同。

（四）销售时间差别定价

企业对于不同季节、不同时期，甚至不同钟点的产品或服务分别制定不同的价格。

企业进行差别定价必须具备以下条件：①市场必须是可以细分的，而且各个子市场必须表现出不同的需求程度；②以较低价格购买某种产品的顾客不可能以较高价格把这种产品倒卖给别人；③竞争者不可能在企业以较高价格销售产品的市场上以低价竞销；④细分市场和控制市场的成本费用不得超过因实行价格歧视所得的额外收入，这就是说，不能得不偿失；⑤价格歧视不会引起顾客反感、放弃购买，进而影响销售；⑥采取价格歧视的形式不能违法。

第四节　价格变动与企业对策

企业处在一个不断变化的环境中，为了生存和发展，有时候需要主动降低价格或提价，有时候又需要对竞争者的调价做出适当的反应。

一、企业降价与提价

（一）企业降价

在现代市场经济条件下，企业降低价格的主要原因如下：

1）企业的生产能力过剩因而需要扩大销售，但是企业又不能通过产品改进和加强销售工作等来扩大销售。在这种情况下，企业就需要考虑降低价格。

2）在强大的竞争者的压力之下，企业的市场占有率下降。例如，在国内市场上，家电行业的降价风潮就说明了类似问题。曾几何时，创维试图保持原有价格，以提高产品质量和服务质量、加大宣传力度、扩大与竞争者的差异来应对强大的竞争者，但因产品的价格弹性较强，未能奏效。为保持其市场占有率，创维被迫采取了降价策略。

3）企业的成本费用比竞争者低，希望通过降低价格来掌握市场或提高市场占有率，从而扩大生产和销售量，降低成本费用。在这种情况下，企业往往降低价格。

（二）企业提价

虽然提价会引起消费者、中间商和推销人员的不满，但是一个成功的提价可以使企业的利润大大增加。企业提价的原因多种多样，概括起来主要包括以下三个方面：

1）由于通货膨胀，物价上涨，企业的成本费用提高，因此许多企业不得不提高产品价格。在通货膨胀条件下，许多企业往往采取种种方法来提升价格，对付通货膨胀。

① 采取推迟报价定价的策略，即企业决定暂时不规定最后价格，等到产品制成时或交货时方规定最后价格。工业建筑和重型设备制造等行业一般采取这种定价策略。

② 在合同上规定调整条款，即企业在合同上规定在一定时期内（一般到交货时为止）可按某种价格指数来调整价格。

③ 采取不包括某些劳务的定价策略，即在通货膨胀、物价上涨的条件下，企业决定产品价格不变，但原来提供的某些劳务要付费。这样一来，原来提供的产品的价格实际上提高了。

④ 减少价格折扣，即企业决定削减正常的现金和数量折扣，并限制销售人员以低于价目表的价格谈生意。

⑤ 取消低利产品。

⑥ 降低产品质量，减少产品特色和服务。企业采取这种策略可保持一定的利润，但会影响其声誉和形象，失去忠诚的顾客。

2）企业的产品供不应求，不能满足其所有的顾客的需要。在这种情况下，企业就必须提价。提价方式包括：取消价格折扣，在产品大类中增加价格较高的项目，或者开始提价。为了减少顾客不满，企业提价时应当向顾客说明提价的原因，并帮助顾客寻找节约费用的途径。

3）企业出于市场竞争策略的考虑，为了谋求竞争中的差异化优势，会考虑在适当的时机采取提价策略。

二、顾客对价格变动的反应

企业无论是提高价格还是降低价格，都必然影响顾客、竞争者、中间商和供应商的利益，而且政府对企业调价也会关心。顾客对价格变动的反应主要有以下几种。

（一）顾客对企业降价的反应

顾客对于企业的某种产品的价格降低可能会这样理解：①这种产品的式样过时了，将被新型产品代替；②这种产品有某些缺点，销售不畅；③企业财务困难，难以继续经营下去；④价格还要进一步下跌；⑤这种产品的质量下降了。

（二）顾客对企业提价的反应

企业提价通常会影响销售，但是顾客对企业的某种产品提价可能会这样理解：①这种产品很畅销，不赶快买就买不到了；②这种产品很有价值；③卖主想尽量取得更多的利润。

一般来说，顾客对于价值高低不同的产品价格的反应有所不同。顾客对于那些价值高、经常购买的产品的价格变动较敏感，而对于那些价值低、不经常购买的小商品，即使单位价格较高，也不大注意。此外，顾客虽然关心产品价格变动，但是通常更为关心取得、使用和维修产品的总费用。因此，如果卖主能使顾客相信某种产品取得、使用和维修的总费用较低，就可以把这种产品的价格定得比竞争者的高，获得更多的利润。

三、竞争者对价格变动的反应

企业在考虑改变价格时，不仅要考虑顾客的反应，还必须考虑竞争者对企业产品价格的反应。当某一行业中企业数目很少，各企业提供同质产品，顾客颇具辨别力与相关知识时，竞争者的反应就更显重要。

（一）了解竞争者反应的主要途径

企业如何去估计竞争者的可能反应呢？假设企业只有一家大的竞争者，竞争者的可能反应可从两个不同的出发点加以理解。一是假设竞争者有一组适应价格变化的政策；二是假设竞争者把每一次价格变动都当作单一挑战。每一假设在研究上均有不同的含义。

假设竞争者有一组适应价格变化的政策，至少有两种方法了解它们：通过内部资料和借助统计分析。内部资料的取得方法有好几种，有些是可接受的，有些则近乎刺探。有一种方法是从竞争者那里挖来经理，以获得竞争者考虑程序及反应形式等重要资料。此外，还可以雇用竞争者以前的职员专门设立一个机构，其工作任务就是模仿竞争者的立场、观点、方法思考问题。关于竞争者想法的资料，也可以从其他渠道，如顾客、金融机构、供应商、代理商等获得。

（二）预测竞争者反应的主要假设

企业可以从以下两个方面来估计、预测竞争者对本企业的产品价格变动的可能反应。

1）假设竞争者采取老一套办法来应对本企业的价格变动。在这种情况下，竞争者的反应是能够预测的。

2）假设竞争者把每一次价格变动都看作新的挑战，并根据当时自己的利益做出相应的反应。在这种情况下，企业就必须判断当时竞争者的利益是什么。企业必须调查研究竞争者目前的财务状况，以及近来的销售和生产能力情况、顾客忠诚情况及企业目标等。如果竞争者的企业目标是提高市场占有率，它就可能随着本企业的产品价格变动而调整价格。如果竞争者的企业目标是取得最大利润，它就会采取其他对策，如增加广告预算、强化广告促销或者提高产品质量等。总之，企业在实施价格变动时，必须善于利用企业内部和外部的信息来源，预测竞争对手的思路，以便采取适当的对策。

实际问题是复杂的，因为竞争者对本企业降价可能有种种不同理解，如竞争者可能认为企业想偷偷地侵占市场阵地，或者认为企业经营不善，力图扩大销售，还可能认为企业想使整个行业的价格下降，以刺激整个市场需求。

上面假设企业只面对一个大的竞争者。如果企业面对若干个竞争者，在变价时就必须估计每一个竞争者的可能反应。如果所有竞争者的反应都大体相同，就可以集中力量分析典型的竞争者，因为典型的竞争者反应可以代表其他竞争者的反应。如果各个竞争者在规模、市场占有率及政策等重要问题上有所不同，那么其反应也有所不同。在这种情况下，就必须分别对各个竞争者进行分析。如果某些竞争者随着本企业的价格变动而调价，就有理由预料其他的竞争者也会这样做。

复习思考题

1. 名词解释

（1）现金折扣　（2）数量折扣　（3）中间商折扣　（4）成本加成定价法

2. 影响定价的因素有哪些？这些因素是如何影响价格的制定的？

3. 成本加成定价法为何受欢迎？

4. 某产品单位成本为 20 元，企业希望获得 20% 的销售收入加成率，该产品的定价应为多少？

5. 差别定价需要具备的条件是什么？

6. 心理定价策略是什么？

第十一章　分销渠道策略

分销渠道作为企业市场营销组合的组成要素之一，对企业市场营销策略的实施具有重要的影响。企业的分销渠道一旦建立，在短时间内难以改变。因此，企业必须对其分销渠道慎重进行决策。

第一节　分销渠道的概念

一、分销渠道的定义

在营销理论中，有两个与渠道有关的术语经常不加区分地使用，就是分销渠道和营销渠道。

分销渠道是指某种产品和服务从生产者向消费者转移过程中，取得这种产品和服务的所有权或帮助所有权转移的所有企业和个人。因此，分销渠道包括商人中间商（因为其取得所有权）和代理中间商（因为其帮助转移所有权），还包括处于渠道起点和终点的生产者和消费者或用户。但是，不包括供应商、辅助商，如图 11-1 所示。

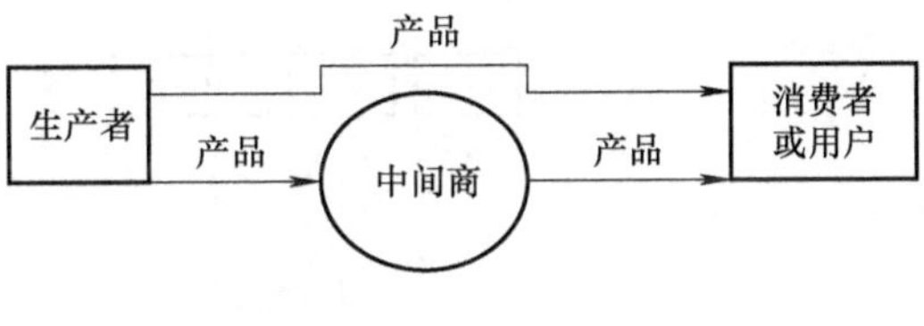

图 11-1　分销渠道

营销渠道是指配合或参与生产、分销和消费某一生产者的产品和服务的所有企业和个人。也就是说，营销渠道包括某种产品供产销过程中的所有有关企业和个人，如供应商、生产者、商人中间商、代理中间商、辅助商，以及消费者或用户等。

二、中间商的分类与作用

中间商是指在分销渠道中参与交易活动或者协助交易活动完成的中间机构。中间商有许多种，每一种中间商因其性质不同，在分销渠道中所起的作用也不同。因此，需要了解中间商的分类与作用。

（一）中间商的分类

中间商的分类方式有多种，目前使用较多的是根据中间商的销售对象和产品到达中间商手中时有无所有权转移两种方式进行分类。

1. 根据中间商的销售对象分类

根据中间商的销售对象，中间商可以分为批发商和零售商。批发商是指主要把产品销售给零售商、其他中间商和机构用户的中间商。零售商是指主要把产品销售给最终消费者的中间商。

在现在的中间商中，很难说哪一个中间商就一定是批发商或零售商。许多中间商既从事批发也从事零售业务，一般区分其是批发商或零售商，只能根据其所从事的主要业务决定。

2. 根据有无产品所有权转移分类

根据产品到达中间商手中时有无所有权转移，中间商可以分为经销商和代理商。经销商是指从事产品买卖活动的中间商。当产品到达经销商手中，产品的所有权就转移给了经销商。代理商是指促使产品的买卖活动得以顺利实现的中间商。代理商在产品的交易过程中不取得产品的所有权，只是代理交换的一方完成产品的交易任务。

由于经销商和代理商对产品的占有形式不同，因此对产品的处置权力和获取收益的形式也不同。经销商拥有产品的所有权，对产品具有完全的处置权力，获取的收益是产品的买卖差价。代理商不拥有产品的所有权，对产品几乎没有独立的处置权，获取的收益是委托方支付的佣金或手续费。

（二）中间商的作用

中间商的出现是社会分工的产物，它的存在对社会经济的有效运行具有重要的作用。中间商在分销渠道中的作用主要表现在以下几个方面。

1. 减少交易次数，提高交易效率

在产品从生产者向使用者或消费者转移的过程中，借助中间商，可以简化交易程序，减少交易次数，提高交易效率。例如，在某一区域有三个生产者、三个顾客，每个顾客都需要三个生产者的产品，在交易过程中有无中间商的交易情况，如图 11-2 所示。

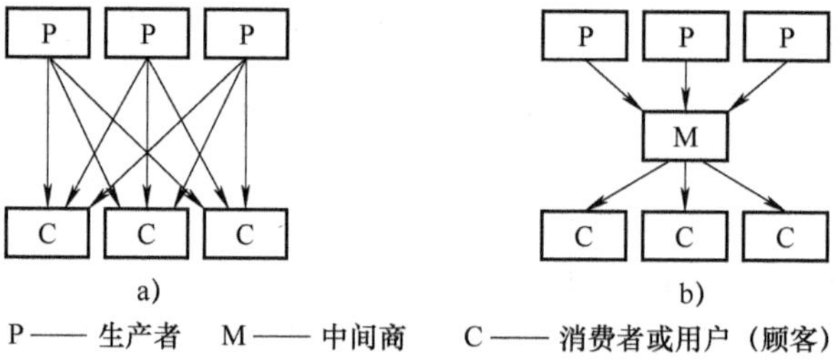

图 11-2　有无中间商的交易情况比较

从图 11-2a 中可以看出，在没有中间商介入的情况下，每个顾客都要分别从生产者那里购买产品，交易次数为生产者与消费者个数的乘积，即 $3\times3=9$。如果其中有一个中间商介入，中间商分别从每个生产者那里得到产品，然后销售给每个消费者或用户，交易次数为两者之和，即 $3+3=6$，如图 11-2b 所示。由此可见，中间商可以使交易过程得到简化，交易次数减少，交易效率大大提高。生产者和消费者数量越多，中间商就使交易次数的减少越多，交易效率提高越多。

2. 联结产品产需，缩短产需距离

许多产品的生产企业面对的顾客很多，地理分布也很广泛，企业无法依靠自己的力量将其产品一一送到顾客手中，必须依靠众多的中间商将生产者与消费者联结起来，完成产品的分销任务。另外，因为企业与中间商之间的空间距离，以及企业生产出来的产品并不一定顾客马上就需要，从而造成产需之间的时间距离。如果没有中间商的话，这两种距离的存在，不但对企业的营销会产生影响，而且会对顾客的需求产生影响。同时，中间商还可以利用它在运输、储存、资金融通等方面的条件，为企业提供这些方面的支持，以保证企业的正常经营，使顾客得到更有效的满足。

3. 发挥规模优势，承担营销职责

中间商利用其面对同一顾客群体经营多种产品的优势，可以从企业集中采购，同时顾客从中间商那里也可以一次购买多种产品，使企业和顾客一次交易量都得到扩大，实现规模经济效益。

由于中间商相对企业更接近顾客，易于获取市场信息，因而能够为企业有效地完成某些营销任务。例如，价格策略和营业推广方案的实施，没有中间商的参与企业就难以完成。

从以上中间商的作用看，中间商的存在不但对企业有利，而且对顾客也是不可缺少的。因此，企业在分销渠道决策中，应通过对中间商的正确选择，使中间商能够为企业营销策略的实施和顾客需求的有效满足发挥更大的作用。

（三）批发商

批发商在分销渠道中的位置处于生产者与零售商之间，对生产者它是顾客，对零售商它是产品的供应者。因此，批发商在分销渠道中具有重要的地位与作用。

1. 批发商的分类

批发商的种类繁多，分类方法也很多，企业可以根据不同的需要对批发商进行分类。目前，常见的对批发商分类的方法有以下几种：

1）按有无产品的所有权划分，批发商可以分为经销批发商和代理批发商。经销批发商作为批发商的一种，它从生产者或上一级批发商那里批量买进产品，然后批量销售给下一级的中间商；代理批发商则是代表生产者或上一级批发商销售产品，或代表零售商或者下一级批发商购买产品，使双方的交易能够顺利完成。经销批发商与代理批发商的共同点是两者都是批量交易，不同点是前者取得产品的所有权而后者不取得产品的所有权。

2）按所有权归属关系划分，批发商可以分为生产者的办事处或门市部、独立批发商、生产者的代理批发商或经纪商。这些批发商的所有权归属，有的归生产者，有的则是相对独立的机构。

3）按经营的产品种类划分，批发商可以分为综合批发商、专业批发商和特殊产品批发商。综合批发商经营的产品种类繁多，可以包括各种产品，如百货批发商就是常见的比较典型的综合批发商。专业批发商是指专门经营某一类产品的批发商，如服装、体育用品、家用电器批发商等就是专业批发商。特殊产品批发商是指经营某些具有特定用途的产品的批发商，如珠宝首饰等产品的批发商则为特殊产品批发商。

4）按经营的地区范围划分，批发商可以分为全国批发商、地区批发商和地方批发商。全国批发商覆盖的地区范围大，一般各方面的实力比较强大，但它的服务对象不可能延伸到零售层次，主要从事的业务还是批发。地区批发商是指较大区域的批发商，覆盖的地区范围在全国批发商和地方批发商之间。地方批发商覆盖的地区范围小，但它直接可以服务于零售商，有的还会从事部分零售业务。因此，地方批发商一般是最低一个层次的批发商。

以上对批发商的分类，只是从单一方面对中间商进行的划分。企业在选择批发商时，可以根据企业的要求，以一种或几种不同的标准定义自己所要选择的批发商。

2. 批发商的作用

根据批发商在分销渠道中所处的位置，可以看到它的直接作用体现在为生产者和零售商两个方面的服务上。

1）生产者通过使用批发商，可以减少其资源投入，提高产品的分销效率。同时，通过发挥批发商在运输、仓储等方面的作用，生产者能够更好地满足顾客的需求。

大多数产品，特别是消费品，从生产者到消费者手中，都要经过批发、零售多个环节，并且在零售层次要涉及大量的、地区分布广泛的零售商。如果批发业务完全由企业自己承担的话，需要投入大量的人力、物力资源，这样必然影响企业在生产方面的资源投入，一般企业难以承受。例如，早期的三株集团仅在批发各层次的人力投入就有十多万人。使用批发商，可以使企业从繁杂的批发业务中解脱出来，集中企业的各种资源用于生产活动中。另外，使用批发商，可以使企业交易过程变得简单，企业承担的直接交易次数大大减少，批发商专业化经营的效益得到充分发挥，产品的分销效率得到提高。

批发商一般一次购买量比较大，便于企业运输工作的组织，使企业的运输成本降低。同时，批发商可以利用其在仓储方面的条件：一方面可以为企业分担仓储方面的负担，甚至还可以为企业减轻资金方面的负担；另一方面在顾客需要产品的时候，能够随时将产品送到顾客手中，使顾客的需求得到及时满足。季节性比较强的产品，如农产品、家用空调器等，如果在顾客需要时再生产或企业一生产出来就卖给零售商或最终顾客，在实际中显然是难以做到的。通过使用批发商，利用批发商的仓储作用，这种供需的时间矛盾就可以得到解决，企业的正常生产就可以得到保证，企业更好地满足顾客需求的愿望就可以实现。

2）批发商通过发挥其配销功能，可以使零售商的效率和零售商满足顾客需求的能力得到提高。

零售商限于其能力和经营规模，一般不从企业直接采购产品。批发商通过对零售商需求的研究，向不同的生产者采购各种产品，并把各生产者的产品集中起来，然后根据各零售商对产品花色、品种等方面的要求进行配销，使零售商的采购成本降低，采购效率提高。另外，大多数零售商因受仓储等条件的限制，不可能储存太多的产品。这样在顾客需要某产品时，如果临时从生产者那里采购，必然影响顾客需求的满足。批发商的存在，使得零售商能够方便地得到所需的产品，以更好地满足顾客的需求。

（四）零售商

零售商在分销渠道中处于批发商或生产者和最终消费者之间，它与消费者的联系最为密切，对消费者的需求信息反应也最为直接，因而对企业市场营销策略的实施影响很大。另外值得注意的是，零售商作为分销渠道中最为活跃、最为动荡的一个机构，服务质量和经营业态对其成功经营起着至关重要的作用。因此，企业必须密切关注零售业这些方面的变化。

1. 零售商的分类

零售商有很多类型，而且变化很快，新的组织形式不断出现。因此，对零售商的分类也有多种。

1）按经营的产品范围划分，零售商大体可以分为百货商店（综合商店）、超级市场、便利店、专业商店和特殊用品商店。百货商店（综合商店）经营的产品范围非常大，目前有的已发展为购物商城，甚至集购物、餐饮、娱乐为一体。超级市场是指规模巨大、成本较低、薄利多销、自我服务的经营机构，主要经营各种食品、洗涤用品和家庭日常用品等。便利店是设在居民区附近的小型商店，营业时间长，销售品种范围有限、周转率高的生活便利品。专业商店专门经营某一类或某一种产品，如服装、家具、书等，经营的产品品种比较单一，具有一定的专业化优势，最近几年发展比较快。特殊用品商店经营的是满足某些特殊需要的产品，如特体服装、古画、古董等。这一类零售商服务的对象比较单一，一般经营规模比较小，但产品毛利比较大。

2）按所有权归属关系划分，零售商可以分为独立商店和连锁商店。独立商店与其他商店没有任何所有权归属关系，其本身就是一个独立的经营单位。连锁商店则是由多家商店组成的、具有统一的所有权归属关系的零售商店。这些商店具有同样的店名，统一的门面装潢，相同的经营范围和管理方式。目前，在我国，连锁经营发展很快，已经成为最具竞争能力的一种零售业态。

3）按经营方式划分，零售商可以分为有店面零售商和无店面零售商。有店面零售商拥有固定的店铺，顾客购买产品直接到店铺去选购。传统的零售商多属于这一种。无店面零售商没有固定的经营场所，通过其他方式达成交易，然后把产品送到购买者手中，如流动商贩、邮购、电话销售、网上销售等均属于无店面零售。

4）按是否提供购买服务划分，零售商可以分为有人员服务零售商和自助服务零售商。有人员服务零售商有人专门为顾客提供购买服务，如百货商场等。自助服务零售商没有人为顾客提供服务，顾客选择产品的过程完全由顾客自己完成，如超级市场、自选商场、仓储式商场等。

2021 年发布的国家标准《零售业态分类》（GB/T 18106—2021），将零售业态从总体上分为有店铺零售业态和无店铺零售业态两类，具体包括便利店、折扣店、超市、仓储会员店、百货店、专业店、专卖店、奥特莱斯型购物中心、集合店、无人值守商店、流动货摊零售、电视/广播零售、邮购、网络零售、无人售货设备零售、电话购物等零售业态。

2. 零售商的作用

根据零售商在分销渠道中的地位，零售商具有以下几个方面的作用：

1）对批发商或生产者，零售商起着产品的进一步分配、展示、面对最终消费者的服务、企业市场营销方案进一步实施等方面的作用。如果没有零售商的存在，批发商或企业所要求的面对最终消费者的市场营销活动将难以实施，或者实施起来需要付出相对于零售商更大的代价。

2）对最终消费者，零售商起着方便顾客购买、提供各种服务、产品配销等方面的作用。零售商的存在，不但方便了顾客的购买，而且可以使顾客的购买成本和购买时间大大减少，购买效率大大提高。

3）信息沟通的作用。零售商直接与最终消费者接触，对市场信息的了解最清楚。零售商通过将最终消费者的需求信息传递给企业，可以使企业根据顾客的需求组织企业的营销活动，更好地满足顾客的需求。零售商也可以通过它与企业的直接联系，随时将企业的有关信息传递给顾客，使顾客能够买到更好地满足自己需要的产品。零售商通过与企业和顾客的信息沟通，可以使双方形成畅通的信息沟通渠道，使双方都能得到最大的满足。

三、分销渠道的结构类型

根据图 11-1 所示的分销渠道，如果将其中的中间商按其分类进一步分解，我们就可以得到分销渠道的基本结构类型，如图 11-3 所示。

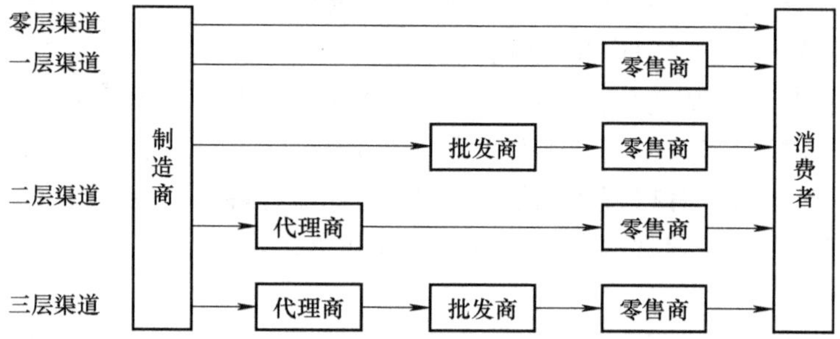

图 11-3　分销渠道的基本结构类型

以上是分销渠道的基本结构类型。根据分销渠道的基本类型，实际应用中可以演变出各种复杂的分销渠道，但这种演变一般是在批发层次上进行的。

对于分销渠道的结构类型，最简单的划分方式是将它们分为直接分销渠道和间接分销渠道两类。直接分销渠道是指产品从生产者直接转移到最终消费者而不经过任何中间机构的分销渠道，如图 11-3 中第一种类型的分销渠道。间接分销渠道是指产品从生产者转移到最终消费者的过程中要经过一个或几个中间机构的分销渠道，如图 11-3 中的后四种类型的分销渠道。

由于间接分销渠道的类型比较多，所以为便于企业的分销渠道决策和便于对企业的分销渠道进行描述，需要引入分销渠道的层次与分销渠道的宽度的概念。

（一）分销渠道的层次

分销渠道可根据其渠道层次的数目来分类。在产品从生产者转移到消费者的过程中，任何一个对产品拥有所有权或负有销售责任的机构，都叫作一个渠道层次。由于生产者和消费者都参与了将产品及其所有权带到消费地点的工作，因此他们都被列入每个渠道中。营销学就以中间机构层次的数目确定渠道的长度。

零层渠道通常叫作直接分销渠道。直接分销渠道是指产品从生产者流向最终消费者的过程中不经过任何中间商转手的分销渠道。直接分销渠道主要用于分销产业用品。因为，一方面，许多产业用品要按照用户的特殊需要制造，有高度技术性，制造商要派遣专家去指导用户安装、操作、维护设备；另一方面，用户数目较少，某些行业工厂往往集中在某一地区，这些产业用品的单价高，用户购买批量大。某些消费品有时也通过直接分销渠道分销，例如农民在自己农场门口开设门市部，或者在城市市场上摆货摊，将其生产的蔬菜、水果、禽蛋、生鲜农产品直接销售给最终消费者；有些大型制造商，自己开设零售商店和门市部，将其产品直接销售给最终消费者；制造商通过电视、电话将其产品直接销售给最终消费者。但是，由于广大消费者居住分散，购买数量零星，因而许多生产者不能将其产品销售给广大消费者。

一层渠道含有一个销售中介机构。在消费者市场，这个中介机构通常是零售商；在产业市场，则可能是销售代理商或佣金商。

二层渠道含有两个销售中介机构。在消费者市场，通常是批发商和零售商；在产业市场，则通常是销售代理商和批发商。

三层渠道含有三个销售中介机构。肉食类食品及包装类产品的制造商通常采用这种渠道分销其产品。在这类行业中，通常有一个专业批发商处于批发商和零售商之间，该专业批发商从批发商处进货，再卖给无法从批发商处进货的零售商。

更多层次的分销渠道较少见。从生产者观点来看，随着渠道层次的增多，控制渠道所需解决的问题也会增多。

（二）分销渠道的宽度

分销渠道的宽度是指渠道的每个层次使用同种类型的中间商数目的多少。它与企业的分销策略密切相关。企业的分销策略通常可分为三种：密集分销、选择性分销和独家分销。

密集分销是指制造商尽可能地通过许多负责任的、适当的批发商和零售商推销其产品。选择分销是指制造商在某一地区仅仅通过少数几个精心挑选的、最合适的中间商推销其产品。独家分销是指制造商在某一地区仅选择一家中间商推销其产品，通常双方协商签订独家经销合同，规定经销商不得经营竞争者的产品，以便控制经销商的业务经营，调动其经营积极性，占领市场。这三种分销策略，将在下一节中进一步阐述。

第二节　分销渠道的选择

从分销渠道的基本类型中可以看出，处于分销渠道两端的是企业和最终消费者，中间过程由中间商完成。因此，在企业的分销渠道选择中，必须根据影响分销渠道选择的因素，对分销渠道的类型、中间商的数量做出合理的选择，以使企业能够为消费者提供更好的服务。

一、影响分销渠道选择的因素

影响企业选择分销渠道的因素很多，包括外部环境因素和企业内部因素两大方面。具体有以下影响因素。

（一）市场因素

市场因素是指顾客特性和市场基本条件等方面的因素。

顾客特性包括顾客数量、顾客地理分布、一次购买量、购买频率、购买习惯等。当顾客的数量多、一次购买量小、购买频率高时，利用直接分销渠道完成产品的销售往往需要花费巨大的力量。这时选择层次较多且比较长的渠道，通过大量中间商就比较容易完成产品的销售任务。当顾客的数量相对较少、一次购买量大、购买频率低时，则宜选择较短的渠道，甚至可以选择直接分销渠道。当顾客的分布比较集中，并且顾客的数量多时，渠道可以适当缩短；相反，渠道则必须延长。顾客的购买习惯对分销渠道的选择也有重大影响，有的顾客随用随买，有的顾客则喜欢储备产品，对前一种顾客，分销渠道就必须适当长些，同时分销渠道的深度也要深些，以便在顾客需要时就能买到产品；而对后一种顾客，分销渠道就可以短些，渠道深度也不必太深。

市场基本条件主要是指市场性质、市场基本设施条件等。从市场性质看，消费品和生产资料的市场性质有根本的差别，其分销渠道也有明显的不同。大多数消费品使用的是层次较多的长渠道，并且使用的中间商也较多；生产资料则多数使用的是直接分销渠道，或者自己建立分支机构销售产品。市场基本设施条件也影响分销渠道的选择，在市场基本设施健全的市场，分销渠道可能要长一些，而且企业通常选择已有的中间商加入渠道。在市场设施缺乏的市场，企业就必须花费很大的精力建立渠道，或者使用已有的、不健全的市场设施，这种情况下的渠道常常较长且较窄。

（二）产品因素

产品不同，对分销渠道的要求就不同。消费品和生产资料两大类产品分别有不同的渠道，消费品在批发环节多使用独立的中间商，生产资料在批发环节多使用企业自己的办事处。即使对于消费品和生产资料中的不同产品，所使用的分销渠道也有很大的差别。一般来讲，对于那些体积较大、重量较重的产品，为节省运输、储存等方面的费用，一般应选择比较短的分销渠道；对于体积、重量较小的产品则渠道可适当长些。对于那些技术性较强、需要提供专门服务的产品，一般使用直接分销渠道；对于那些技术含量较低，甚至已经处于标准化的产品，则可选用有中间商参与的、较长的分销渠道。对于刚投向市场的新产品，一般中间商对产品不一定有太大的信心，寻找中间商往往会遇到比较大的困难，这时多选择中间商参与较少的短渠道。随着产品被市场接受，分销渠道趋向变长。

（三）企业自身因素

企业在自己的分销渠道选择中起着决定性的作用，每个企业在分销渠道的选择中，都会根据自己的条件，寻找对自身最有利的分销渠道。

在考虑企业自身因素选择分销渠道时，一般应考虑企业的规模、实力、声誉、营销策略、产品组合等。企业的规模越大，对市场的控制能力越强，中间商的获利越稳定，企业选取中间商越容易，企业的分销渠道选择就越灵活；相反，对于规模较小的企业，在分销渠道的选择中受到的限制就比较大。企业的实力越强，对分销渠道控制的欲望就越大，企业自身在分销渠道中介入的深度就越深，甚至有的企业会自己建立分销渠道；实力较弱的企业，只能利用已有的中间商为之服务，分销渠道可能就会长些。声誉是企业与中间商建立正常交易关系的重要条件，声誉好的企业，能够很容易选到自己希望的中间商，也能根据自己的意愿建立分销渠道；声誉条件较差的企业，选择中间商的范围就受到了很大的限制，如果选不到足够的合适的中间商，就必须采取多渠道策略。企业的营销策略不同，在分销渠道中介入的程度也不同。如果企业希望直接为顾客提供高质量的服务，并且希望对分销渠道有较强的控制能力，企业所选的分销渠道一般就较短，有的企业甚至会选择直接分销渠道；如果企业并不希望直接为顾客提供太多的服务，企业介入分销渠道就可能较少，分销渠道会延长。企业的产品组合决定了企业对市场的覆盖程度，也决定了企业直接与顾客交易的能力。企业产品组合的宽度越宽，越倾向于选用直接分销渠道；企业产品组合的深度越深，选用独家经销或独家代理，甚至专卖越容易。经营单一产品的企业，如果产品组合的深度有限，企业就不得不选择较长的分销渠道，并且不可能选择独家经销或代理，选择专卖更不可能。

（四）中间商因素

中间商因素对分销渠道的选择也有影响。不同的中间商因其能力、市场的覆盖面、经营的产品种类等的不同，使得企业在选择分销渠道时，可能会面临不同的问题。有的企业能够比较容易地选择到满足自己要求的中间商，这种企业的分销渠道选择就比较灵活，可以根据自己的意愿，利用已有的中间商建立企业的分销渠道。有的企业则很难选择到满足自己要求的中间商，这种企业在选择分销渠道时，就会遇到比较大的挑战，要么降低对中间商的要求，给中间商更多的利益，利用中间商建立企业的分销渠道；要么自建分销渠道，或者使用直接分销渠道。一般来讲，实力较弱的企业或刚开始进入某一新的领域的企业会面临分销渠道较难选择的问题。

（五）竞争因素

分销渠道竞争已成为市场竞争的重要因素，因此在选择分销渠道时，必须考虑竞争因素。在考虑竞争因素选择分销渠道时，一是可以以竞争者成功使用的分销渠道为借鉴，选择与竞争者相同的分销渠道，以减少分销渠道选择的风险。二是根据企业自身的优势和企业面对的目标顾客的特点，选择与竞争者不同的更有效的分销渠道，以取得渠道竞争优势。例如，美国的安利公司经营化妆品和家庭用品，在选择分销渠道时，并没使用其他企业已成功使用的多层次中间商的传统渠道，而是选择了直销；以美国篮球巨星乔丹的名字推出的乔丹牌香水，在选择中间商时选择的是体育用品专卖店，从而避开了渠道竞争，成功地占有了相应的市场。

（六）其他环境因素

其他环境因素及其变化也影响着企业分销渠道的选择。对有些产品，如药品、烟酒等，在分销渠道方面都有相应的法律法规限制。这些企业在选择分销渠道时，就必须遵守这些限制。信息技术的发展使新的营销方式出现，从而出现了新的分销渠道，也使企业的分销渠道发生着变化，如网络营销现已被许多企业使用。由此可见，企业在选择分销渠道时，必须考虑其他环境因素的影响，以适应这些环境因素的变化。

二、分销渠道选择的策略

在综合考虑上述影响分销渠道选择的因素以后，企业就可对其分销渠道进行具体选择。在具体选择分销渠道时，需要对分销渠道结构和中间商类型、中间商数量、渠道成员交易条件和职责做出具体的决策。

（一）分销渠道结构和中间商类型的选择

根据影响分销渠道选择的因素，一般可以确定企业应该选择的分销渠道结构。但在实际的分销渠道决策中，有的企业可能相对比较稳健，不愿意承担渠道决策的风险，比较倾向于选择相对成熟的渠道；有的企业喜欢追求创新，不太愿意跟着别人走，对新的分销渠道或渠道的创新比较感兴趣，这类企业比较倾向于选择新的分销渠道。不管是哪一类企业，在分析了上述因素以后，都必须把自己的分销渠道结构确定下来。当分销渠道结构确定以后，就要对渠道中所需的中间商的类型进一步决策。

对于分销渠道中所需的中间商类型，企业面临的选择可以分为三种：一是直接利用现有的中间商，吸引其加入企业的分销渠道；二是完全由企业自己投入，建立自己的中间商队伍；三是部分利用现有中间商，部分中间商的职能由企业自己完成。对于企业所面临的这三种选择，不同企业可以根据自身的条件做出具体的选择。从目前企业中间商类型的选择情况看，小企业比较倾向于利用现有的中间商，大企业的主要批发业务由企业自己完成，规模小的批发业务和零售业务由独立的中间商完成，完全自己投入建立中间商队伍的企业非常少。

在企业选择中间商类型时，不同企业还会面临不同的问题。对于能够比较容易地选择到合适的中间商的企业，就可以从现有的中间商中进行选择；对于不能选到合适的中间商的企业，渠道创新和中间商类型创新是非常必要的。例如，日本乐器制造就是通过创造了音乐教室，使其乐器产品在日本和西欧市场占有了很重要的地位。

（二）中间商数量的选择

当分销渠道中的中间商类型确定以后，企业还要决定在分销渠道每一层次需要使用的中间商数量。对于中间商数量的决定，有三种可供选择的策略，即密集分销策略、选择性分销策略、独家分销策略。

1. 密集分销策略

密集分销策略是指企业在分销渠道的某一层次选择尽可能多的中间商，以扩大产品的市场覆盖面，最大限度地方便顾客的购买。这种中间商数量选择策略在消费品中的便利品，生产资料中的供应品、标准零件中广泛使用。宝洁公司的洗涤用品在我国成为行业龙头，得益于它在国内拥有的数以百万计的零售商。

2. 选择性分销策略

选择性分销策略是指企业在分销渠道的某一层次有选择地使用一部分中间商来销售自己的产品的一种中间商数量策略。选择性分销策略是目前使用较多的一种策略，它适用于各种产品，尤其是消费品中的选购品、特殊品，生产资料中的标准产品和原材料。与密集分销相较，这种分销方式因对中间商进行了精选，不符合企业要求的中间商不可能进入企业的分销渠道，所以可使企业的分销渠道效率得到提高；因企业使用的中间商数量有限，企业容易与中间商进行良好的沟通，便于与中间商建立良好的关系。另外，因相对于密集分销中间商数量的减少，便于企业对分销渠道进行控制。因此，现在消费品中的大多数选购产品，如家具、家用电器、服装等几乎都采用选择性分销策略。

3. 独家分销策略

独家分销策略是指企业在一个地区、在分销渠道的某一层次只选择一家中间商销售自己的产品的一种中间商数量策略。采用独家分销，企业与中间商之间实际形成的是一对一的关系，企业在同一地区不再授权其他中间商销售自己的产品，中间商一般也不能再经销或代理其他竞争者的产品。独家分销在消费品中价格昂贵的特殊品、生产资料中技术性较强的资本产品中使用较多。通过独家分销，企业可以实现对中间商最大限度的控制，也可提高企业产品的形象，获得更多的利益。但是，采用独家分销也可能给企业带来较大的风险，如中间商选择不当，可能使企业失去一个地区的市场。因此，企业在采用独家分销时，必须对中间商进行深入细致的考察与评价，以选择到可靠的独家分销商。

（三）渠道成员的交易条件和职责的确定

渠道成员的交易条件和职责是企业选择和评价中间商的基础，也是对分销渠道进行管理的依据。渠道成员的交易条件和职责主要包括价格政策、销售条件、区域权利、每个渠道成员应承担的具体的服务等。

价格政策是每个渠道成员都非常关心的问题，它直接影响每个渠道成员的利益。价格政策要求企业必须制定出对各方都公平的定价方案，如在基本价格的基础上，配合使用相应的数量折扣、季节折扣等。这样有利于中间商努力为企业销售产品，同时扩大一次采购量，增加产品的库存。

销售条件主要是指付款条件和企业的保证条件。一般企业对中间商都有一个付款期限，要求中间商必须在一定的期限内付清货款。但如果中间商能够较早地付款，企业可以根据付款的时间给予现金折扣。企业对中间商的保证条件主要包括对产品质量的保证、对有问题产品的退换货、对产品价格下跌的担保等。付款条件和企业的担保，可以促使中间商及早付款，同时可以使中间商放心地购买企业的产品。

区域权利是企业与中间商建立交易关系时需要考虑的另一个重要问题，特别是采用独家分销时这一问题必须明确。区域权利要求企业将某一区域的销售权利给予中间商以后，不能再以其他任何形式将这一区域的销售权给予其他中间商。同时中间商必须按照企业的要求，努力为企业开拓市场。

渠道成员在服务上的合作是保证渠道高效运行的重要条件，特别是在特许专营和独家分销中。企业为中间商的服务一般包括管理和技术上的协作、人员培训、促销支持等。中间商必须在物质条件上为企业产品的销售提供保证，为企业营销活动的开展提供协助，及时为企业反馈必要的市场信息。

对于渠道成员的交易条件和职责，在企业与中间商建立关系时就必须明确界定。例如，春兰集团在与中间商建立关系时，就与中间商签订了协议书，明确规定春兰集团免费向中间商提供产品宣传资料和用品，协助中间商策划各种促销活动，为中间商提供必要的技术支持，免费向中间商注册地发货，按一定的条件给中间商提供价格优惠和业绩奖励等。中间商必须承诺优先向用户推荐春兰集团的产品，为用户做好各种服务，为春兰集团的产品提供必要的展示空间，向春兰集团提供销售的产品及用户的信息，严格执行春兰集团的各种规定等。春兰集团与中间商之间通过协议书各项条款的约定，使双方共同努力，保证了春兰集团在国内营销目标的实现。

三、分销渠道的评价

分销渠道有多种类型，企业在根据相关的影响因素选择分销渠道时，往往会发现同时有几种类型的分销渠道可以使用，这时企业就必须对可供选择的分销渠道进行评价。

企业在对分销渠道进行评价时，一般考虑的评价标准有三个，即经济标准、控制标准、适应性标准。企业通过用这三个标准对不同类型的分销渠道进行综合评价，从中选出最能满足企业目标的分销渠道。

（一）经济标准

不同的分销渠道有不同的产出，也需要投入不同的成本。经济标准评价就是根据不同的分销渠道可能的产出和需要投入的成本，评价不同的分销渠道的经济效益。

分销渠道的产出可以以分销渠道能够为企业带来的销售量或销售额来衡量。企业在评价分销渠道的产出时，可以根据不同的分销渠道的市场覆盖面和销售能力，预测不同的分销渠道的产出量的大小。例如，对于直接分销渠道，可以根据销售代表的数量和每个销售代表的能力，计算出其产出量；对于间接分销渠道，可以根据使用的零售商的数量和每个零售商可能的服务区域的大小，估计出其产出量。

分销渠道的成本包括在建立分销渠道过程中的投资和分销渠道的运行成本。一般情况下，直接分销渠道或企业自设销售代表处在渠道建立过程中需要较大的投入，分销渠道的固定运行成本也较高，但渠道的变动运行成本较低。间接分销渠道的渠道建立成本较低，但渠道的运行成本较高。因此，用经济标准评价，在企业的销售水平较低时，使用间接分销渠道比较合适；在企业的销售达到一定规模后，使用直接分销渠道或企业自设销售代表处就比较合适。

（二）控制标准

控制标准反映企业对分销渠道的控制能力。一般来讲，企业在选择分销渠道时，都要求对所选的分销渠道有一定的控制能力，但因为每个渠道成员都有自己的目标，不可能所有渠道成员的目标都与企业的目标一致，因而不同类型的分销渠道，企业对其控制能力会有一定的差异。企业在用控制标准对分销渠道进行评价时，一是要评价企业与中间商发生利害冲突时，企业处理的难易程度；二是要评价分销渠道同一层次中间商之间发生冲突时，企业协调的难易程度。如果企业对以上两种冲突能够比较容易处理，则说明企业对分销渠道的控制能力强，反之则说明企业对分销渠道的控制能力弱。渠道冲突经常发生，尤其是一些实力较大的中间商，有时完全从自己的需要出发，使得企业的营销策略无法实施；有时在同一层次中间商中形成无序竞争，各种“商战”在许多地区频繁发生，使企业无法协调中间商之间的关系。因此，企业在选择分销渠道时，必须对企业对不同分销渠道的控制能力做出准确的评价，以便选出适合企业控制要求的分销渠道。

（三）适应性标准

适应性标准是指分销渠道适应环境变化的能力。企业在建立分销渠道时需要花费大量的时间，同时也需要一定的投入，因而企业对其分销渠道做出决策以后，不可能想改变就马上能够改变。另外，市场环境是在不断变化的，新的分销渠道不断涌现，有些老的分销渠道也面临淘汰或运行效率下降的问题。因此，企业在分销渠道决策时，应该预测到市场环境的变化可能对分销渠道产生的影响和分销渠道可能的变化趋势，将短期利益与长期利益相结合，以选择到对环境有较强适应能力的分销渠道。

第三节 分销渠道的管理

企业在决定了分销渠道的类型和中间商的数量以后，还必须对选择哪些中间商，如何激励和评价中间商做出决策，同时必须了解随着环境的变化，企业应如何对其分销渠道做出改进。

一、渠道成员的选择

渠道成员的选择是指根据企业分销渠道决策中所确定的中间商类型和数量，选择具体的中间商。

企业在选择中间商时，要确定所选的中间商必须满足的条件。中间商必须满足的条件一般包括从业时间、发展情况、财务能力、信誉、所经营的产品组合、市场覆盖面、仓储条件、未来发展潜力等。在确定了中间商必须满足的条件以后，企业就可以以此条件对可能加入企业分销渠道的中间商进行评价与选择。

根据企业确定的选择中间商的条件，企业可能面临三种不同的情况：一是企业可以毫不费力地选择到足够数量的中间商；二是企业费尽努力才能选择到其所希望数量的中间商；三是根据企业所定条件无法选择到足够数量的中间商。

企业选择中间商的难易程度，可以用企业或其产品对中间商的吸引力表示，对中间商吸引力的大小与企业的实力和企业所经营的产品有关。一般实力强的企业或经营名牌产品的企业对中间商的吸引力较大，中小型企业或经营的产品知名度不高的企业对中间商的吸引力较小；经营市场上紧缺产品的企业对中间商的吸引力较大，经营竞争性较强的产品的企业对中间商的吸引力较小。

毫不费力就能选到足够的中间商的企业，选择中间商的主要任务是对希望加入的中间商进行认真评价，从中选出最好的中间商加入企业的分销渠道。费尽努力才能选择到希望数量的中间商的企业，在选择中间商时面临的主要任务是努力宣传企业的产品，使中间商提高经营企业产品的信心，以吸引到更多的符合条件的中间商加入，然后从中选择加入企业分销渠道的中间商。按照所定条件无法选择到足够数量的中间商的企业，面临的任务要么是降低中间商的加入条件，要么是重新设计企业的分销渠道。但企业在中间商选择中，不管面临哪一种选择，都不能只为吸引中间商的加入而无限制地降低中间商的加入条件。将无效率的中间商引入企业的分销渠道，将会给企业分销渠道的运行和管理带来很大的困难。

二、渠道成员的激励

为使中间商能够尽心尽力地与企业配合，企业在与中间商建立关系以后，除了根据交易条件给中间商激励以外，还必须有其他的辅助激励措施。

对中间商的激励措施可以分为鼓励和惩罚两种。鼓励措施包括给中间商让利、奖励、提供额外服务、合作营销补贴、提供培训等。惩罚措施包括提价、延迟交货、减少服务、终止合作关系等。但在激励措施的使用中，一般主要使用的是鼓励措施，尽量少使用惩罚措施，以免对其他中间商产生不利影响。

企业在制定对中间商的激励措施时，一般根据企业与中间商建立的关系确定。企业与中间商建立的关系可以分为三种，即合作、合伙和分销规划。

以合作方式与中间商建立关系的企业，在制定激励措施时，一般是鼓励与惩罚措施并用。其鼓励措施是给中间商更多的利润空间，使中间商能够更好地配合企业为顾客做好服务。如果中间商不能更好地与企业合作，则可能使用惩罚措施，以致最后与中间商终止关系。

以合伙方式与中间商建立关系的企业，其激励措施一般比较简单，但主要是鼓励性的措施。这些鼓励性的措施是根据中间商完成的具体任务而定的，如完成规定的销售任务给多少折扣，按期付款给多少折扣，为企业承担相应的营销职责给多少费用，为企业提供顾客需求信息和反馈销售信息给多少佣金等。

分销规划是指企业将中间商纳入自己的营销系统中，使中间商成为企业营销系统的一个组成部分。以分销规划方式与中间商建立关系的企业，在制定营销目标和营销计划时，必须充分考虑中间商的需求，在协助中间商达到最佳销售水平的条件下，实现企业的营销目标。

三、渠道成员的评价

渠道成员的评价是指对企业所选的中间商按照所规定的职责进行评价，以作为对中间商进行激励与管理的依据。

企业在选择中间商时，对中间商都有相应的职责要求，如在一定时期内应完成的销售额、销售增长率、付款期限、平均存货、为顾客提供的服务、为企业反馈的信息等。这些职责要求就是企业评价中间商的内容。根据这些内容的要求，企业可以定期对中间商的完成情况进行评价。

企业对中间商进行评价的目的，一方面是作为对中间商进行激励的依据；另一方面是为了帮助中间商更好地履行自己的职责，如对履行职责不好的中间商进行分析，找出职责履行不好的原因，使中间商能够改进工作，成为合格的中间商。

四、分销渠道的改进

分销渠道的改进是指企业根据市场营销环境的变化，对原来使用的分销渠道的某些方面或整体分销渠道进行改进，以适应市场营销环境变化的要求。

随着市场营销环境的变化，消费者的购买习惯在不断变化。例如，过去习惯于在大型购物场所购物，现在则转向在家里通过计算机、手机进行网络购物。企业应适应这种变化，开辟新的分销渠道。企业所经营的产品的性质和特点随着环境的变化在变化，原来运行有效的分销渠道可能会变为运行效率不佳的渠道，如随着人们收入水平的提高，过去属于选购品的产品有的已成为便利品，分销渠道就要随之变化。另外，分销渠道和中间商有生命周期，新的分销渠道在不断出现，新的零售方式也在不断出现，如直接营销的发展、大型连锁经营的出现、大型连锁专卖店的发展，都使得许多产品的分销渠道要随之进行调整。因此，对分销渠道进行改进，是每一个企业在分销渠道管理中都不可避免地要面临的一项任务。

对分销渠道进行改进的基础是对分销渠道及其中间商的评价。如果评价的结果是某些中间商不能适应环境变化的要求，或有更有效的中间商出现，就应考虑剔除或增加个别中间商；如果评价的结果是某些分销渠道效率低下，或存在企业没有选择的比较有效的分销渠道，就应考虑剔除或增加个别分销渠道；如果企业能够发现可以替代原来分销渠道的更有效的分销渠道，就应考虑对整个分销渠道进行改进。由此可见，分销渠道的改进可以分为剔除或增加个别中间商、剔除或增加个别分销渠道、使用全新的分销渠道三种方式。

剔除或增加个别中间商是分销渠道改进的最简单的方式。企业在考虑剔除或增加个别中间商时，必须对剔除或增加这些中间商后，对企业可能产生的影响进行认真分析。只有确认剔除或增加个别中间商能够提高企业的经营效益，才可做出这样的决策。剔除或增加个别中间商，对企业的整个分销渠道系统都会产生影响。剔除个别中间商，会使其他同类中间商感到不安，影响这些中间商努力为企业工作的信心。另外，还可能使被剔除的中间商被竞争者利用，成为企业分销渠道中的主要竞争者，对企业带来不利的影响。因此，目前企业主动剔除中间商的情况较少。增加个别中间商，可能会对所在地区其他中间商的销售带来不利影响，引起其他中间商的抵触，从而对企业在这一地区的销售带来不利影响。

企业的一种产品可以使用的分销渠道往往不止一种，因此企业也会面临剔除或增加个别分销渠道的决策问题。在进行剔除或增加个别分销渠道的决策时，首先要评价不同分销渠道的效益，特别要对分销渠道运行效率不佳的原因进行认真的分析，以避免剔除掉个别有发展潜力的分销渠道；其次要对剔除或增加个别分销渠道可能引起的市场覆盖面的遗漏或重叠进行认真研究，以免引起企业服务水平的下降或渠道之间矛盾的发生。许多家用电器生产企业在增加新的分销渠道时，都不同程度地引起了渠道之间冲突的发生，甚至出现企业给中间商亮红牌或中间商将企业的产品逐出的现象。

使用全新的分销渠道是分销渠道改进中难度和风险最大的决策，这种决策往往会引起企业市场营销组合中其他因素的改变。例如，电子商务的发展使网络营销迅速发展，而企业使用网络营销这种直接营销方式以后，企业的促销组合和定价策略也随之变化。企业使用全新分销渠道的原因：一是随着市场环境的变化，过去运行效率高的分销渠道不能适应市场环境的变化而变化；二是效率更高的、新的分销渠道的出现，使企业在分销渠道方面的竞争能力下降。但企业在决定使用全新分销渠道时，必须按照分销渠道决策的过程进行认真分析论证，以使企业在分销渠道的改进中尽量减少风险，找到效率更高的分销渠道。

复习思考题

1. 什么是分销渠道？分销渠道与营销渠道有何区别？
2. 中间商可以分为哪几种？每种中间商是如何定义的？
3. 中间商在分销渠道中有哪些作用？
4. 什么是分销渠道的层次和分销渠道的宽度？
5. 影响分销渠道选择的因素有哪些？各影响因素对分销渠道的选择有哪些影响？
6. 中间商数量的选择策略分为哪几种？每种策略的适用条件是什么？
7. 企业对中间商进行评价的目的是什么？
8. 分销渠道的改进方式可分为哪几种？在分销渠道的改进中应注意哪些问题？

第十二章　促销策略

促销即促进销售，是指企业通过一定的方式与顾客进行信息沟通，以达到影响顾客的购买行为，促进企业产品销售的一种营销活动。根据促销的定义，要达到促进企业产品销售的目的，必须与顾客进行有效的信息沟通。因此，本章将介绍信息沟通及实现有效信息沟通的方式。

第一节　促销方式与促销组合

一、促销方式的分类及其特点

在企业营销过程中，企业向顾客传递信息是通过各种促销方式完成的。因此，了解常用的促销方式及其特点对与顾客进行有效的信息沟通是至关重要的。

（一）促销方式的分类

促销方式多种多样，各种能达到信息沟通和促销目的的活动都可以称为促销方式。根据各种促销方式的特点，促销方式可以分为广告、人员推销、销售促进、公共关系促销四类。促销方式分类见表 12-1。

表 12-1　促销方式分类

广　　告	人 员 推 销	销 售 促 进	公共关系促销
广播广告	推销介绍	竞赛	记者招待会
影视广告	推销会议	抽奖	演讲
报刊广告	电话销售	彩票	研讨会
邮寄广告	推销员示范	礼品与奖金	年度报告会
包装广告	展销与展览	现场演示、表演	各种庆典
产品目录		赠送样品	各种赞助
产品说明书		优惠与折扣	
招贴和传单		招待会	
广告册		折让	
广告牌			
购买点广告			
网络广告			

表 12-1 中只列出了目前使用较多的一些促销方式。需要注意的是，有的促销方式要严格地归为哪一类是比较难的，如销售促进中与价格相关的促销方法，也属于定价策略问题，

现场演示如果由企业推销人员完成，实际也与人员推销相关等。另外，随着信息技术的发展和企业营销的创新，新的促销方式也发展很快，如网络广告已经成为主要的广告方式之一。

（二）不同促销方式的特点

不同促销方式因其不同的特性，在促销中也有不同的作用，企业在选择促销方式时，必须了解不同促销方式的特性。

1. 广告

广告是指企业通过付款的方式利用各种传播媒介进行信息传递，以刺激消费者产生购买欲望，扩大企业产品销售量的促销活动。广告作为一种广泛使用的促销方式，对人们的生活和消费产生了巨大的影响。人们认识各种产品，了解各种信息，无不与广告有关。

首先，广告作为企业直接付款进行的一种促销方式，可以在广告信息中公开表明企业希望传递给消费者的信息，使所传递的信息的内容具有较强的针对性。其次，广告具有较强的渗透性，可以使消费者不知不觉地接受企业的产品，特别是在消费者急需某种产品时，这种渗透作用对消费者的购买决策影响很大。最后，广告的表现手法灵活，特别是利用视听媒介，可以通过声音、文字、画面等将广告信息活灵活现地展示给消费者，可以对消费者产生强烈的感官刺激，影响消费者的购买行为。

广告也有其难以回避的缺点，如广告费用投入大、浪费大，目标接受者难以控制，不易实现双向沟通等。

2. 人员推销

人员推销是指企业的推销人员通过直接与顾客接触与洽谈，向顾客介绍产品，以达到促进企业产品销售目的的一种促销活动。人员推销作为最古老的一种促销和推销方式，目前在企业中广泛使用，是主要的一种促销方式。

人员推销作为一种双向沟通的促销方式，既可以向顾客传递产品的信息，又可以了解到顾客的需求信息，因此可以实现信息的有效交流。在人员推销过程中，也可以通过与顾客的接触，建立与顾客之间的良好关系，使顾客在感情动机的驱使下购买企业的产品。

人员推销虽然有很多优点，但它也有相应的缺点和局限性。例如，接触成本高，与顾客的接触面有限，促销效果受推销人员素质的影响较大等。这些不足使它难以在顾客规模较大、顾客分布分散的市场上应用。

3. 销售促进

销售促进是指企业运用各种短期诱因，鼓励消费者购买或经销商销售企业产品或服务的促销活动。销售促进直接与顾客所获取的利益有关，因而易于使消费者立即产生购买行动，扩大企业产品的销售量。

销售促进的即时效应，使得它在企业急于扩大产品销售量的情况下广泛使用。但销售促进的使用易于被竞争者模仿，从而引起激烈的市场竞争。另外，销售促进不宜作为长期或频繁使用的促销方式，否则会使产品的形象受到不利的影响。

4. 公共关系促销

公共关系促销是指企业为了获得公众的信赖，树立企业或产品的信誉，用非直接付款的方式通过各种公关工具所进行的宣传活动。公共关系促销与前面三种促销方式区别较大。公共关系促销不是由企业直接进行的宣传活动，而是借助于公共传播媒介，由有关新闻单位或社会团体进行的宣传活动。公共关系促销是以新闻等形式出现，而不是以直接的促销宣传的形式出现，因而可以引起公众的高度信赖和注意，消除公众的戒备心。所以，公共关系促销现在越来越引起企业的高度重视，各企业都想通过公关活动，利用企业可以利用的各种机会进行宣传。

公共关系促销作为各种公关媒介自主的宣传活动，企业对其宣传内容难以控制，因而促销的效果只能间接地发挥出来。同时，要想引起有关公共传播媒介的注意，企业需要进行一系列的公关策划活动，这其中也要间接地投入较大的费用。

通过对以上四类促销方式的简单介绍，我们可以得出四类促销方式的主要特点，见表 12-2。

表 12-2　四类促销方式的主要特点

促销类型	优　点	缺　点
广告	传播广泛，传播的信息规范，易控制	广告费用浪费大，难以明确表达完整的产品信息，促销效果难以度量
人员推销	信息表达灵活，可以立即得到反应，易与顾客建立关系	成本高，难以进行大范围的沟通
销售促进	促销刺激直接，易引起推广对象的注意与反应，可以迅速产生促销效果	易引起竞争，促销效果难以持久
公共关系促销	可信度高，易建立企业或产品的形象	企业难以进行控制，针对性较差

二、促销组合

促销组合是指为了实现企业的促销目标而将不同促销方式进行组合所形成的有机整体。企业在制定促销组合策略时，除了了解不同促销方式的特点外，还应研究促销组合的特点，影响促销组合决策的因素，以及如何才能使促销组合达到相对最优。

（一）促销组合的特点

促销组合作为不同促销方式的配合使用，其本身也有特点。促销组合的特点主要表现在以下几个方面：

1）促销组合是一个有机的整体组合。一个企业的促销活动，不可能只使用一种促销方式，而是将不同的促销方式作为一个整体使用，使其共同发挥作用。所以，对于企业促销效果的产生或促销目标的实现，不能看作不同促销方式独立作用的叠加。

2）构成促销组合的各种促销方式具有一定的可替代性。促销的实质是企业与顾客之间的有效信息沟通，而对于信息沟通活动，任何一种促销方式都可以承担。但是，由于各种促销方式各自具有不同的特点，因而对于所要沟通的信息，不同促销方式所产生的效果会有差异。

3）促销组合中的不同促销方式具有相互推动作用。不同促销方式的相互推动作用是指一种促销方式作用的发挥通常由其他的促销方式推动，否则其作用不能充分发挥。促销组合的这一特点说明，将不同的促销方式合理组合，必将产生比使用单一促销方式更大的效果。

4）促销组合中的不同促销方式在促销中分别起着不同的作用。不同促销方式的特点决定了其作用范围，而对于企业的促销效果，往往又是由不同方面共同作用的。因此，每种促销方式对不同方面的作用，最终将产生一个共同的结果，实现企业促销所要实现的目标。

5）促销组合是一种动态的组合。企业促销组合的决策，建立在一定的内外部环境条件基础之上，并且需要与企业营销组合的其他因素相互协调。一定时期、一定环境条件下效果很好的促销组合，在环境条件变化后可能成为一种效果很差的促销组合。因此，企业的促销组合必须根据环境的变化进行调整。

6）促销组合是一种多层次的组合。企业可以选用的四类促销方式，每一类又有许多可供选用的促销工具，各种促销工具又可分为许多类型。因此，企业的促销组合决策是一个多层次的决策。

促销组合的以上特点说明，适当的促销组合所能达到的促销效果将比把所有促销费用投入一种促销方式上所能达到的促销效果大；促销组合建立以后，不可以一劳永逸，而必须根据变化着的环境适时调整。

（二）影响促销组合决策的因素

根据促销组合和不同促销方式的特点，企业在制定促销组合策略时，必须考虑以下因素。

1. 产品类型

产品类型不同，所使用的促销组合也不同。消费品和产业用品的不同促销方式的相对重要性如图 12-1 所示。

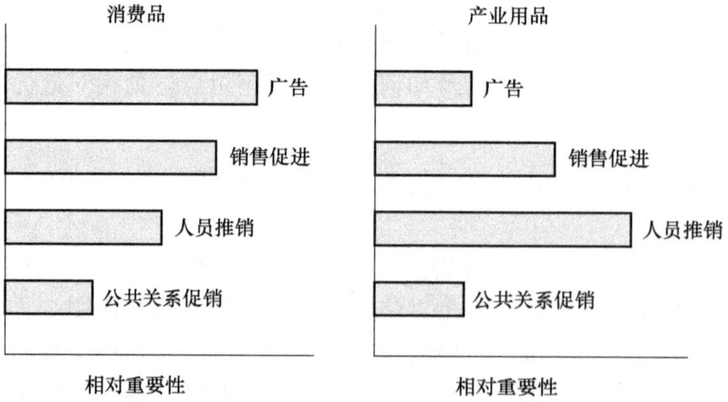

图 12-1　消费品和产业用品的不同促销方式的相对重要性

从图 12-1 可见，对于不同类型的产品，不同促销方式的相对重要性差别较大。对消费品来说，广告和销售促进相对最重要，而对产业用品来说最重要的促销方式为人员推销。例如，在我国，洗涤、护发等消费品广告铺天盖地，却很难看到钢材、大型机器设备的广告。

需要注意的是，图 12-1 只说明了不同类型产品不同促销方式的相对重要性，并不说明不同促销方式费用投入的比例。同时要注意，即使对于同类产品，促销方式的组合也有差异。例如，我国生产白酒的企业，秦池酒等曾经主要利用广告获得成功，而河南的赊店老酒则主要使用公共关系促销获得了成功。

2. “推”或“拉”策略

企业使用的促销策略可以分为“推”或“拉”两种。“推”策略是指企业采取各种营销方式通过销售渠道把产品推给消费者。“拉”策略是指企业采取各种营销策略，在最终消费者的需求拉动下，使产品流入销售渠道，达到产品销售的目的。“推”与“拉”策略的作用过程如图 12-2 所示。

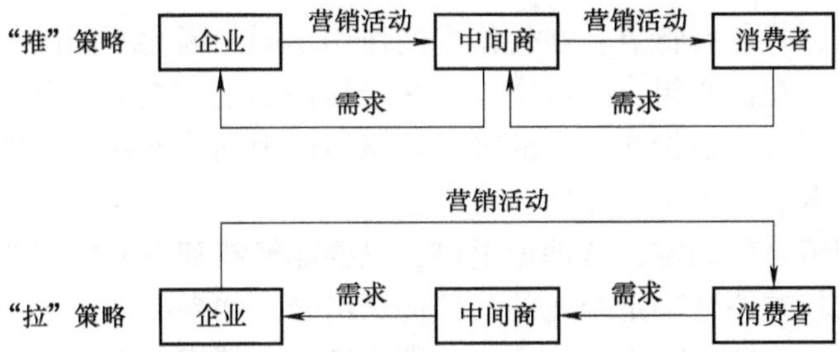

图 12-2　“推”与“拉”策略的作用过程

从图 12-2 可见，两种策略面对的营销对象不同，需求的作用过程也不同。“推”策略的需求作用过程是沿销售渠道顺序作用的，“拉”策略的需求作用过程是从最终消费者开始，然后逆销售渠道向上作用的。两种策略因企业营销对象的不同和需求作用过程的不同，所使用的促销组合也不同。“推”策略主要使用的是人员推销和销售促进方式，“拉”策略则多使用的是广告和直接针对消费者的销售促进方式。在实际应用中，一般都是两种策略结合使用。但对于价格低廉的产品，特别是像日用消费品，以使用“拉”策略为主，而对于价格比较昂贵的消费品和生产资料产品，则更多的是以“推”策略为主。例如，康师傅方便面、娃哈哈纯净水等主要采用的是“拉”策略，高档家具、珠宝等主要采用的是“推”策略。

3. 促销预算

促销预算的决定是企业在市场营销决策中所面临的重要问题，对企业促销组合策略的制定也具有重要的影响。

对于促销所花的费用，不同行业相差较大，同一行业的不同企业也相差较大。有关资料反映，在国外，化妆品行业的促销费用占销售额的比重最多可达 50%，而机械行业则不到 20%。对于促销预算的决定方法，常见的有以下四种：

1）量入为出法，即企业在确定促销预算时，是根据企业的承受能力，企业能拿出多少钱，就用多少钱为企业做促销宣传。

2）销售百分比法，即根据企业目前或预测的销售额的百分比决定促销费用的多少。

3）竞争对等法，即企业在决定促销预算时，以竞争对手所花费的促销费用来决定本企业的促销费用，保持与竞争对手相同的销售额百分比的促销费用。

4）目标任务法。这种方法是企业首先确定其促销目标，然后根据所要完成的促销目标决定促销预算。例如，企业今年的促销目标是要增加10万顾客为本企业的用户，而每增加一个用户需花促销费用50元，则企业今年的促销预算就应为500万元。

不同企业应根据本企业的特点、营销战略与营销目标，选择合适的促销预算决定方法。

以上是影响促销组合的主要因素，现实中还会有其他的一些因素影响企业对促销组合的选择。因此，在企业制定促销组合时，应综合考虑各种影响因素，以制定出相对较佳的促销组合。

（三）促销组合决策方法

由于不同促销方式各有特点，在促销中的作用不同，因此不同的促销组合会产生不同的促销效果。所以，在促销组合决策中，存在最佳促销组合决策问题。

所谓最佳促销组合，是指在一定的市场环境与促销预算条件下，能够使企业达到最大促销效果的促销组合。

对于最佳促销组合的确定，从理论上讲，只要能够找到不同促销方式与促销效果之间的关系，就可以比较方便地确定企业的最佳促销组合。如果促销效果与促销方式之间的关系为$f(A,S,P_s,P_r)$，其中A、S、P_s、P_r分别为广告、销售促进、人员推销、公共关系促销这四种促销方式所投入的费用，那么只要求出该函数在促销预算约束条件下的最大值，这个最大值所对应的不同促销方式的组合就是该条件下的最佳促销组合。

在实际中，促销组合的确定可以采取以下方式：首先根据影响促销组合的各种因素，或参考竞争者的促销组合制定一个初始的促销组合，然后对不同的促销方式进行调整，加大对促销效果影响大的促销方式的促销强度，最后逐步调整到各种促销方式对促销效果的影响大小基本相同为止。这样的促销组合一定是满足给定条件下的最佳促销组合。因为促销的影响具有一定的滞后性，所以最佳促销组合的建立需要一个过程，需要通过不断调整才能实现。

第二节　广告

广告作为一种促销方式已有悠久的历史，从有文字记载的历史开始，广告就已经出现。广告是由明确的发起者以公开支付费用的做法，以非人员的任何形式，对产品、服务或某项行动的意见和想法等的介绍。企业的广告目标主要有提供信息、引导购买、提醒使用等。

随着广告业的发展和企业广告投入的增加，广告决策已成为企业营销决策的一项重要内容，因此需要对广告决策的过程及决策方法进行认真研究。企业广告决策的过程和内容如图12-3所示。

图 12-3 企业广告决策的过程和内容

一、确定广告目标

广告目标是指在特定的时间内，对特定的目标接受者所要完成的沟通任务和所要达到的沟通效果。明确广告目标是保证实现广告预期效果的重要条件。广告目标的确定必须与企业的营销策略、企业所面对的目标顾客情况密切结合。

根据企业的营销策略和目标顾客情况，广告目标可以分为提供信息、说服和提醒三类，每类广告目标中常见的具体目标见表 12-3。

表 12-3 广告目标与分类

广告目标的类别	具 体 目 标	广告目标的类别	具 体 目 标
提供信息	介绍新产品 介绍产品功能 说明产品制造方法 树立企业形象 介绍企业的服务 消除顾客疑虑 修正顾客印象 提供价格信息	说服	培养品牌偏好 说服顾客购买 改变认识深度
		提醒	保持产品印象（淡季） 提醒购买地点 维持企业知名度

提供信息的广告要根据顾客收集有关信息的要求，向顾客传递所需要的信息。例如，为了让顾客购买某种新产品，企业要向有关顾客介绍新产品的有关信息等。提供信息的广告，一般在新产品开始上市阶段，或企业在产品、营销等方面有较大变化时经常使用。

说服广告主要用于加深顾客的认识深度、提高产品的竞争能力、改变顾客的消费习惯等方面。这种广告在产品经过生命周期的导入期以后经常使用。

提醒广告在产品进入销售淡季或产品进入生命周期的成熟期使用较多。这类广告是要提醒顾客不要忘记该产品，以在需要这类产品时对本企业的产品有较深的印象。例如，一些空调生产企业在冬季做广告，即为这一广告目标。

二、决定广告预算

广告目标确定以后，就要决定达到广告目标所需的广告预算。对广告预算的决定，必须结合企业的促销组合策略和企业的促销预算的多少。如果企业促销效果函数已经确定，那么根据最佳促销组合的确定方法，广告预算的多少就可以由此得出。但是，在实际中，对广告在整个促销活动中所起作用的大小很难进行单独衡量。因此对广告预算的决定，目前使用较多的还是前述的促销预算的确定方法。但在具体确定广告预算时，还必须考虑以下因素。

（一）顾客基础规模与市场占有率

从图 12-4 可见，当企业的市场占有率达到一定程度以后，广告费用的边际效应递减速度将加快。所以，对于市场占有率高的企业或产品，增加广告预算意义不大；而对于市场占有率低的企业或产品，则应适当增加广告预算。顾客的基础规模大小对广告预算的大小也有很大的影响。顾客的基础规模越大，广告预算越多，但每个顾客平均所花的广告费用将减少，广告的规模经济效应将体现出来。

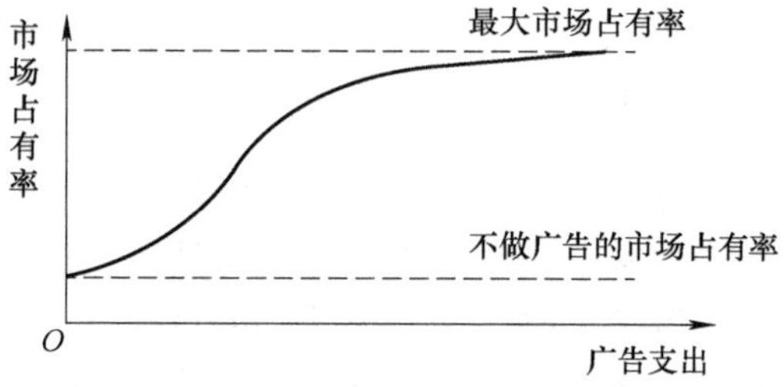

图 12-4　广告支出与市场占有率的关系

（二）竞争与干扰

在竞争激烈、竞争者数量多、广告开支大的市场，需要较多的广告费用投入，才有可能维持与竞争者同样的市场展露机会。各种各样的干扰对广告预算也有很大的影响。因为对企业而言，可以使用的强势广告媒介是有限的，各个企业都试图在这些媒介上进行竞争。这样，对于目标接受者，他可能同时收到各种广告信息，既有竞争者的，也有非竞争者的，但无论是竞争者还是非竞争者的广告信息，都会分散目标接受者对本企业广告信息的注意力。因此，在各种干扰较大的媒介上做广告，所需的广告预算就要多一些；反之，广告预算可以少一些。

（三）广告频率

对于一般的广告信息，顾客通常需要接触多次才能产生记忆或印象，同时顾客对广告的记忆或印象随着企业广告的减少或停止会逐步减弱。因此，企业必须研究广告出现的频率应为多大才能维持对企业或产品的深刻印象，然后以此频率决定需要的广告投入的多少。

（四）产品生命周期阶段

在产品生命周期的不同阶段，广告的目的、作用不相同，对广告的要求也不相同。在导入期，为建立产品的知名度，需要用较大的篇幅和较长时间介绍产品，广告预算相对要多。在成熟期，因目标顾客已对产品比较了解，这时广告预算可以少一些。对于衰退期的产品，则需要更多地使用其他促销方式，广告预算相对要更少。

（五）产品的替代性

对于替代性强的产品，一般要求做大量的广告，以树立产品的品牌形象，突出企业产品与其他同类产品的差异。对于这一类产品，广告预算要多一些。对于替代性较弱的产品，广告预算则可少一些。

广告预算作为企业促销预算的组成部分之一，必须服从企业促销组合方案的要求。因此，不能只强调广告预算的多少，从而影响企业的促销组合效率。

三、制定广告策略

广告策略的制定主要包括广告信息、广告媒介和广告时间三个方面的决策。

（一）广告信息

不同的广告信息可以引起目标接受者的不同反应，因而也会产生不同的广告效果。因此，在企业的广告决策中，必须明确要向目标接受者提供什么样的信息。

1. 广告信息的产生

广告信息的产生方法，一般是通过市场研究，了解消费者对产品所追求的利益和通过什么方式才能唤起消费者的购买欲望，以此寻找相关的信息。在实际调查中，可以通过征询消费者、中间商或有关专家的意见，让他们对广告应向顾客传递的信息提出建议。另外，可以通过对顾客的消费心理进行分析，首先了解顾客使用产品时期望得到的利益和不同使用阶段对可能得到的利益的体验，然后根据这两个方面决定向顾客提供什么信息。

2. 广告信息的评价

在广告信息的确定中，要了解究竟什么样的信息才能对顾客产生较大的感召力，这就要求对广告信息进行评价。对广告信息的要求是必须具有明确的主题，这样便于顾客对产品产生较深刻的印象，提高广告的效果。在对广告信息进行评价时，一般是从满意性、独特性、可信性三个方面考虑。广告信息所表达的内容只有能为顾客提供某方面的满足，才可能引起顾客接受信息的兴趣；广告信息只有与众不同，才能使顾客产生较深的印象，激发顾客的购买欲望；广告信息必须具有可信性，这样才能使顾客对产品产生信赖。那些夸大其词、标语口号式的广告，较难使顾客对其产品产生购买的欲望。

3. 广告信息的表达

同样的广告信息表达方式不同，可能产生的效果不一样。对广告信息的表达，要求表达的人物、环境条件、色彩、格式等与广告信息及所宣传的产品相匹配，使人们看到广告后能够产生深刻的记忆、丰富的联想，使广告的促销效果能够得到充分发挥。

（二）广告媒介

广告媒介是指能够用来传播广告信息的工具。面对众多的可供选择的广告媒介，企业必须首先了解不同媒介及其特点，然后结合企业所要传递的广告信息和所要实现的广告目标，选择具体的广告媒介。

1. 主要广告媒介及其特点

媒体计划人员在选择媒体种类时，需要了解各媒体的特性。

1）报纸的优点是弹性大、及时，对当地市场的覆盖率高，易被接受和信任；其缺点是时效短，转阅读者少。

2）杂志的优点是可选择适当的地区和对象，可靠且有名气，时效长，转阅读者多；其缺点是广告购买前置时间长，有些发行量是无效的。

3）广播的优点是大量使用，可选择适当的地区和对象，成本低；其缺点是仅有音响效果，不如电视吸引人，展露瞬间即逝。

4）电视的优点是视、听、动作紧密结合且引人注意，送达率高；其缺点是绝对成本高，展露瞬间即逝，对观众无选择性。

5）户外广告的优点是比较灵活，展露重复性强，成本低，竞争少；其缺点是不能选择对象，创造力受到局限等。

6）互联网广告的优点是非强迫性、交互性、实时性、广泛性、经济性、形式多样；其缺点是广告位置有限，创意设计空间和能力受限，受众情况难以统计和调研，网民对互联网广告的反感增加等。

2. 选择广告媒介应考虑的因素

广告媒介选择的基本原则是以最低的费用实现企业所要实现的广告目标。企业对广告媒介的选择，必须综合考虑以下因素。

（1）媒介特性　不同广告媒介在传播范围、表现手法、目标接受者、影响力等方面都有很大的差别，对广告效果有很大的影响。因此，企业在选择广告媒介时，必须了解不同媒介本身的特点，才能选到合适的广告媒介。

（2）产品特点　不同的产品有不同的特点，对广告媒介也有不同的要求。例如，对于主要表现外观特点的产品，使用能够用图像表达的广告媒介，且以彩色为佳；对于只需表达使用功能的产品，使用能够用声音或文字表达的广告媒介即可。消费品多选择影响面广的电视、广播等大众媒介，而生产资料多使用专业报纸、杂志等广告媒介。

（3）顾客对媒介的接触习惯　不同的人由于职业、文化程度、习惯的不同，对不同广告媒介的接触习惯也不同。

（4）国家的政策法规　随着我国法律体系的健全，对广告内容、广告发布的程序、广告媒介的选择都有明确的法律限制。例如，许多国家对烟草、烈性酒的广告在媒介选用等方面都有一些限制条件，这就限制了这些产品广告媒介的选用范围。

（5）媒介费用　不同广告媒介费用相差很大，即使同种媒介因覆盖面大小的不同，费用相差也很大。因此，企业在选择广告媒介时，应根据不同媒介的绝对价格与相对价格，以在有限的广告预算范围内，更好地实现企业的广告目标。

3. 具体媒介的选择

由于同类广告媒介分别有许多种，因此在考虑上述因素决定选择某一类或某几类广告媒介后，还要对具体采用哪一家媒介进行选择。在决定具体来用哪一家广告媒介时，还应考虑以下三个方面：

1）接触媒介人数（对于报纸、杂志等可传阅媒介，往往接触人数大于发行量）。

2）有效接触人数，是指接触媒介的具有目标顾客特点的人数。

3）接触成本。接触成本通常用每千人接触媒介的费用计算，计算公式如下

$$千人接触成本 = \frac{广告费用 \times 1000}{接触人数}$$

接触人数可以用接触媒介人数，也可以用有效接触人数，具体选用哪一种要根据企业的广告目标决定。

（三）广告时间

广告时间的决定是指对广告发布的时间和广告的使用方式的规划安排。

对广告时间的安排，一般可以分为集中时间、连续时间和间歇时间安排三种。

集中时间安排是指将广告集中于一段时间发布，以在短时间内迅速形成强大的广告攻势。这种广告时间安排方式常在新产品上市、开拓新市场、集中销售或为配合其他营销手段的使用时采用。

连续时间安排是指在一定时期内均匀地安排广告的发布，使企业的广告经常性地反复在目标市场出现，以逐步加深消费者对本企业产品的印象。这种广告时间安排方式在顾客不因季节变化而购买的产品，或主要在理智购买动机驱使下购买的产品中经常使用。对于连续时间安排方式，一般要求企业应根据顾客对产品认知深度的变化，在广告内容上要适时进行调整，以提高顾客接受广告信息的兴趣。

间歇时间安排是指间断使用广告的一种方式，即做一段时间广告，然后停一段时间，这样反复进行。这种广告时间安排方式在季节性产品或广告费用不足的企业经常使用。季节性产品在采用间歇时间安排方式做广告时，应注意产品销售相对于广告的滞后性，因此广告开始时间应安排在产品开始销售之前，广告的高峰时间应安排在产品销售的高峰时间之前。因广告费用不足而采取这种时间安排方式的企业，应考虑顾客对品牌的遗忘速度。在遗忘速度快的情况下，间歇时间应短些；在遗忘速度慢的情况下，间歇时间可长些。

（四）网络广告的优势和局限

近年来，在广告业中逐渐出现了一种新兴的广告媒体形式——网络广告。企业可以建立自己的网络，可以向某个网站购买广告版位和空间，还可以通过互联网以其他形式来宣传自己。网络广告已逐渐成为重要的广告形式。

1. 网络广告的优势

网络广告之所以受到各国企业的重视和喜欢，是因为它与当今电视、广播、报纸、杂志四大媒体的广告相比具有以下特点：

（1）非强迫性　电视、广播、报纸、户外路牌、霓虹灯等广告的信息传递都具有一定的强迫性，而网络广告可以让受众自由查询、自由浏览，较好地避免了受众关注的无效性和被动性。

（2）交互性　网络广告是一种交互式的广告，受众可参与信息讨论，进行进一步的在线咨询，也可通过网络下订单。

（3）实时性　从广告主的角度看，网络广告能根据需要实时更新广告信息，并可同步发布。从访问者的角度看，网络广告突破了时间和空间的限制，可以随时看到最新的广告信息。

（4）广泛性　网络广告传播范围广，理论上可传播到互联网所覆盖的所有国家和地区的受众。

（5）形式多样　网络广告的表现形式包括动态影像、文字、声音、图像、表格、动画、三维空间、虚拟现实等。它们可以根据广告创意需要进行任意的组合创作，从而可以最大限度地调动各种艺术表现手段，制作出形式多样、生动活泼、能够激发消费者购买欲望的广告。

（6）经济性　目前，网络广告相对传统媒体而言便宜得多，但近年来价格总体上呈不断上涨的趋势。

2. 网络广告的局限性

（1）网民对网络广告的反感增加　随着网络广告的日益增多，加之网络广告使上网浏览的速度受到影响，引发不少网民对网络广告的反感和厌恶，使网络广告的传播效果大打折扣。

（2）广告位置有限　每个网页上可以提供的广告位置是很有限的，加之网络广告越来越向少数几个先行的网站聚集，这就加剧了广告位置的紧张。

（3）创意设计空间和能力的局限　传统的广告创意人员在网络时代遇到了巨大的挑战，他们的创意设计空间转移并受到诸多限制，因而网络广告对广告公司的创意能力提出了更高的要求。

（4）广告受众情况难以统计和调研　目前，对网络广告效果的评估主要是基于网站提供的数据，而这些数据的准确性、公正性一直受到某些广告主和代理商的质疑。

四、广告效果评价

（一）广告效果及其评价准则

广告效果是指广告对消费者所产生的影响。广告对消费者产生的影响是多方面的。从对消费者购买过程的不同阶段的影响看，广告既可以改变消费者对企业或产品的认识态度，也可以直接影响消费者的购买行为。从广告的影响范围看，广告既能为企业带来经济效益，也能从社会文化方面对人们的道德规范、生活习惯等产生影响，取得某种社会效益。从广告的影响时效看，广告既可立即影响消费者的购买行为，产生即时效果，也可通过潜移默化，逐步影响消费者的购买习惯，产生较长时间的效果。

一则广告刊播以后，产生的效果可能包括以上各个方面，另外产生的各种效果不一定是单纯由广告引起的，企业的其他营销因素也可能在起作用。因此，要完全评价广告所产生的各种效果几乎是不可能的。所以，广告效果评价的准则应该是在特定的时期内，广告所实现的预期目标的程度。

（二）广告效果的评价方法

不同的广告目标，广告效果的评价标准不同。目前，对广告效果的评价，可从沟通效果和销售效果两个方面考虑。沟通效果是指由于广告的作用，顾客对企业或产品的认识深度的变化或顾客接触广告后的反应。销售效果是指通过广告对企业产品销售量所产生的影响。

1. 沟通效果评价方法

沟通效果评价可以从两个方面进行：一是对沟通过程进行评价，二是对沟通结果进行评价。

沟通过程评价是指对广告接受者的反应进行评价。常采取的评价方法有以下两种。

（1）测试评价法　这种方法可以用来测试广告接受者接触广告以后的反应和记忆情况。例如，测试接触广告后的反应，可将不同广告展示给被测试者，让他们评价哪个广告更能吸引接触者的注意力。测试广告接受者的记忆情况，可让被测试者看完或听完广告的全部内容后，让他们对看到或听到的广告内容进行回忆，回忆水平的高低即可说明广告效果的好坏。

（2）实验评价法　实验评价法是借助某些仪器设备来测量广告接受者的生理反应情况。例如，测量眼睛的注意情况，测量接受者的心跳、血压等变化情况，以评价广告对接受者生理机能所产生的影响，反映广告的影响效果。

沟通结果评价是指对广告使顾客对企业或产品的认知深度发生的变化的评价。这种评价通常采取跟踪研究法，通过比较被测试者接触广告前后有关认知深度指标的变化情况，评价广告所达到的沟通效果。

2. 销售效果评价方法

销售效果的取得往往受其他营销因素的影响较大，因而对单纯由广告所产生的销售效果的评价要比对沟通效果的评价难度大得多。所以，对广告的销售效果评价主要集中在对广告费用的使用效率进行比较评价，常用的评价方法如下：

（1）直观比较法　直观比较法是通过分析不同企业的广告费用开支占有率和市场占有率的关系来对广告的销售效果进行评价。

在使用这种方法进行评价时，一般是以以下标准进行评价的：

$$\text{广告开支占有率} = \text{市场占有率}$$

一般认为，企业花费相应的广告费用，就应该引起相应数量顾客的注意力，实现相应的产品销量。如果某企业所花费的广告费用不能获得相应的销量，即市场占有率小于广告开支占有率，则说明该企业广告开支不是过大，就是广告效果不佳。如果某企业的市场占有率大于广告开支占有率，说明该企业的广告效果好，一般认为这种情况下应增加广告开支。

（2）广告费增销率法　这种方法关注广告费增减对销售量的影响。其计算公式为

$$\text{广告费增销率} = \frac{\text{销售量增加率}}{\text{广告开支增加率}} \times 100\%$$

一般认为，广告费增销率越大，广告效果越好。但在使用这种方法评价时，应注意广告对销售量影响的滞后效果，因而在时间间隔上应取稍长一些。

第三节　人员推销

人员推销是企业最基本的一项营销活动，也是最主要的一种促销方式。在人员推销中，需要研究推销人员的职责与人员推销过程、推销策略决策、推销管理决策等问题。

一、推销人员的职责与人员推销过程

（一）推销人员的职责

根据人员推销的特点，企业推销人员应承担以下主要职责。

1. 寻找顾客

寻找顾客既是推销人员工作的起点，又是推销人员的一项经常性的工作。企业的推销人员只有通过不断寻找新顾客、开拓新市场，才能保证企业市场的稳步扩大。因此，一般企业都要求推销人员除了巩固老顾客以外，还要寻找新的顾客。

2. 沟通信息

进行有效的信息沟通是实现推销目标的主要条件，也是推销工作成功的关键。因此，对于企业的推销人员，一方面要求他们必须把产品的信息准确有效地传递给目标顾客，以使目标顾客了解并购买本企业的产品；另一方面要求他们必须将有关的需求信息和顾客对

本企业产品的反应、意见、要求等反馈给企业，以使企业改进产品或其他方面的营销工作，更好地满足顾客的消费需求。

3. 推销产品

推销产品是人员推销的最终目的。推销人员通过寻找目标顾客、直接与目标顾客接触，向顾客传递有关企业产品的信息，并为顾客解答有关产品的问题，以增强顾客购买产品的信心，达到推销产品的目的。但是，推销产品并不只意味着把产品销售出去，在促成销售交易达成的过程中的一切活动都属于推销产品的活动。

4. 提供服务

服务贯穿于人员推销活动的全过程，企业的每个推销人员都应将服务观念充分体现在自己的一切活动中，在推销产品的过程中应更多地从顾客的利益考虑。这样才能赢得顾客的信任，树立企业的信誉，促进产品的销售。

5. 分配产品

推销人员在分配产品时可承担的职能包括两个方面：一是根据不同顾客的特点采取不同的产品分配政策和分配方式，以保证实现产品的合理分配；二是对企业在产品分配中遇到的难题与顾客进行协调，如对市场供应紧张的产品，在企业不能保证满足所有顾客需求数量的情况下，推销人员要对顾客进行安抚，并积极帮助顾客解决困难，以保持与顾客的良好合作关系。

（二）人员推销过程

根据推销人员的职责，人员推销的过程可用图 12-5 表示。

图 12-5　人员推销的过程

人员推销的过程实际上是图 12-5 所示过程的不断重复，但这种重复的每一次，都是推销人员不断开拓新市场的过程，并且每一次都要求推销人员创造性地工作，否则人员推销过程不会再延续下去。

二、推销策略决策

（一）推销队伍规模

销售人员是企业最有生产价值、花费最多的资产之一，推销队伍的规模直接影响着销售量和销售成本的变动。因此，推销队伍的规模是推销策略中的一个重要问题。它既受营销组合中其他因素的制约，又会影响企业的整个营销战略。企业设计推销队伍的规模通常有三种方法：

（1）销售百分比法　企业根据历史资料计算出推销队伍的各种耗费占销售额的百分比，以及销售人员的平均成本，然后对未来销售额进行预测，从而确定推销人员的数量。

（2）分解法　这种方法是把每一位销售人员的产出水平进行分解，再同销售预测值相对比，就可判断推销队伍的规模。

（3）工作量法　上述两种方法比较简单，但它们都忽略了销售人员的数量与销售量之间的内在联系，因而实际意义不大。下面重点介绍第三种方法，即工作量法。工作量法分为五个步骤：

1）按年销售量的大小将顾客分类。

2）确定每类顾客所需的访问次数（对每位顾客每年的推销访问次数），它反映了与竞争对手相比要达到的访问密度。

3）每类顾客的数量乘以各自所需的访问次数就是整个地区的访问工作量。

4）确定一个销售代表每年可进行的平均访问次数。

5）将总的年访问次数除以每个销售代表的平均年访问次数，即得到所需销售代表数。

显然，工作量法相对而言较为实用。不过，它没有说明访问次数是如何确定的，也没有把推销队伍的规模当成能为企业带来利润的一种投资。事实上，企业利润同推销队伍的规模、预算、报酬方式等紧密地联系在一起。

（二）推销工作安排

推销工作安排是指对销售力量进行分配，即在推销队伍规模既定的条件下，销售人员如何在产品、顾客和地理区域方面分配时间和资源。

（1）时间安排（顾客方面）　大多数市场的顾客都是互不相同的，因而每位销售人员在做销售时间安排时总涉及以下三个问题：

1）在潜在顾客身上要花多少时间？

2）在现有顾客身上要花多少时间？

3）如何在现有顾客和潜在顾客之间合理地分配时间？

对企业而言，时间安排通常表现为销售目标，对此有比较明确的规定。某家企业指示其销售人员，要将80%的时间花在现有顾客身上，将20%的时间花在潜在顾客身上。如果企业不这样规定比例，销售人员很可能会把绝大部分时间用于向现有顾客推销产品，从而忽视潜在顾客方面的工作。所以，企业实施人员推销策略时，必须重视销售时间的安排。

（2）资源分配（产品方面）　一支推销队伍通常要推销一系列产品，所以销售人员必须寻求一种最为经济的方式在各个产品间配置推销资源（时间）。新产品的推销有时要花好几年才能使销售额达到最高水平。因此，企业在决策时不能仅看到近期的销售额和利润率，而必须着眼于长远的利益，从战略角度来分配资源和时间，设计营销组合。

（三）销售区域设计

企业委派销售代表常驻一些地区负责产品销售，这些地区通常被称为销售区域。区域设计是人员推销策略的重要内容之一。无论是设计新的区域系统，还是调整现有的区域构成，企业都要考虑下列条件：

1）区域要易于管理。

2）各区域的销售潜量容易估计。

3）能够严格控制推销旅途的时间花费。

4）对销售人员来说，每个区域的工作量和销售潜量都是相等的，而且足够大。

企业要想满足这些条件，可以通过对区域大小和形状的确定来达到。设计区域大小主要有两种方法，即同等销售潜量法和同等工作量法，这两者各有千秋。企业按同等销售潜量法划分区域能给每个销售代表提供相同的收入机会，并有利于企业衡量销售代表的工作绩效。由于各区域间长期存在的销售额差异反映出各销售代表的能力与努力程度的不同，这就促使他们互相竞争，尽最大努力工作。

三、推销管理决策

企业要制定有效的措施和程序，加强对销售人员的挑选、招聘、培训、激励和评估。只有通过一系列管理和控制活动，才能把销售人员融入整个经营管理过程，使之为实现企业目标而努力。

（一）销售人员的挑选、招聘与培训

（1）销售人员的挑选　企业的销售工作要想获得成功，就必须认真挑选销售人员。这不仅是因为普通销售人员和高效率销售人员在业务水平上有很大的差异，而且用错人将给企业造成巨大的浪费。

（2）销售人员的招聘　企业在确定了挑选标准之后，就可着手进行招聘。招聘的途径和范围应尽可能广泛，以吸引更多的应聘者。企业人事部门可通过由现有销售人员引荐、校园招聘、刊登广告等方式进行招聘。此后，企业要对应聘者进行评价和筛选。筛选的程序因企业而异。一般可分为初步面谈、填写申请表、测验、第二次面谈、学历与经历调查、身体检查、决定录用与否、安排工作等程序。

（3）销售人员的培训　事实表明，训练有素的销售人员所增加的销售业绩要比培训成本更大，而且那些未经培训的销售人员的业绩并不理想，尤其是在顾客自主意识日益增强和自由选择度日益加大的今天，如果销售人员不经过系统的培训，他们将很难获得与顾客的沟通。所以，企业必须对销售人员进行培训。

（二）销售人员的激励和评估

1. 销售人员的激励

激励在管理学中被解释为一种精神力量或状态，起加强、激发和推动作用，并指导和引导行为指向目标。事实上，组织中的任何成员都需要激励，销售人员也不例外。由于工作性质、人的需要等原因，企业必须建立激励制度来促使销售人员努力工作。

（1）销售定额　订立销售定额是企业的普遍做法。它规定销售人员在一年中应销售多少数额并按产品加以确定，然后把报酬与定额完成情况挂钩。每个地区销售经理将地区的年度定额在各销售人员之间进行分配。

（2）佣金制度　企业为了使预期的销售定额得以实现，还要采取相应的鼓励措施，如佣金、礼品、奖金、销售竞赛、旅游等，而其中最为常见的是佣金。佣金制度是指企业按销售额或利润额的大小给予销售人员固定的或根据情况可调整比率的报酬。佣金制度能鼓励销售人员尽最大努力工作，并使销售费用与现期收益紧密相连；同时，企业还可根据

不同产品、工作性质给予销售人员不同的佣金。但是佣金制度也有不少缺点，如管理费用过高、导致销售人员短期行为等。所以，它常常与薪金制度结合起来运用。

2. 销售人员的评估

销售人员的评估是企业对销售人员工作业绩考核与评估的反馈过程。它不仅是分配报酬的依据，而且是企业调整营销战略、促使销售人员更好地为企业服务的基础。

第四节　销售促进

销售促进作为一种最直接且对推广对象最具刺激的促销方式，在国内外越来越被企业重视。在我国，各种销售促进方式随处可见，销售促进竞争已成为企业最重要的竞争手段之一。

企业在制定销售促进促销策略时，一般应考虑销售促进目标，销售促进方法，销售促进方案，销售促进方案的试验、实施与控制，销售促进效果评价等方面的内容。

一、确定销售促进目标

销售促进目标是指企业通过销售促进希望达到的目的。

企业的销售促进目标，根据销售促进对象的不同可以分为三类：第一类是对消费者的销售促进活动，目标经常是鼓励老消费者多购买本企业的产品，刺激没有使用过本企业的产品的顾客试用本企业的产品，促使竞争品牌的忠诚者改变品牌观念，对付竞争者的销售促进活动等；第二类是对中间商的销售促进活动，目标是鼓励中间商销售新产品、协助企业开展某些营销活动和提高存货水平，促进中间商在销售淡季购买，提高中间商的品牌忠诚度，吸引新的中间商加入本企业的销售渠道等；第三类是对推销人员的销售促进活动，目标主要是鼓励他们积极推销新产品，支持企业的新产品开发活动，积极开展推销活动，扩大企业的产品销量。

二、选择销售促进方法

销售促进的方法很多，根据销售促进对象不同，销售促进方法可以分为若干种，见表 12-4。

表 12-4　销售促进的主要方法

销售促进类型	营业推广方法
对消费者的销售促进活动	折价券、赠送样品、价格折扣、附赠品、奖金（品）、抽奖、不满意退款、免费品尝、使用示范
对中间商的销售促进活动	价格折扣、折让、合作广告、赠品、产品展销会、招待会、推销竞赛、赠送陈列品
对推销人员的销售促进活动	奖金、推销会议、推销竞赛

对表 12-4 中所示的各种方法的选择，必须根据以下因素决定。

（一）销售促进目标

销售促进目标是销售促进方法选择应考虑的首要因素，它决定了销售促进方法选择的范围。如果销售促进目标是促使未使用过本企业的产品的顾客试用本企业的产品，销售促进方法应主要是赠送样品、免费品尝等；如果销售促进的目标是增加中间商存货，则价格折扣是最直接的销售促进方法。

（二）产品类型

不同产品的购买者不同，购买的目的不同，因而可以使用的销售促进方法也不同。例如，消费品中的日用品和特殊品等，即使销售促进目标一样，使用的销售促进方法也会有差异，日用品可以向消费者赠送样品，特殊品一般就不可以。

（三）市场环境

市场环境不同，对销售促进方法的反应不同。例如，对于抽奖活动，有的市场反应热烈，有的市场则反应冷淡。因而企业必须根据不同市场销售促进对象的特点，选择能够引起推广对象强烈反应的销售促进方法。

（四）竞争情况

在考虑竞争情况时，一是要针对竞争者所使用的促销策略选择有利于企业竞争的销售促进方法，二是要分析企业采取某种销售促进方法以后是否会引起竞争者的强烈反应并采取措施进行对抗。对于这两种情况，在选择销售促进方法时都要考虑。

（五）销售促进预算

销售促进预算限制了销售促进使用的范围与规模，也限制了销售促进方式的选择。因此，企业必须以销售促进预算为约束条件，选择能够取得最佳效果的销售促进方法。

以上是销售促进方法选择时应考虑的主要因素。对于这些因素，在企业具体选择销售促进方法时，必须综合考虑。另外，企业在开展销售促进活动时，有时还要共同使用多种销售促进方法，形成企业的销售促进促销组合。

三、制定销售促进方案

在企业选定了具体的销售促进方法以后，还必须对销售促进的强度、对象、途径、时间、预算做出具体的决策。

（一）销售促进的强度

销售促进的强度是指企业的销售促进活动对推广对象的刺激程度的大小。一般来说，销售促进的强度越高，对推广对象产生的刺激越大，可能产生的销售促进效果越大。但销售促进强度与销售促进效果的提高呈递减规律。另外，过分的刺激还可能产生处理产品的不良后果。因此，销售促进强度的决定必须从费用、效益两个方面进行分析，以可能达到的销售促进效果作为确定销售促进强度的依据。

（二）销售促进的对象

不同销售促进方法对应不同的推广对象，所以在具体的销售促进方法确定以后，应选择对这种销售促进方法反应最强烈的顾客、中间商或推销人员开展销售促进活动。销售促进对象的范围，可以选择目标市场的一部分，也可以选择整个目标市场；可以对所有推广对象以同样的推广强度开展销售促进活动，也可以针对不同的推广对象，以不同的推广强度开展销售促进活动。

（三）销售促进的途径

一种销售促进方法，往往可以通过多种途径来实施，而对于不同的实施途径，常常会产生不同的效果。例如，对消费者以奖券方法开展销售促进活动，可以在购物后赠奖券，也可以采用附赠奖券包装等。因此，面对可供选择的多种推广途径，企业必须做出合适的决策。

（四）销售促进的时间

销售促进的时间决策包括销售促进活动的日程安排和持续的时间长短。对于销售促进活动的日程安排，要求选择的时间要适当，如对节假日需求量大的产品，选择的时间应是节假日到来前的某一日期；对于销售促进活动的持续时间，既不能太短，也不能太长。持续时间太短，许多可能参与的顾客可能会失去参与的机会，影响销售促进的效果；持续时间太长，将可能产生自贬身价的结果。

（五）销售促进的预算

销售促进的预算制定可以采取两种方法：一是综合分析法，即根据销售促进目标、销售促进方法和销售促进方案的要求，分别算出在销售促进活动各环节所需要的费用，以这个费用的总和作为总预算；二是总促销预算百分比法，即根据企业的促销组合策略，将总促销预算在不同促销方式上，以一定的比例进行分配。

四、销售促进方案的试验、实施与控制

销售促进方案制定好以后，应该选择一部分推广对象进行试验，以检验销售促进方案是否合适，是否能实现销售促进的预期目标。如果经试验认为合适，则可按所定方案正式实施。如果经试验发现有问题，则应对方案进行修改完善，再正式实施。

销售促进方案的实施是指按照方案的要求完成企业的销售促进任务。在方案实施的过程中，应对销售促进方案各环节的执行所需的时间及每段时间应完成的任务做出具体安排，以保证销售促进方案被有条不紊地执行。销售促进方案的控制，主要是对销售促进方案实施的各个环节加以控制，对实施过程中出现的各种问题及时进行处理，以保证实现预期的销售促进效果。

五、销售促进效果评价

为了反映销售促进活动所实现的目标，需要采取一定的方法对销售促进效果进行评价。常用的销售促进效果评价方法有以下两种。

（一）销售量变化比较评价法

销售量变化比较评价法是通过比较销售促进前、中、后各个时期销售量的变化情况，以评价销售促进效果的一种方法。一般来说，在企业开展销售促进活动时，产品的销售量会明显上升，但在销售促进活动前后不同时期，产品的销售量会发生不同的变化。变化情况一般有两种：一种是销售促进结束后，产品的销售量迅速下降，然后逐步回升，经过一

段时间以后又达到了销售促进活动以前的水平，而且不会再升高。这种情况说明销售促进活动只是改变了顾客的购买时间，并没有扩大产品的总需求，没有取得长期的效果。另一种是销售促进活动结束后，产品的销售量下降，但经过一段时间后，销售量达到了比开展销售促进活动以前更高的水平。这说明销售促进活动不但使推广对象扩大了产品的购买量，而且吸引了一些新的顾客，取得了长期的销售促进效果。通过分析销售促进活动前、中、后销售量的变化，就可以对销售促进效果进行评价。

（二）推广对象调查评价法

推广对象调查评价法是通过对推广对象进行调查，了解推广对象对销售促进活动的反应和行动，以评价销售促进效果的一种方法。如果通过调查发现，多数推广对象对本企业的销售促进活动记忆深刻，或有许多新的顾客来购买本企业的产品，或有部分竞争者的顾客转向购买本企业的产品，那么说明销售促进取得了一定的效果。取得的效果大小可用新顾客的数量或转向本企业的竞争者的顾客数量等指标评价。相反，如果推广对象对企业的销售促进活动印象不深，同时也没有新的顾客加入，则说明销售促进效果不佳。

销售促进虽在短时间内可以刺激产品销量迅速提高，并能吸引新的试用者，但从长期效果看，不可能建立品牌忠诚度，也不可能拯救产品的衰退，因而其长期效果一般不是太好。另外，销售促进不可频繁使用，以免影响企业声誉。

企业在使用销售促进时，应特别注意必须与广告或人员推销配合，否则销售促进的效果很难发挥出来。

第五节　公共关系促销

一、公共关系的含义

公共关系（Public Relations）是指某一组织为改善与社会公众的关系，促进公众对组织的认识、理解及支持，达到树立良好的组织形象、实现组织与公众的共同利益与目标的管理活动与职能。

企业的公共关系形象包括产品形象、服务形象、员工素质形象、环境保护形象和社会成员形象等。良好的公共关系形象无疑是企业的无形资产，可有效促进企业与顾客及合作伙伴的沟通，增强企业产品的市场吸引力。

企业在开展相关工作时，必须把握公共关系的两个基本原则：

（1）诚信原则　企业要在公众心目中树立良好的形象，关键在于诚实，只有诚实才能获得公众信任的回报。

（2）公众利益与企业利益相协调的原则　企业的生存发展不能离开社会的支持，企业的公共关系活动必须将公众利益与企业利益结合起来。

二、公共关系的职能

一般说来，企业公共关系的目标是促使公众了解企业形象，通过企业与公众的双向沟通，改善或转变公众态度。公共关系作为一门经营管理的艺术，其职能主要表现在信息监测、舆论宣传、沟通协调、危机处理四个方面。

（一）信息监测

公共关系所需监测的信息范围很广，归纳起来主要有两大类，即产品形象信息与企业形象信息。产品形象信息包括公众特别是用户对于产品价格、质量、性能、用途等方面的反应，对于该产品优缺点的评价，以及关于如何改进等方面的建议。企业形象信息包括：公众对本企业组织机构的评价，如机构是否健全、办事效率如何等；公众对企业管理水平的评价，如对经营决策和营销管理的评价等；公众对企业人员素质的评价，如对决策者的战略眼光、决策能力、创新精神及员工的专业化水准和敬业精神等方面的评价；公众对企业服务质量的评价，如对服务态度、服务质量及责任感等方面的评价。

（二）舆论宣传

公共关系作为沟通与促销组合因素之一，在刺激目标受众对企业产品或服务的需求、改善形象、提高知名度和美誉度等方面起着十分重要的作用。企业应重视通过广播、电视、报刊等大众媒体的宣传，或通过策划相关的公共关系活动，来增进公众对企业或产品的正面了解，形成正面的评价。与广告相比，公关宣传更加真实可信，更易被公众所接受，能使公众留下难忘的印象，但费用却微乎其微。

（三）沟通协调

企业是一定外部环境与内部条件综合作用的产物。对内而言，公共关系人员要尽力避免各种摩擦的产生，做好上情下达与下情上传工作，并为各职能部门之间的沟通当好“桥梁”，借助情感沟通和心理认同，增强企业的凝聚力。对外而言，公共关系人员要积极争取公众对企业的理解和信任，一旦出现矛盾和纠纷，应设法及时进行有效的沟通，防止矛盾扩大，消除不良后果。

（四）危机处理

信息监测是公共关系部门的重要职能之一。信息监测工作的一个重要任务，就是通过合理的工作机制进行危机预警管理。当企业遇到风险或危机事件有可能使企业形象受到损害时，公关人员应该及时应变，妥善处理危机。倘若确因企业自身过失危害了公众利益，公关人员应实事求是，主动承担责任，并尽早将处理结果和改进措施公之于众，以显示企业的诚意，获得公众的谅解，使恶劣影响降到最低限度，帮助企业重振声誉。

三、公共关系活动

公共关系的目标和功能是通过有计划的、具体的公共关系活动来实现的。然而与其他沟通和促销手段相比，公共关系一般难以达到立竿见影的效果，它往往立足于企业的长远目标，通过长期的努力来影响或引导公众的认知和态度。通常，企业所采用的公共关系活动主要有以下几种。

（一）调研活动

企业通过民意调查、传媒监测等多种方式来收集企业内部与外部环境的变化信息，以了解公众对企业及其产品的态度、意见和建议，了解竞争者的动向及其给本企业可能造成的影响。公关调研有助于企业及时掌握公众的态度和要求，通过相应的努力保持企业与公众之间良好的沟通关系。

（二）专题活动

企业可通过举办或参加一些专题活动来加强与有关公众的信息沟通和情感联络。如果遇到重大事件或纪念日，公关人员应策划、组织相关的新闻发布会、庆典纪念会等，并以此为契机传播企业的形象及相关动态信息。此外，企业还可通过组织与参加产品展销会、博览会等活动，更加直接地介绍、推荐本企业的产品。

（三）媒体传播

公关人员的一个主要任务就是发掘或创造对企业或其产品有利的新闻。新闻的编写要善于构想出故事的概念，以争取被媒体采用。公关人员必须尽可能多地结识新闻编辑人员和记者，以获得较多、较好的有关本企业的新闻报道。

（四）事件策划

企业公关人员应利用或策划一些可能有助于提高企业知名度与美誉度的事件，经过富有创意的设计和渲染来吸引公众的关注，例如，举办研讨会、运动会、公益赞助、征文等。

（五）外联协调

企业应设法与政府、银行、传媒、行会等有关各界建立并保持稳定的联系和良好的沟通，经常并主动地向这些公众介绍本企业的动态信息，听取其意见或建议，争取其理解与支持，这将有助于企业营造有利于自身发展的良好的外部环境。

（六）其他日常活动

公关人员的日常工作还包括企业宣传材料的编写、制作，礼宾接待，企业内部的沟通，为企业发展献计献策，以及一些临时性活动的组织与安排等。

四、公共关系评估

公共关系活动很难精确测量。概括地说，公关评价的指标包括以下几个方面：一是信息传播频率。衡量公共关系效果的最简易的方法是计算企业出现在媒体上的信息传播次数。发送信息的数量是公关效果评价的基础性信息，这通常可以从公关活动实施记录中精确地得到，如提供有关纸质媒体的报道版面和读者构成、广电媒体的传播时段，以及受众群体的分析报告等。二是受众反响。重点是通过调研，分析由公共关系活动而引起的公众对企业或产品的知名度、理解和态度方面的前后变化水平。三是假定在其他促销策略（广告、销售促进等）基本不变的情况下，尽可能估算公关活动对公众行为产生的影响，包括对销售额和利润产生的促进作用。

复习思考题

1. 名词解释

（1）促销　（2）广告　（3）销售促进　（4）人员推销　（5）公共关系

2. 什么是促销组合？促销组合决策应考虑哪些因素？
3. 什么是“推”策略？“推”策略的作用过程是怎样的？
4. 什么是“拉”策略？“拉”策略的作用过程是怎样的？
5. 促销方式分为哪几种？各种促销方式的优缺点是什么？
6. 什么是广告目标？广告目标的分类？
7. 广告媒介选择应考虑哪些因素？
8. 广告效果评价的方法有哪些？如何使用？
9. 推销人员的主要职责是什么？
10. 网络广告的优势与局限是什么？
11. 销售促进效果应如何评价？
12. 销售促进目标是如何分类的？可分为哪几类？
13. 公共关系的主要职能是什么？
14. 促销预算决定的方法有哪些？每种方法有什么特点？

参 考 文 献

[1] 波特．竞争战略［M］．周旭华，译．北京：中信出版社，2014.

[2] 明茨伯格，阿尔斯特兰德，兰佩尔，等．战略历程：穿越战略管理旷野的指南：第2版［M］．魏江，译．北京：机械工业出版社，2012.

[3] 胡利，桑德斯，皮尔西．营销战略与竞争定位：第3版［M］．楼尊，译．北京：中国人民大学出版社，2007.

[4] 郭国庆．市场营销学通论［M］．8版．北京：中国人民大学出版社，2020.

[5] 郭国庆，陈凯．市场营销学［M］．7版．北京：中国人民大学出版社，2022.

[6] 郭国庆，陈凯．市场营销学［M］．6版．北京：中国人民大学出版社，2019.

[7] 郭国庆．服务营销［M］．4版．北京：中国人民大学出版社，2017.

[8] 陈凯．市场调研与分析［M］．2版．北京：中国人民大学出版社，2021.

[9] 韩伯棠，张平淡．企业战略管理［M］．北京：高等教育出版社，2010.

[10] 乔普拉，迈因德尔．供应链管理：第6版［M］．陈荣秋，译．北京：中国人民大学出版社，2017.

[11] 高志刚．产业经济学［M］．2版．北京：中国人民大学出版社，2020.

后　　记

经全国高等教育自学考试指导委员会同意，由机械及轻纺化工类专业委员会负责高等教育自学考试《企业经营战略与市场营销》教材的审定工作。

本教材由北京林业大学陈凯教授、北京中医药大学汪晓凡副教授担任主编，由陈凯统稿。

本教材由中国社会科学研究院财经战略研究院刘彦平研究员担任主审，北京师范大学张平淡教授参审，提出修改意见，谨向他们表示诚挚的谢意。

机械及轻纺化工类专业委员会最后审定通过了本教材。

全国高等教育自学考试指导委员会
机械及轻纺化工类专业委员会
2023 年 12 月